愛妻
李彩裳

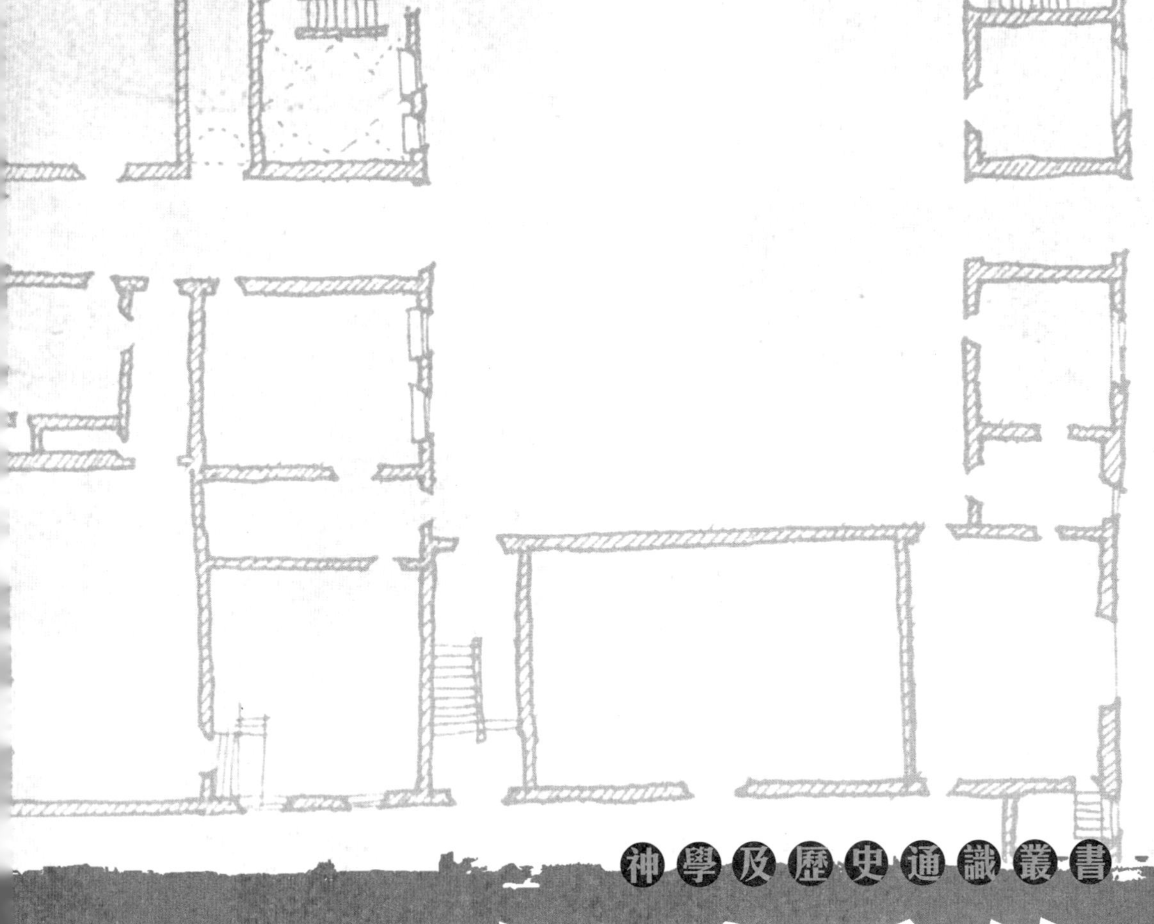

神學及歷史通識叢書

拆壁重修

宗教改革縱橫談

吳國傑◎著

基道出版社

▼

神學及歷史通識叢書

拆壁重修

宗教改革縱橫談

Rebuilding the Church

Key Developments of the Reformation

作者

吳國傑 Ng, Nathan K. K.

責任編輯

余雪

裝幀設計

奇文雲海・設計顧問

■

出版/發行

基道出版社

香港沙田火炭坳背灣街 26 號富騰工業中心 1011 室

LOGOS PUBLISHERS

Unit 1011, Fo Tan Ind. Centre, 26 Au Pui Wan St., Shatin, Hong Kong

電話:(852) 2687-0331 傳真:(852) 2687-0281

網址:http://www.logos.com.hk

承印

陽光(彩美)印刷有限公司

●

7/2018 初版

Cat. No. LP264

ISBN: 978-962-457-562-0

Printed in Hong Kong

刷次	10	9	8	7	6	5	4	3	2	1
年份	2027	2026	2025	2024	2023	2022	2021	2020	2019	2018

序言

自 2006 年出版《奠基立柱——初期教會縱橫談》(剛於 2015 年刊行增訂版)，至今已近 10 載。由於此系列教會歷史叢書原計劃由多位華人學者聯合編寫，後期才改由筆者獨力負責，故第二冊《築樓蓋頂——中世紀教會縱橫談》延遲到 2011 年才面世。此後，有多個早已承諾的編寫企劃需要完成，加上先後於 2014 及 2016 年患上膀胱癌而需要休息，2017 年又因宗教改革五百週年而要主領許多講座，因此寫作計劃一再延遲，至今才能繼續完成同系列餘下兩冊書籍。

本書內容以宗教改革為研究焦點，探討其引發成因、發展經過和對後世影響。此改教運動對基督新教的影響無遠弗屆，現代教會在屬靈追求、神學思維、信仰權威、架構體制上，均在相當大程度上建基其上、延續其後。然而，若細心對比，不少當時珍貴的改教精神，卻於今日隨流失去。回顧這段歷史，不單可助當代信徒追源溯本，且有更新反省的啟迪作用，值得我們花時間細心重溫。

延續前兩書的風格和特色，本書共分 3 部分，合計 10 章。第一部分有導論 1 章，簡介認識宗教改革歷史對今日基督徒的意義，並導引研讀有關課題應有的心態和方法。筆者相信本書的讀者未必均曾閱覽前書《奠基立柱——初期教會縱橫談》和《築樓蓋頂——中世紀教會縱橫談》，故此章會簡略覆述此兩書已有卻是必要的導引，讓首次研讀者有所依循。此外，這章亦會先回應部分華人教會中，近期有關「宗教改革」、「改教家」等用詞的爭議，以作後面各章選詞用語的依據。

宗教改革歷時雖只短短百多年，但卻可說是西方教會風起雲湧的關鍵時代，當中的突破性轉變，非近千年抱殘守缺的中世紀教會所能及。

本書第二部分以歷時的表達方式，將宗教改革歷史按時序細分初、中、晚 3 個時期，逐一展示其時代處境和主要發展。讀畢這部分 3 章，讀者應能對宗教改革的歷史輪廓具初步認識；不欲進深或時間不足的讀者，可由此直接閱讀本系列叢書第四冊，即有關近代教會的歷史。按計劃，筆者將於完成本書後盡快動筆撰寫此部分歷史，讀者請密切留意。

本書第三部分共有 6 章，詳盡地透過不同主題，從不同角度論述宗教改革時期的教會發展。這些主題均屬此時代基督宗教不可或缺的重要環節，為整全認識宗教改革所必需。內文會盡量追溯宗教改革與現代教會的關係，讓讀者更具體認知基督新教信仰與體制的歷史源流，好對自身的信仰有更深入的體會。本部分探討的 6 個主題雖在歷史發展上互相關連，但每章討論均各自獨立，讀者可按個人興趣或需要自由選讀。

跟前兩書一樣，本書內文加插了詞語解釋和補充資料，全以 符號表示。書內亦附載以楷體標示的相關原典中譯節錄，幫助讀者透過這些一手資料，親身領略昔日改教家的思想信念和心路歷程。各章末皆有一篇現代反省與回應的短文，以 符號表示，希望啟發讀者對內文的思考，引發具體的回應和實踐。隨後有多條溫習及思考問題，幫助讀者測試自己對該章內容的理解，並進一步反思有關歷史對自身的意義。最末附有進深閱讀書目，供有志進一步研習的讀者有路可循。

本書得以出版面世，得感謝三一神的恩典，祂賜我異象、能力和機會，可以在教會歷史研究上貢獻華人教會。多謝基道出版社承擔編輯、校對和出版等煩瑣卻重要的事務，以他們的專業彌補原稿的不足。感謝香港浸信會神學院提供美好的研寫環境，讓筆者可專注投入地進行編寫工作。最後，僅將本書獻給愛妻李彩裳，感激她多年來一直相伴，特別在筆者兩次患病時，給予無微不至的照顧。

吳國傑

香港浸信會神學院

2017 年 12 月

目錄

第一部分

基本概念簡介

第一部分

第一部分

對基督新教徒來說，對宗教改革的認識也許要比初期和中世紀教會為多，然而實際情況怎樣？在研讀本書前，請嘗試用不多於 10 分鐘時間，回答下列 10 條問題，初步測試自己對相關歷史的認知程度。

問題	答案
1. 信義宗是基督新教歷史最悠久的宗派。	是／非
2. 馬丁·路德翻譯的德文聖經保留了次經書卷。	是／非
3. 慈運理是在馬丁·路德的啟迪下發動瑞士的宗教改革。	是／非
4. 馬丁·路德一直不喜歡加爾文。	是／非
5. 德意志改教家墨蘭頓一直緊隨馬丁·路德的神學路線。	是／非
6. 加爾文的《基督教要義》共有 5 版。	是／非
7. 英格蘭王亨利八世因接受新教信仰而與羅馬教廷決裂。	是／非
8. 改教期間，3 位蘇格蘭君王均在不足 3 歲時登基。	是／非
9. 耶穌會創立人依納爵·羅耀拉親自將福音傳到印度。	是／非
10. 中國曾於改教末期有皇太后、皇后、皇太子共同歸信基督。	是／非

以上 10 條問題，單數題目的正確答案全部是「非」，雙數題目則為「是」。在歷史研究來說，以上題目皆不算高難度；雖說華人基督徒普遍對宗教改革的認識較多，但撫心自問，在回答時是否也感到有一定困難？為幫助讀者更容易掌握本書各章內容，筆者在此先介紹一些相關的基本概念。

第一章 宗教改革導論

> 宗教改革該名稱源自拉丁文 *reformatio*，意思是「改革」，因此可泛指任何革新行動。為方便識別，英文普遍用大寫 Reformation 表達這事件，中文則加上「宗教」二字，變成「宗教改革」。

雖然「宗教改革」(Reformation) 一詞可泛指一切革新修正的舉措，但在教會歷史而言，這詞一般指十六世紀初爆發的連串改革教會道德、體制和教義的運動。學者普遍認為，雖然於中世紀，個別地域早有零星革新教會的呼聲與嘗試，宗教改革卻到 1517 年馬丁．路德 (Martin Luther，1483 ~ 1546) 於德意志威登堡發表著名的《九十五條論綱》(*Ninety-Five Theses*)，才正式爆發。短短數 10 年間，此運動席捲歐洲各地，信義宗、改革宗、聖公宗、長老宗、浸信宗、公理宗等也因之相繼成立。至於結束時間，學界雖有不同意見，但大部分史家均傾向以 1648 年三十年宗教戰爭 (Thirty Years' War) 的休止，為宗教改革終結的里程碑。隨著基督新教在此運動中成功脫離羅馬教廷的轄制，人民思想得著解放，影響現代社會意識形態深遠的啟蒙運動，也隨之而誕生。

1.1. 關鍵用詞的篩選

教會歷史研究的其中一個困難，在於沒有統一的中文用詞。跟聖經學者有和合本這教會廣泛通用的譯本作為權威參考不同，來自不同傳統的教會史家對許多名稱詞彙均有不同見解、不同喜好，難分對錯，也不易協調。以人物譯名為例，有些史家將早期教父俄利根 (Origen，約 185 ~ 254) 譯成「奧利金」，將特土良 (Tertullian，約 155 ~ 約 225) 譯為「德爾圖良」；近代名人也不例外，例如內地將神學家田立克（Paul J. Tillich，1886～1965）譯作「蒂利希」，將潘霍華（Dietrich Bonhoeffer，1906～1945）譯為「朋霍費爾」。究竟哪個譯名較好？可説各具優點、各有理據。宗教改革時期教會歷史的相關譯名也不例外。由於譯名影響全書的寫作，故得在此先稍加評論。

1.1.1. 三教用詞的選取

宗教改革的一個重要影響，是衍生了多個脱離羅馬教廷管轄的信仰羣體。在華人教會中，常簡稱後者為「基督教」；然而，在2000年教會歷史裏，「基督教」（Christianity）又常泛指一切歸信基督耶穌的羣體。為免混淆，近代華人教會史家在論述宗教改革或其後的歷史時，多採用「羅馬公教」、「東正教」、「基督新教」和「基督宗教」等不同名稱來加以區分。

中英文名稱	其他譯名	指涉羣體	補充資料
羅馬公教 Roman Catholic Church	天主教 拉丁公教 基督舊教	該詞指1054年大分裂後以羅馬教廷為首的西方教會；Catholic包含普世、大公之意，故有關信仰羣體被稱為「公教」。	明末來華傳教士將上帝譯為「天主」，故又稱「天主教」。
東正教/ 東方正教 Eastern Orthodox Church	東方正統教 基督正教 （希臘正教） （俄羅斯正教）	該詞指大分裂後不順從羅馬教廷的東方教會，他們由各地的主教長領導，互不從屬。Orthodox意指信仰正統，故有關信仰羣體被稱為「正教」。	東正教會普遍以君士坦丁堡主教長為象徵性領袖。

基督新教 Protestant Christian Church	基督教 更正教 抗羅宗 復原教	該詞指自宗教改革分離出來的信仰羣體，他們又分成許多不同宗派，互不從屬，教義體制也各有特色，惟皆否定羅馬教廷的獨專權威。	採用「新教」是要與意指羅馬公教的「舊教」清晰地分別開來。
基督宗教 Christianity	基督教 耶穌教 基督信仰羣體	該詞泛指一切信奉耶穌基督為主的宗教，包括上述羅馬公教、東正教、基督新教，還有接受基督一性論的東方正統教，但不包括異端。	東方正統教信眾多聚居埃及一帶，故常被稱為埃及正教。

基於對羅馬公教、東正教和基督新教三者同出一源、信仰相近之關係的重視，近年有華人學者批評基督宗教既然只有一個，就不宜說基督宗教是「三教鼎立」或有「三個主要流派」，而當說有「三個分支」。筆者認為這純屬個人喜好，欠缺充分理據。根據古漢語詞典，「流派」一詞源自河流分支，指思想或學術有不同取向的發展，「三個主要流派」與「三個分支」實質上相當類同。此外，羅馬公教、東正教、基督新教既以「教」為名，說「三教鼎立」也無不妥；就如母堂與分堂一同聚會，不少堂會稱之為兩「堂」聯合，只因母堂是「堂」，分堂也是「堂」，當中並無彼此分割之意。

有評論指有關基督宗教的信仰理解和實踐是多元的，凡有意或無意地強調「基督新教與天主教的分別」或「基督新教普遍認同聖禮非得救所必需」的說法，都「不盡不實，甚至不無錯謬」。誠然，基督宗教是多元的，羅馬公教、東正教、基督新教也確有很多相同之處；然而不容否定的，是彼此也各具差異，部分差異甚至非常核心關鍵，否則就不會分成三教或說三個分支；基督新教雖不再設「一言堂」的領導，但本身也存在明確有別於其他兩教的特點。完全否定三教分別，或否定基督新教特色的說法，顯然更不盡不實。

1.1.2. 運動名稱的選詞

另一個有待回應的近代評論，是有學者反對史書常用的「改教運動」和「改教家」，批評當中帶有「冷戰意識」和「無意義的敵意」；他們又認為「宗教改革」一詞也不準確，因為由馬丁．路德引發的改革不單關乎教會內部，也涉及經濟、政治、文化、社會、神學等等各方面；因此，有關學者認為加上「宗教」是畫蛇添足，沒有充分理據，於是提倡採用 Reformation 一字的直譯意思，簡單使用「改革運動」和「改革家」。

「改教」一詞是否帶有敵意？這相當見仁見智；在筆者眼中，「改教」只是宗教改革的簡稱，就如教育改革簡稱「教改」，政制改革簡稱「政改」；說這些簡稱存有敵意，未免有過分詮釋之嫌。有說我們用任何名詞稱謂，都有責任把其意思表達清楚，若某簡稱會引起誤解，就得勇敢地提出修正；然而，筆者認為文字語言的功用在於彼此溝通，若個別名詞用語的意義在有關社會或羣體已有明確共識，隨意修改只會造成混亂與引來困惑。事實上，現代許多常用的名稱，若勉強拆字解讀，都很容易引申出許多問題；例如「神父」可按字面意思曲解為上帝的父親，香港浸信會神學院的簡稱「浸神」會變成大逆不道地將神下浸，而強調因信稱義的「信義宗」則可按字面意思勉強解釋為相信「義」而非相信「神」。然而，這些名稱在華人教會根本不存在誤解之嫌；任何專有名稱皆應就詞彙的語境來理解，不應胡亂拆字詮釋。

那麼叫「宗教改革」，還是簡單稱之為「改革」? 不容忽略的是西方論及宗教改革，必用大寫 Reformation，並保留小寫 reformation 來指涉其他改革行動；這大寫的表達是有對象和文化性的，表示對有關羣體而言，所涉人物或事件是獨一無二、人盡皆知、不會混淆；就如基督教中的 God 是指三一真神，而 god 則指異教神祇。單用中文「改革」來指稱宗教改革，根本絕不清晰、全不足夠；與英文不同，中文並沒有大小寫的區分，改革運動是指宗教改革還是其他改革行動？改革家難道不能指孫中山、胡適這等改革社會或文化的重要人物？對歐美西方而言，Reformation是其本身歷史的重大轉捩點，故此一個大寫的表達已經足夠；然而在華人社會，宗教改革只是遠處他邦的事件，單用中文「改革運動」或「改革家」，一般人會想到甚麼？答案肯定相當多元，各有不同理解。因此，在「改革運動」前面加上「宗教」二字實有其必要性，絕非畫蛇添足。

本書的選詞用語主要基於兩個原則：首先是尊重，凡相關羣體或人物本身已在華人社會有正式中文名稱，就尊重其選擇；例如華人社會中的Baptist Church普遍採用「浸信會」，就不擅自改成「浸禮派」等譯名。其次是通用，凡已在華人教會廣泛採納、由來已久的中文譯名，就繼續沿用；例如現代社會普遍將Martin譯為「馬田」，惟在本書，Martin Luther則會維持「馬丁．路德」的譯法。基於相同原則，本書會繼續採用「改教運動」、「宗教改革」、「改教家」等傳統譯名。

1.1.3. 宗派用詞的選取

除「宗教改革」和「基督新教」這等有關整個運動的用詞外，尚有數個譯名需要在此稍作解釋。首先是Lutherans，這字源自馬丁．路德的姓氏，故直譯應為「路德宗」；然而，路德本人的心願，是不要用他本人的名字建立宗派；故現代追隨其路線的華人信眾，多用「信義宗」，以表達路德所堅持的因信稱義教理。雖然現代也有以「路德會」為名的華人宗派存在，但「信義宗」相對較多。由中華基督教禮賢會香港區會、基督教香港崇真會、基督教香港信義會、港澳信義會、香港路德會和南亞路德會聯合組成的團契組織，也稱為香港信義宗聯會。為尊重路德本人及相關華人教會羣體，本書會採用「信義宗」。

另一個要稍作討論的名稱是Anabaptists，這詞意指「再次領受水禮者」，故過往常被譯成「重浸派」或「重洗派」。然而不可忽略的是，這詞是敵對者含貶抑性的稱謂，帶有譏諷意味。事實上，有關羣體從不承認自身的水禮是重洗；其第一代信徒雖曾領受嬰兒水禮，但他們卻不以之為有效；第二代信徒只會接受一次成人水禮，更不能說是「再次」。為此，近年愈來愈多學者改用「信洗派」；這名稱既能準確表達該派對「信而受洗」的堅持，又是此派之門諾會（Mennonites）在華人社區中所採用的名稱，故無庸置疑更為合適、更獲認許。數年前見有學者使用「成人浸禮派」，惟這名稱不單欠缺信洗派的認同，且未能準確表述該派的信念精髓；必須留意，信洗派堅守的不是年齡大小，而是要先相信而後才接受水禮的原則。

最後一個較難中譯的名詞是 Radical Reformation，這詞一般用來描述那些追求徹底改教的人之革新，他們的改革比路德、加爾文（John Calvin，1509～1564）等主張的更積極進取。由於何謂 Radical 相當主觀，故這詞實質上所指涉的羣體也各異。有學者將這詞單單用來形容信洗派中較狂熱的分支；有的以這詞涵蓋所有比主流改教家更激烈改革的人，範圍比信洗派全體還要大。不認同這種進取立場的，會將之中譯為「極端改教運動」或「激進改教運動」。然而，從有關羣體角度看，他們追求的是徹底的改革，若發現任何教會傳統與所領受的真理相違，都當立時修正。無疑，當中部分羣體的領受確實存在偏差，因而產生一些不為其他新教羣體接受的行為表現，然而其核心精神依然是徹底革新、徹底追隨主。基於尊重相關羣體的原則，本書會較正面地以「徹底改教運動」一詞來表述之。

1.2. 回歸本源的歷史

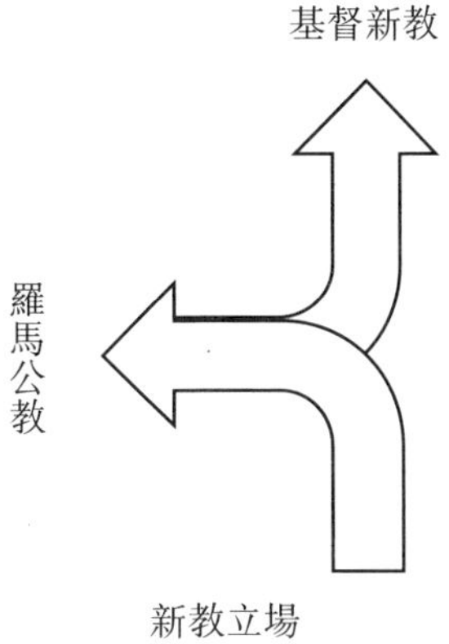

曾聽聞有人指基督新教乃羅馬公教分離出來的「叛徒」；雖然從歷史發展角度而言，這說法並非毫無根據，但從信仰教理而論，答案卻恰恰相反。無疑，十六世紀獨立分離出來的新派羣體，不論是信義宗、改革宗、聖公宗，還是其他宗派，原本都直接或間接受羅馬教廷管轄；然而在改教家眼中，他們從羅馬公教分離出來，原因是當時的公教已偏離聖經真道和使徒傳統，羅馬教宗的權威地位也是透過歪曲史實僭奪而得，故此羅馬教宗才是真正的「叛徒」，宗教改革只是撥亂反正，嘗試將腐敗偏差的中世紀教會糾正過來，回復到初期教會的道統而已。

人文主義該詞源自十四至十五世紀西方的一個思想運動，強調人本身的判斷能力和獨立的理性思考，致力回歸中古原典著作，擺脫中世紀盲目跟從權威的傳統。

1.2.1. 與早期教會的關係

誘發宗教改革的其中一個重要思想是人文主義（Humanism），其口號是「回到根源去」（*ad fontes*），在宗教層面的應用，就是要追求重新研讀原文聖經和早期教父的著作，拒絕盲目跟從傳統。按此精神，人文主義者和改教家們逐漸發現，中世紀羅馬教會的所教所行，實有不少偏離聖經真理和教父言訓，故要求改革修正，以回復到初期教會的模範。因此，初期教會與宗教改革緊密相連，後者常以前者為參考標準；改教家馬丁．路德現存的著作，就曾參照教父奧古斯丁（Augustine of Hippo，354～430）的言說逾千次，只是經常沒有聲明出處。

至於宗教改革與中世紀教會的關係，雖然前者可說是對當時羅馬教會種種陋習的反動，但也在一定程度上是其延續。例如聖公宗、信義宗的監督制度和禮儀模式，改革宗、長老宗的層級架構和教會年曆，皆為中世紀羅馬公教傳統影響下的產物。換言之，宗教改革所努力推動的，並非創立新的傳統或體制，而是在中世紀教會的基礎下進行篩選復修，保留有價值、合乎信仰的元素，並將偏離真道的狀況回復到使徒或初期教會的模範；宗教改革雖注重革新，但絕非漠視傳統。

1.2.2. 與現代教會的關係

基督新教的產生，乃宗教改革的成果；此運動對現代教會的影響不言而喻，兩者的關係也千絲萬縷。宗教改革的口號惟獨聖經（*sola scriptura*）、惟獨信心（*sola fide*）、惟獨恩典（*sola gratia*），至今仍是基督新教各宗派普遍持守的立場；例如強調要以新舊約聖經為信仰的最高權威，任何教會傳統或領導決策均不能與聖經相違；又堅持得救全在乎神的恩典，憑信接受，否定救恩必須配以善功的公教立場。禮儀方面，改教家拒絕羅馬公教的七聖禮說，堅持只承認水禮和主餐為教會的聖禮；這立場也在各新教宗派中被大同小異地持守著。

> i 宗教改革初期只強調 3 個惟獨，就是惟獨聖經、惟獨信心和惟獨恩典；上世紀開始增加至 5 個，除原有 3 個外，還加上惟獨基督和惟獨神的榮耀。

宗教改革同時也衍生了不少現今依然活躍的宗派羣體，當中包括源自德意志的信義宗、瑞士的改革宗、英格蘭的聖公宗、蘇格蘭的長老宗，此外尚有散佈各地的信洗派、公理宗、浸信宗。雖說現代不少宗派在宗教改革以後數百年才逐漸形成，但也絕非與這運動毫無關係；相反若細心追溯，大部分均直接或間接與之關連。例如香港人熟悉的宣道會，其創辦人宣信（Albert B. Simpson，1843～1919）原來來自蘇格蘭長老宗傳統；而播道會的先輩，原初就是從瑞典、丹麥的信義宗教會出來的。這兩個宗派雖始於十九世紀，卻在一定程度上有著宗教改革的根源；類似情況亦見於其他許多華人社區熟悉的新教宗派。

1.3. 宗教改革的意義

基督新教各宗派大部分均直接或間接源自宗教改革，在相當大程度上承襲著這運動的精神和信念。跟中世紀教會歷史相比，宗教改革對現代基督徒的影響更直接、更深入，相關研究所能帶給人的啟迪也更多。

1.3.1. 認識自我

宗教改革是塑造基督新教的重要運動，要認識現代教會的信念和特質，則必須回溯這運動的歷史。與某人的個人成長類比，若說初期教會是孩童時代的成長，中世紀是青少年時期反叛走歪的經歷，宗教改革就是長大後悔改歸主的轉變；對此人來說，3 個人生歷程均或多或少影響著現今的行為、品格和性情，如此塑造出獨特的個體。除悔改歸主，人生還會遭遇一些深刻經歷，能令當事人產生重大改變；較常見的有親人離世、巨大挫折、突患重病等。美國都市人經常為求上進而日夜勞碌，九一一事件後，有統計指出，紐約市民的人生追求剎那間出現重大轉移，對親情關係的重視一躍而在事業追求之上。同樣，台灣的太陽花學運及香港的雨傘運動，也對不少參與者造成深刻影響；原本政治冷感的開始熱情投入，處事溫和的變得激烈進取。掌握這些影響巨大之事件，對認識個人相當重要；對基督教會來說，宗教改革正是這種扭轉人生的關鍵經歷。

認識自我範圍	具體實際例子
信仰權威	基督新教為何放棄中世紀羅馬公教對教宗的尊崇，單單以聖經為最高權威？原因是此時出現許多相當腐敗的教會領袖，教廷扭曲聖經、偏離真道，改教家因而重尋使徒的傳統，以回復基督信仰的純正。
宗派特質	聖公宗為何在信仰教義上傾向新教，卻在崇拜禮儀上近似公教？原因之一是當年英格蘭國內新教和公教勢力皆龐大，英格蘭君主為求政治穩定、安撫民心，遂選擇走中間路線，只打擊雙方最極端人士。
宗派關係	為何早年浸信宗跟聖公宗、改革宗等禮儀宗派保持距離？因為浸信宗源自清教徒和信洗派，前者持續受聖公宗打壓，後者不斷遭改革宗等迫害，經歷冤獄，無數信徒被殺害；故此浸信宗先輩並不喜歡這些宗派。

1.3.2. 鑑古知今

人從經驗中成長，教會亦從歷史中學習；宗教改革既對教會發展有翻天覆地的影響，其所帶出的提醒就更顯深刻珍貴。就如一個學生在校內考試答錯失分，當然有助加強警惕，避免下次重犯；然而學生若在一個影響前途的公開考試中答錯，而有關錯誤更嚴重影響成績，則其所帶來的教訓肯定更加深刻。同樣，宗教改革發生於教會羣體風起雲湧的時代，少許偏差出錯便有機會影響整體成敗；故當中所帶出的啟迪，許多時候特別受關注。例如馬丁．路德與慈運理（Ulrich Zwingli，1484～1531）於 1529 年的馬爾堡對談（Colloquy of Marburg），雙方因所持之聖餐觀的分歧而無法藉聯合來加強實力，使新教派系於改教初段陷於困境、屢遭挫折。這教訓提醒後世信徒要在信仰教義上分清主次，切勿因次要差異而造成不必要的分裂。除此以外，下列還有數個宗教改革給予後世提醒的具體例子。

鑑古知今類別	具體實際例子
聖經詮釋	中世紀羅馬公教喜愛寓意解經，為何基督新教堅持按字面以經解經？因為當時教廷所提倡的許多偏差教義，都是藉錯謬解經來獲取支持；若不對解經原則作出合理規範，就很難糾正問題。
改革進度	馬丁．路德匿藏瓦特堡（Wartburg）期間，有激烈人士推行急進改革，結果引發社會混亂，馬丁．路德被迫重新歸回、協調領導。事件提醒後世改革必須視乎現實情況循序漸進，過激容易帶來反效果。
配合時代	蘇格蘭的改革原本不斷受壓，隨後卻因反公教的民族主義抬頭，才漸漸得到國民支持，最終蘇格蘭成功轉變為長老宗國家。是次成功提醒後世，教會需要關注時代需要，適度配合，才能發揮最大的影響力。

1.3.3. 啟示真神

細讀舊約聖經，以色列人並沒有稱耶和華為頒佈律法的神，卻稱祂為亞伯拉罕、以撒、雅各的神；他們肯定耶和華不單是立約的神，更是歷史的主宰。猶太人的聖經分為律法、先知書和聖卷 3 部分，其中先知書又細分前先知書和後先知書；前先知書包括 4 卷歷史書，就是約書亞記、士師記、撒母耳記和列王紀；這正顯示猶太人視歷史發展為神的啟示，彰顯著祂的神性、愛惡和經世作為。列王紀記述北國以色列亡國時，也補充解釋神的管教和懲罰：「這是因以色列人得罪那領他們出埃及地、脫離埃及王法老手的耶和華——他們的神，去敬畏別神，……所以耶和華向以色列人大大發怒，從自己面前趕出他們，只剩下猶大一個支派」（王下十七 7、18）。舊約歷史是神對選民以色列人的啟示，同樣地，神對基督教會的啟示，也不止於兩約聖經，還應包括教會歷史。這歷史彰顯了神的管教、引領和保守，當中自然包括宗教改革的事迹，以下為部分例子：

啟示神的屬性	具體實際例子
神的管教	中世紀羅馬教廷擁有極高權勢，惟他們由此變得貪權腐敗，偏離真道。在宗教改革中，各地不滿的信眾紛紛起而反抗，這對教廷來說無疑是沉重打擊，但同時也可說是神的管教，迫使他們更新改變。
神的引領	宗教改革期間，不少改教家均有蒙神光照、信仰突變的特殊經歷。例如改教家加爾文原本希望隱居一隅，專心進行研究寫作；然而神卻轉化他，叫他站出來領導教會，他惟有不情願地跟從。
神的保守	宗教改革發生於羅馬教廷權傾全歐之時，早期改教家提出改革立場，無疑是以卵擊石。然而，宗教改革最終成功擴展，實有賴許多看似巧合的因素，如土耳其回教徒入侵等，這難說沒有神的保守。

1.4. 研習本書的建議

本書編排跟前書《奠基立柱——初期教會縱橫談》、《築樓蓋頂——中世紀教會縱橫談》相同，已經讀畢此兩書的讀者，可沿用相同方法研習。為方便未讀過這兩書的讀者認識當中竅門，筆者嘗試在此簡要解釋本書的編排特色，並簡介一些研習歷史的基本要訣，以幫助讀者更有效掌握書中內容，從而有美好的閱讀經驗。

1.4.1. 研究模式

現代不少華人喜愛四處遊歷，常見模式有參加旅行團和自助遊兩種；前者的優點是行程經妥善安排，遊客無須為期間的食、住、行而煩惱；後者則較自由自在，惟團中必須有人願意扮演領隊角色，負責安排行程中各成員所需。然而不論哪一類，總有一些只愛跟隊在後的朋友，吃完、玩完、開心完，卻惘然不知走過哪些地方；瀏覽拍下的照片，常要問旁邊的同伴：「這是甚麼地方？」要確切掌握所見所聞、避免迷失，最好還是預先多作準備，如細讀行程概覽和相關旅遊資料，或在地圖上找出各景點位置，以確定途經路線。

往世界各地旅遊，可有許多不同行程。遊者可選擇縱向南北路線。筆者前幾年暑假到波羅的海遊歷，就先從波蘭進入，然後一直北上，經立陶宛、拉脫維亞、愛沙尼亞，最後於芬蘭離程返回。遊者亦可選擇橫向東西路線。早年筆者往美加旅遊，就先赴西岸洛杉機、三藩市，然後持續往東飛行，最後遊覽東岸華盛頓、紐約和多倫多。時代轉變，現代都市人愈來愈不滿足於走馬看花的旅遊模式；於是，針對個別城市的深度行漸受歡迎，筆者也曾以這類形式到過巴黎、巴塞隆拿、雅典、東京、胡志明市、台北等地，確實體會更為深刻。宗教改革研究也同樣有許多不同模式；有按時序從早到後縱向檢視，有橫向綜觀某一時期的種種事迹，也有集中探討個別人物、事件或主題。綜合而言，研究模式可歸納為以下 3 類。

a. 橫向時代掃描：研究某一較窄的歷史時段，探討該時期基督教的主要發展；如改教爆發初期、三十年宗教戰爭時期等。若能由遠至近逐一時段探討，即能綜觀整段歷史；坊間常見的宗教改革概論書籍多採用此種方法。

b. 縱向主題研究：研究某一主題在不同時段的發展，橫跨整個改教時期；如德意志或英格蘭改教的起跌等；這類研究對追索事件現象的來龍去脈甚有幫助。若能廣泛結合不同主題的研究，就能呈現整個宗教改革歷史發展。

c. 獨立人事探索：專注分析個別人物或事件，涵蓋時段和範圍皆窄；如馬丁．路德的聖餐觀、卡卑勒戰爭（Wars of Kappel）失敗緣由、滿慈（Felix Mantz，卒於 1527）殉道經過等。這種研究討論深入，學術專文多屬此類。

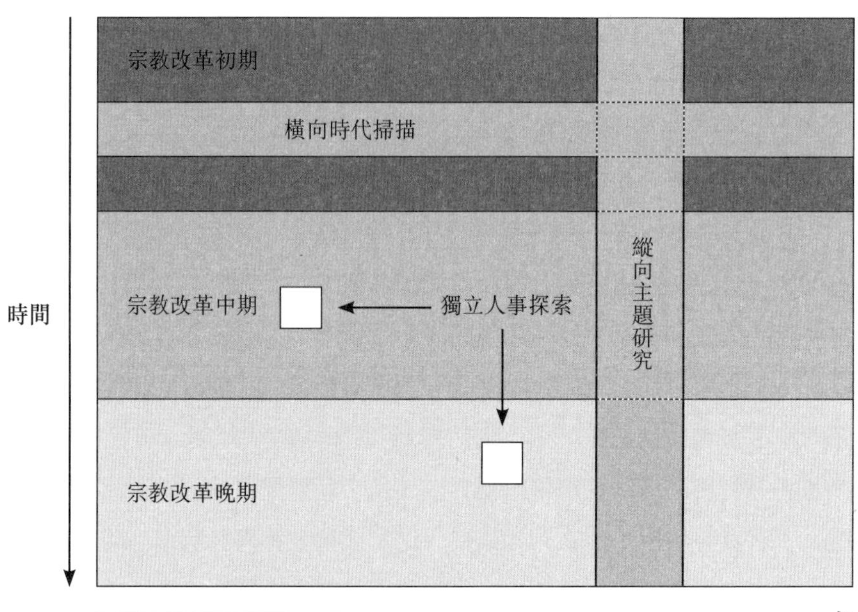

1.4.2. 研習建議

不知不覺，筆者在香港浸信會神學院教學已逾 17 載。回顧過往教學，確曾遇到不少神學生明確表示一直怕讀歷史。研讀歷史是否如此可怕？實際上，歷史研究跟追看小説、長篇電視劇相當類似，可以趣味盎然。筆者年少時像許多香港人一樣，喜歡所謂「電視劇餸飯」；隨著工作逐漸忙碌，加上感覺電視節目質素日趨下降，已有許多年沒有「煲劇」。年前香港出現港視風波，香港電視所拍攝節目無法於公眾頻道播放，只有轉型為網上電視；可愈遭壓制，就愈受民眾關注，香港電視開台初期收視率甚高。在潮流氣氛驅使下，筆者家人也有部分加入追劇行列；《選戰》、《警界線》、《來生不做香港人》等，漸漸成了家人茶餘飯後傾談交流的話題。看見他們論述劇集內容講得津津有味，筆者也想抽空一看；可工作忙碌，偶然觀看一兩集，由於不知來龍去脈，總覺劇情不甚吸引。

因何有此分別？有沒有一直投入追看是關鍵。初學歷史者，最常見的問題是間斷式地跳讀；偶爾閱讀數頁就放下不理，等到對早前曾讀的已印象模糊，才以「受刑」心態重拾史書。這種閱讀安排，相信就是看《神鵰俠侶》、《來自星星的你》，也難生興趣。讀歷史著作最理想的方法是像追劇集、追小説那樣，一氣呵成，閱讀整個單元。閱讀時，不妨想像當時的情境，嘗試代入其中的角色，努力釐清各人物事件的關聯，如此印象才會深刻，閱讀也會變得有趣。

香港基督徒普遍生活忙碌，要抽一段時間專心閱讀一本書並不容易。為此，本書繼續採用本系列前兩書的編排模式，將內容如下圖分成兩個層次，從宏觀到微觀。讀者可先在「橫向時代掃描」的 3 章中，快速掌握宗教改革的主要歷史發展；然後在有時間時，才在「縱向主題研究」部分深入研讀個別專題。這些專題雖彼此關聯，卻又相當獨立，讀者可按個人時間和喜好自由選讀。

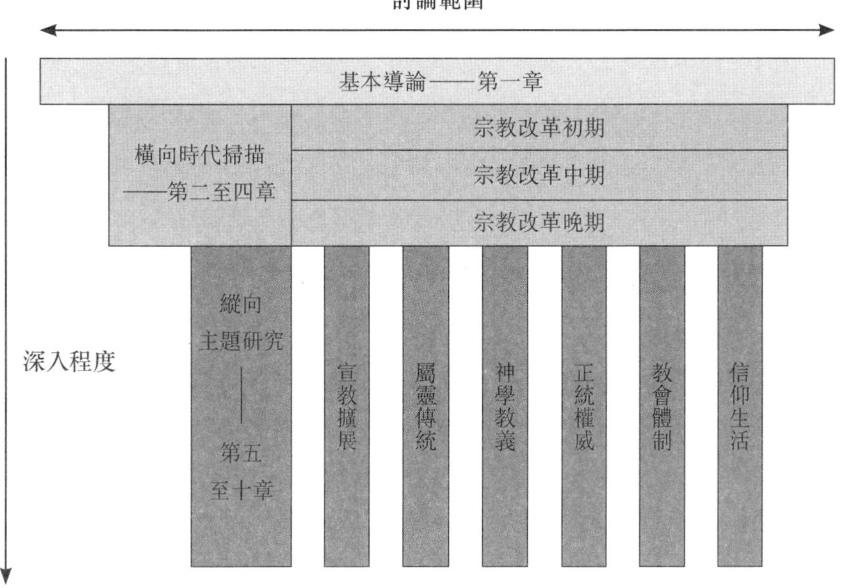

教會歷史知識的現代應用

在現今講求實用有效的社會裏，基督徒研讀教會歷史時經常會問的問題，是這些知識對個人的信仰追求或牧養教會有何幫助？這令筆者想起當年高中時，一位不愛讀書的同學發問：「真不知讀這些物理、化學、生物有何作用？」當時筆者雖仍年少，卻很快回答：「作用很大！」事實上，若只知生吞死記，即使實用如工程、醫學、法律等專業學科，用途也有限；相反，若融會貫通、靈活思考，許多學科的知識都能在日常生活中大派用場。早前曾看到一個節目，講述一位物理力學教授，由幫助一位無辜被控的友人開始，藉著其專業學識，一再重構交通意外的事發經過，平反多宗冤案。同樣，教會歷史的知識，若能貫通活用，也能給研讀者帶來多方面的益處，以下為數個具體實例。

一、有助解釋聖經原意：聖經雖對基督教真理有明確的解說，但無可否認也存在不少含混的表述，以致與釋經相關的爭議歷世不絕。要正確解釋經文，上文下理和歷史背景固然重要，惟現代釋經者經常忽略的，是初期教會的見證。當知道，不少早期教父原是使徒的好友、門生或徒孫，他們曾直接與使徒相處，對使徒有關信仰教義和教會體制的理解，有超出聖經記述的額外認知。例如水禮的施行模式，究竟應是浸禮、澆灌還是灑水？源自一世紀的《十二使徒遺訓》（*Didache*）就提示，使徒教會首選是在活水中施浸，若沒有活水就在靜止的水中施浸，若連這也沒有，就改用澆灌的方式施禮。

二、回應「誤導史實挑戰」：在後現代思潮影響下，社會愈來愈喜歡挑戰傳統；任何違反傳統的所謂證據或建議，均容易獲傳媒大肆吹噓。基督宗教作為西方的傳統信仰，自然也備受針對。暢銷小說《達文西密碼》（*Da Vinci Code*）就在這環境下廣泛流傳，且被拍成電影；略查早期教會歷史，即不難發現此小說內容不盡不實，根本不可能在現實裏發生。此外，坊間又有報章報導，新發現的《猶大福音》

（*Gospel of Judas*）能改寫傳統有關耶穌的敍述；然而，這《猶大福音》實質上只是三、四世紀諾斯底主義者的創作，何以不信一世紀的福音書，卻相信逾百年後的虛構傳說？實在不合史學常規。

三、展示屬靈追求模範：現代基督徒普遍長期局限於個別堂會中聚會，屬靈追求受所屬宗派傳統限制；遇有取向立場不同的基督徒，容易產生疑惑，甚至出現衝突。回顧2000年的教會歷史，會發現歷來有許多不同的屬靈傳統，每一傳統均在相當大程度上對基督徒羣體有所貢獻。例如來自十六紀大德蘭（Teresa of Ávila，1515～1582）的默觀傳統，就為信徒的內省追求帶來許多洞見，其屬靈深度是現代講求即時果效的基督徒所難及的。此外，十六世紀的信洗派和清教徒（Puritans）為了堅持信仰立場而遭受諸般逼迫，這種為主犧牲的捨己精神，也是現代慣於安逸、明哲保身的教會所容易忽略的。

四、提供牧養事奉參考：經常聽聞有弟兄姊妹不滿堂會欠缺適切的牧養；原因為何？基督教會累積了2000年的牧養經驗，可供參考和反省的資源甚多，可惜絕大部分都給遺忘，以致問題一再出現，不斷重蹈覆轍。例如堂會努力佈道，持續有新朋友加入，聚會人數卻停滯不前，究其原因每多是培育不足，以致信眾「前門入、後門走」。回溯十八世紀的循道運動，懷特腓德（George Whitefield，1714～1770）在宣講表現和佈道熱誠方面都較約翰．衞斯理（John Wesley，1703～1791）優勝，然而後者卻能建立遠為龐大的循道宗羣體，其主要原因就是約翰善於培養信徒，早就建立12人一組的小組牧養系統。

五、作為社會參與指引：對於華人教會來說，基督徒在社會中的參與，可說是近年廣受關注的時代議題。台灣的太陽花學運、香港的雨傘運動，都驅使教會進深反思政教關係的定位：基督徒在這些社會運動中當扮演何種角色？是否簡單引經要求「順服在上掌權者」就能解決問題？為尋求應對方案，不少信眾嘗試從教會歷史的經驗汲取智慧；於是，初期教會如何面對羅馬政權的逼迫，潘霍華如何領導認信教會抗拒希特拉的獨裁，馬丁．路德．金（Martin Luther King，1929～1968）如何以公民抗命方式為黑人爭取民權，便成為不少熱心信徒口中談論的焦點。

有關教會歷史知識於現代的應用尚有許多許多，只要細加留意、會通思考，幾乎基督徒生命的每一層面都可從歷史獲取智慧。曾經聽過一位神學前輩分享，當他應國內宗教事務局邀請前赴飲宴時，坐在身旁的佛教領袖挑戰說：「你們基督徒有甚麼好？來去也只得一本聖經，你看我們佛教豐富的經典珍藏，是智慧的結晶啊！」當時這位神學前輩沒有回應，倒是在旁的宗教事務局官員答道：「你不知道，基督教實質上也有許多教會歷史文獻，內容且遠比佛教經典豐富，只是許多基督徒沒有留意而已」。這個連教外人也知道的信仰寶藏，可惜至今仍普遍為華人教會羣體所忽略遺忘。

溫習及思考問題

1. 「宗教改革」一詞指甚麼？

   泛指：______________________________

   專指：______________________________

2. 學者普遍認為宗教改革始於何時？又終於何時？

   開始：______________________________

   結束：______________________________

3. 請將左方的名詞跟右方的解釋以連線方式配對。

羅馬公教 •	• 又被貶稱為激進改教運動
東正教 •	• 時常遭錯誤貶稱為重洗派
基督新教 •	• 路德創建之宗派的常用名稱
基督宗教 •	• 華人教會常稱之為改教運動
宗教改革 •	• 信奉耶穌為主之宗教的統稱
信義宗 •	• 宗教改革分離出來的羣體
信洗派 •	• 以君士坦丁堡主教為領袖
徹底改教運動 •	• 華人教會普遍稱之為天主教

4. 宗教改革與初期教會有何關係？

____

____

5. 宗教改革與中世紀教會有哪兩種關係？

a. ______________________________

b. ______________________________

6. 本章列舉了哪 3 類例子，表示現代教會乃宗教改革的延伸？

a. ______________________________

b. ______________________________

c. ______________________________

7. 對現代基督徒來說，研讀宗教改革歷史有哪 3 重意義？

a. ______________________________

b. ______________________________

c. ______________________________

8. 本章對研習歷史著述提出了甚麼建議？

____

____

9. 請為自己編排一個研讀本書的時間表，計劃何時閱讀各章內容。

第二至四章：______________________________

第五章：________________

第六章：________________

第七章：________________

第八章：________________

第九章：________________

第十章：________________

進深閱讀書目

吳國傑：《真貌重尋——教會歷史研究導引》。香港：基道，2005。

吳國傑編：《鑑古知今：教會歷史的提醒》。《山道期刊》卷六第一期。香港：浸神，2003。

Bradley, James E. and Richard A. Muller. *Church History: An Introduction to Research, Reference Works, and Methods*. Grand Rapids: Eerdmans, 1995.

Comby, Jean and Diarmaid MacCulloch. *How to Read Church History*. 2 vols. New York: Crossroad, 2000.

第二部分

橫向時代掃描

第二部分

第二部分

橫向時代掃描是指以歷史時段為分界，逐一概覽基督教會的特殊處境和主要發展。宗教改革雖只短短百多年歷史，期間的社會環境、教會實況和信仰理念卻有著重大轉變；情況就好比從滿清末年到改革開放，中間經歷了滿清政府的封建體制、民國期間的三民主義、中日戰爭的艱苦歲月、文化大革命的政權鬥爭等巨大變化。為準確論述宗教改革各時段的特色，本書將宗教改革再細分為初期、中期和晚期 3 個階段。這 3 個階段前後相連，聯合起來就能得出整個宗教改革歷史的輪廓。

坊間常見的介紹宗教改革書籍，多以地域作為劃分主線，按章分別討論德意志、瑞士、英格蘭、蘇格蘭等地的改教進展，部分還涉獵其他地區，如荷蘭、法國、瑞典、丹麥等等。這類研究的優點，是能清晰解說同一地區改教運動的直向發展，缺點是容易忽略各地域間的橫向互動。本書改以時段作為分界，並非因為傳統地域式的討論有欠理想，而是考慮到坊間現有的相關中文出版多屬此類研究，故嘗試以另一種形式表達，盼能呈現新的面貌。

必須坦承，宗教改革歷時只短短百多年，各地域的改教進程不一，要在期間妥善劃分初、中、晚 3 個時段並不容易。基本上，本書以改教運動爆發的背景、起因、過程，作為討論「初期階段」的主要焦點，關注第一代改教家面對的困難與挑戰，時間在宗教改革開始至 1530 年代。「中期階段」集中討論宗教改革於不同地域的擴展，論述當中有何成敗得失，時間約在 1530 年代至 1550 年代末。「晚期階段」始於 1560 年代，此時改教思想已遍及全歐洲，故探討的核心會放在各地宗教政策的落定上，究竟最終是接納改教、維持公教，還是讓人自由選擇宗教信仰？這些宗教政策不少延續至今。然而，由於各地的歷史發展經常沒有明確時間分界，許多事件每每有所延續；為使討論連貫，本部分有些內容會超越其所屬章節原本設定的年期，請讀者留意。

第二部分

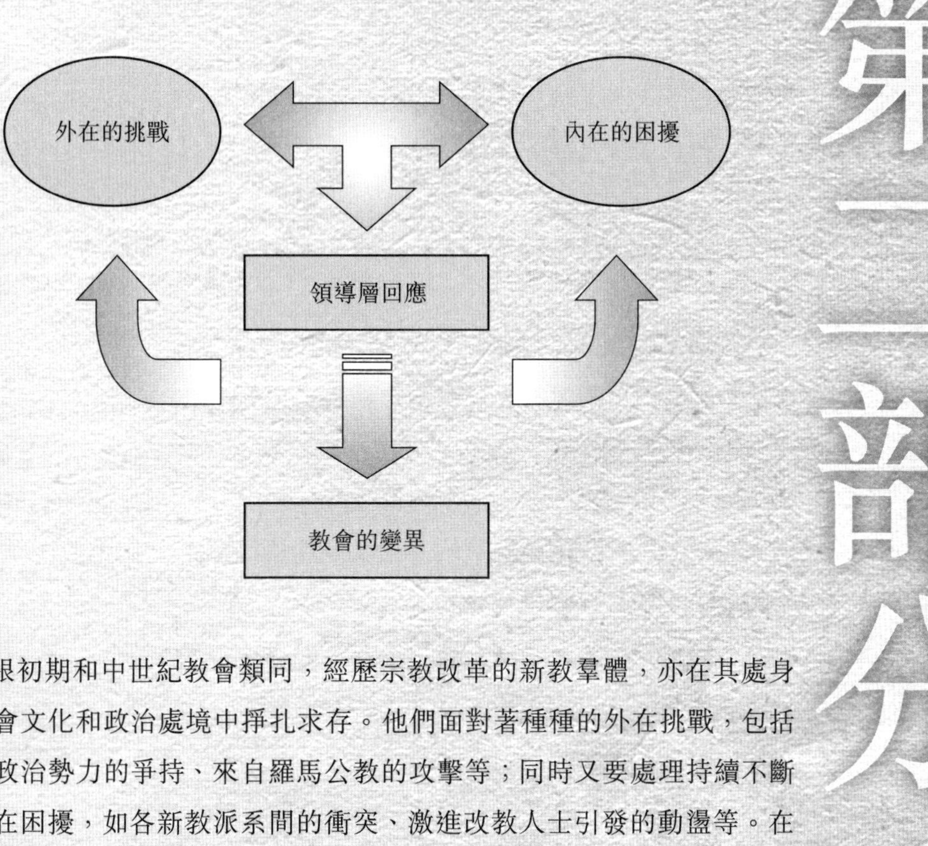

跟初期和中世紀教會類同，經歷宗教改革的新教羣體，亦在其處身的社會文化和政治處境中掙扎求存。他們面對著種種的外在挑戰，包括各地政治勢力的爭持、來自羅馬公教的攻擊等；同時又要處理持續不斷的內在困擾，如各新教派系間的衝突、激進改教人士引發的動盪等。在複雜而多變的處境裏，改教領袖們的回應，是引導各宗派教會成長發展的關鍵元素。為保持內容風格統一，本部分 3 章會沿用《奠基立柱》和《築樓蓋頂》的做法，各章雖有不同分題，但均可順序歸屬為上表「外在的挑戰」、「內在的困擾」、「領導層回應」和「教會的變異」4 類；這些元素彼此關連、互為因果，結合而成為早期新教羣體發展的整全歷史。

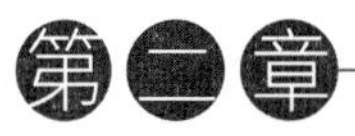

宗教改革初期

「宗教改革初期」指宗教改革開始至 1530 年代，改教先鋒和改教家們發出革新教會信仰和體制的呼聲，努力奮戰。此時，羅馬教廷的勢力雖較中世紀顛峯時期略微下降，但仍權傾整個歐洲，羅馬教宗的地位足與任何大國的君主較量；抱持新教思維的異見者，不論在何地區、屬何國邦，都難逃教廷的攻擊和壓制。雖然環境困難，但改教家們卻在時局轉變、人心受到感化的情況下，成功發出更新、修正教會的呼聲，掀起宗教改革的浪潮；當中涉及改教先鋒的犧牲與奠基、外在社會的時局變遷、教會內部的持續不滿，以及改教家們的艱苦奮鬥。可以說，「四處受壓」是這時期改教運動的標記性遭遇，當中包含教廷持續腐敗、偏差錯謬被揭、改教信念傳開、信徒醒覺日增、新教力量積聚等特色。

羅馬教廷的勢力於十二世紀末達至高峯；惟十四世紀的「教宗被擄巴比倫」（Babylonian Captivity）事件，以及隨後的西方教會大分裂，都對教廷權威造成衝擊；加上教廷長期腐敗，使不少信徒感到失望。

2.1. 日漸改變的社會

與現代日新月異的社會相比，中世紀的發展無疑相對緩慢。然而，在宗教改革爆發前的 200 年裏，歐洲社會亦曾出現許多重要轉變，成為中世紀羅馬教廷獨裁管治的缺口，為改教運動帶來擴展的空間。

2.1.1. 教權漸降的環境

羅馬教權於十二、十三世紀達至高峯。雖然歐洲各國對教宗的權威並非全然認同，但為免給敵對者留下攻擊的口實，加上當時流行「教會以外無救恩」的信仰理念，為保障自身今世的權位和將來靈魂的得救，各國君王權貴均盡量避免與教廷發生衝突。1215 年第四次拉特蘭會議（Fourth Lateran Council）通過的規條聲明：「世俗的權勢，不論擔任哪一種職位，若要保存名聲，維持忠信，就要跟從教會訓令的建議、要求和命令，公開宣誓盡力在他們的管治範圍內，驅除教會以正確信仰判定的異端教徒，以維護信仰」（第 3 條）。據此，教廷持續以清除「異端」為借口，藉地方政權對異己施加壓迫；民眾對教廷的種種不是與腐敗，都敢怒不敢言。然而，隨著時代轉變，十四、十五世紀的現實環境中，有不少事件都驅使民眾對教廷的權威產生懷疑，由此逐步削減教廷的專橫權力。在時局的轉變中，較突出的有以下幾項。

「十字軍東征」乃教廷意欲從伊斯蘭勢力奪回聖地的連串軍事行動，始於 1096 年，到 1291 年巴勒斯坦完全失陷才告終。由於十字軍耗費資源龐大，西方貴族不少都因參與東征而變得窮乏，相反沿途買賣的商人卻變得富有，社會結構因而改變。

a. 十字軍東征挫敗：十二世紀中至十三世紀末多次的十字軍東征，乃在羅馬教廷的呼籲和推動下進行；結果，歐洲的基督徒聯軍卻一再敗於中東的伊斯蘭教徒手下。十字軍東征除了帶動歐洲各國發展，使人民不再盲目跟從權貴和教廷的指令外，還令人質疑羅馬教會的可信性。畢竟，倘若真如西方教會所倡言，教廷是神在地上的代表，擁有屬天的真理，因何教廷所發動的十字軍會一再遭受挫敗？教廷是否犯了錯？

b. 全歐爆發黑死病：黑死病於 1347 年開始在歐洲南部地中海國家爆發，並迅速向北擴散蔓延，短短六年間橫掃全歐洲，肆虐範圍北至俄羅斯，分離的英倫島嶼也不能倖免。幾年間，歐洲超過三分一人口遭奪性命，英格蘭和法國因黑死病而死亡的人口更高達一半以上。如此嚴重的瘟疫，令人不期然想到神的眷佑與懲罰；當時全歐洲人民都信奉以羅馬教宗為首的公教，倘若其教導正確，因何會遭此大災？會否其教導偏離神的心意？

c. 鄂圖曼帝國興起：十四世紀興起的土耳其鄂圖曼帝國（Ottoman Empire）迅速擴展，愈趨強盛，更於 1453 年消滅基督宗教的象徵式領導拜占庭帝國（Byzantine Empire），使西方教會大為震驚。鄂圖曼帝國人民皆信奉伊斯蘭教，上述戰果令人不期然懷疑公教傳統的信仰教導。同時，土耳其人的頻繁入侵，也使支持羅馬教廷的君王權貴如查理五世（Charles V，1500 ～ 1558）等忙於應對，無瑕處理西歐內政事務，讓新教羣體有機會擴展壯大。

d. 民族主義的抬頭：中世紀歐洲各地的權貴君主之所以勉強屈從於羅馬教宗，皆因有敵對勢力的存在，後者會以當政者不敬虔為借口伺機攻擊。然而，教廷的長久壓制，早已令各地人民大感不滿，民族主義漸漸成為反抗教廷的重要力量。同時，歐洲最強的三大國家，包括西班牙、法國和英格蘭，其國內分裂張力均在十五世紀末得著化解；強勢君王的上台，代表不再懼怕教廷藉敵對勢力施加壓迫，羅馬教會對各國的控制因而大減。

歐洲各強國的統一及民族主義的抬頭，最早見於英格蘭。1485 年，當地的約克（York）和蘭開斯特（Lancaster）兩大家族的紛爭終獲平定，都鐸王朝繼而成立。此後，法王於 1491 年藉婚盟完成統一大業。而西班牙則在 1492 年成功逐出長久佔領南部的伊斯蘭教徒，徹底光復國土。

2.1.2. 揭示真相的趨勢

一直以來，中世紀的信仰教導都強調以教宗為神在地上的代言人，而羅馬教廷是傳達真理的權威機關。然而，由十字軍東征促進的東西方交流，讓公教信眾有機會重新發現久被遺忘的古教父傳統和希羅智慧文學；相比之下，西方拉丁世界所抱持的宗教哲理和文化藝術顯得膚淺而遜色。意大利詩人佩脫拉克（Francesco Petrarch，1304～1374）直稱，羅馬淪陷直至他身處的時代是「黑暗世紀」。自此，有識之士皆力求回復昔日希羅時期的光輝與成就，由此激發文藝復興運動（Renaissance）；與此同時，古典文獻也重新獲得重視，原文聖經、教父著作等被仔細研究，由此進一步興起多個擺脫羅馬教廷瞞騙與轄制的運動思潮；當中尤以下列兩個最值得關注。

> 銳赫林是德意志人文主義者，在他的努力下，德語世界對希臘文和希伯來文的認識大幅提升。馬丁．路德以其著作為經文詮釋的依據，以及經卷課程的參考；路德的繼任人墨蘭頓更是銳赫林的外甥，自小受其培育訓練，兩人親如父子。

a. 人文主義：指十四、十五世紀源自西歐文藝復興時期的一個多元而複雜的運動思潮；強調以人類理性思維獨立判斷，脫離中世紀僵化的傳統，反對盲目跟從權威，以「回到根源去」為口號，嘗試透過人文科學的研究精神，致力回到古代希臘羅馬時期的古典著作之中，並以客觀分析和理性思維發掘當中的真正意義。當中著名的代表人物，有大力推動希臘文和希伯來文研究的銳赫林（Johannes Reuchlin，1455～1522），以及編訂首本校勘版希臘文新約聖經的伊拉斯姆（Desiderius Erasmus，約 1469～1536）。因著這些人文主義者的努力，原文聖經和教父著作的直接研讀愈見普及，為日後因揭示教廷偏差錯謬而觸發的宗教改革開路。

b. 神祕主義（Mysticism）：中世紀羅馬教廷強調聖職人員是神人之間不可缺少的中介：在嚴禁翻譯聖經的規限下，不懂原文和拉丁文的普羅信眾只可從聖品領受信仰教導；信徒懺悔要向神父告解，上主的赦罪要透過神父宣告。相反，神祕主義注重直接經歷神的臨在，強調透過祈禱、禁食、默觀，在靈裏與神契合，直接從神獲取屬天的知識和啟示。這傳統早已存在於修道團體之中，在積極投身平民教育的共同生活弟兄會（Brethren of the Common Life）的推動下，這思想於西方社會愈見普及；其領袖肯培．多馬（Thomas á Kempis，約 1380～1471）編著《遵主聖範》（*Imitation of Christ*），大力鼓吹直接以基督為效法對象，教廷的中介角色因而大減。

共同生活弟兄會原是羅馬公教的宗教組織，於十四世紀始於荷蘭。該會不單注重敬虔操練，更強調研究、教育和出版。伊拉斯姆和馬丁．路德均曾受教其下，受其求真的精神所影響。宗教改革後，部分共同生活弟兄會羣體更轉投新教行列。

真相之所以能在廣大民眾中暴露，此時還關乎一個相當重要的時代轉變，就是印刷術的流行。印刷術雖早於七世紀已見於中國，但要到十五世紀中葉才由古騰堡（Johannes Gutenberg，約 1398～1468）引進西歐。在此以前，雖有不少有識之士曾為改革教會流弊提出睿見，但都因言論無法廣傳而受限，部分更遭羅馬教廷壓制埋沒，著作給搜查焚毀。印刷術的普及，使揭示真理的研究、改革教會的呼聲得以廣泛進入人羣，帶來一呼百應的果效；路德的《九十五條信綱》就是藉印刷術翻印廣傳，由此牽起宗教改革浪潮；往後的改教文獻、聖經譯本和神學詮釋，也是藉印刷術流傳民間，使封建的中世紀教會產生翻天覆地的轉變。

2.2. 問題日顯的教廷

黎明前夕，往往是最黑暗的時刻。滿清政權腐敗至極，一切維新努力盡顯徒然，追求推翻帝制的呼聲日見高漲，孫中山的革命事業才得以成就。同樣，宗教改革爆發之始，也是羅馬教廷最腐敗的時代，因著信眾強烈的不滿，按聖經真理改革教會的呼聲於各地響起，馬丁．路德發起的宗教改革，才有一呼百應、遍地開花之效。

2.2.1. 充滿矛盾的制度

自十一世紀開始，羅馬教宗的地位不斷提升，逐漸在歐洲取得至高無上的地位；各地主教均要聽命其下，就是君王權貴許多時候也得俯首稱臣。羅馬教廷堅持的教宗首席論，強調羅馬教宗是全教會之首，惟獨教宗有權廢除和委任主教、制訂新教規；沒有人能廢除教宗的諭令，相反他卻有權廢除任何人的諭令；任何人皆無權審判教宗，未經教宗允准，也不得召開主教會議。在如此獨尊的體制下，教宗可不受任何約束或制衡地領導、治理、控制各地教會。若教宗真如公教所宣稱，乃神在地上的代理人，這體制無疑可確保神權的彰顯。然而事實上，教宗（及選舉教宗的樞機主教團）始終是凡人，有世人共有的軟弱和罪性，遇有敗壞、紛爭、衝突等問題，這體制始終會造成難以解決的爭議與分裂。在宗教改革前不久，正好發生了一件全教會關注的爭議事項，就是史稱「教宗被擄巴比倫」事件所帶來的大分裂。

事件的起因，是羅馬教宗波尼法修八世（Boniface VIII，在位於 1294 ~ 1303）與法蘭西君王腓力四世（Philip IV of France，在位於 1285 ~ 1314）交惡。腓力於 1303 年聯同意大利的反教宗勢力將波尼法修捉拿囚禁，並嚴刑拷打；僅一個月後，這位身心受創的教宗便傷重不治。接任的本篤十一世（Benedict XI，在位於 1303 ~ 1304），雖有意為波尼法修伸冤，惟就任只短短 8 個月便被人毒殺身亡。此後，法王腓力於 1305 年將心腹推為教宗，名為革利免五世（Clement V，在位於 1305 ~ 1314）；革利免自知不受意大利籍主教和信眾歡迎，遂於 1309 年以羅馬政局不穩為借口，將教廷遷到法國亞威農（Avignon）。自此，教宗便成為法蘭西君王的傀儡；此後多任教宗均由法王操控，教廷一直留在亞威農長達近 70 年之久。這史稱「教宗被擄巴比倫」的政權干涉事件，令教權大幅下滑，羣眾（特別是親意大利的信徒）對這現象既憤怒又無奈。

一直受制於法王的教宗，他們雖屬法籍，但依然渴望返回羅馬，重奪昔日教權壓倒君權的光輝；惟因諸般顧慮，始終未能成事。直到 1377 年，時任教宗的貴格利十一世（Gregory XI，在位於 1370～1378）才鼓起勇氣返回羅馬，惟抵達僅年餘便與世長辭。在選立新教宗的會議上，樞機主教團出現分裂，分別選出駐羅馬的烏爾班六世（Urban VI，在位於 1378～1389），和返回亞威農的革利免七世（Antipope Clement VII，在位於 1378～1394）。西方教會也順此分裂成兩大陣營，分別效忠兩位教宗，雙方教區和信眾數目相若，史稱「西方基督宗教大分裂」（Great Schism of Western Christianity）。

中世紀教會傳統堅持教宗是全教會之首，沒有個人或羣體能審判教宗；未經教宗允准，也不得召開主教會議。如此，這大分裂便成為一個無法解決的難題。1409 年，一眾教會領袖齊集意大利比薩（Pisa）召開會議，出席者有愈百位樞機和主教，並有來自歐洲各地的教區代表、修道院長、神學教授共 500 多位。為保教會合一，會議議決要求羅馬和亞威農兩位教宗同時辭職，另選亞歷山大五世（Antipope Alexander V，在位於 1409～1410）為教宗。即使會議如此具代表性，其議決最終也無法落實；羅馬和亞威農兩位教宗皆指比薩會議為僭越行為，拒絕下台。結果問題不單沒有解決，且使原本兩位教宗並立的局面變成三位鼎立，令形勢更加混亂。雖然此大分裂的問題，最終在 1414～1418 年舉行的君士坦茨會議（Council of Constance）上，幾經艱辛地獲得解決，惟教宗一人獨尊的弊病，於是次大分裂中表露無遺，改革教廷體制的呼聲也與日俱增。

在大分裂時期，羅馬、亞威農，以致後來由比薩會議選出的教宗，均在當時獲不少羣體支持。然而為顯合一，後世羅馬教廷只選擇承認其中一位為正式教宗（Pope），將之列在歷代教宗名單之上；那些不獲認許的，就被稱為「敵教宗」（Antipope）。

2.2.2. 腐敗不堪的教廷

根據 1059 年通過的《教宗選舉諭令》，羅馬教宗必須由樞機主教團集體選出；然而，樞機主教的任命，卻同時由教宗全權決定。換言之，一位敗壞的教宗，可以委任許多同流合污的樞機主教和教區領袖；這樣的樞機主教團，難免又會選出同樣敗德的教宗；教區領袖也提升不虔的聖品，如此不斷循環。這情況正是十五世紀宗教改革前夕，羅馬教廷持續腐敗的寫照。這些獲得教廷升任的敗德主教，主要有兩種人：一是與現任教會領袖有密切關係者，如其私生子、男伴或親屬；二是以大筆「捐獻」買得聖職的俗人。

羅馬公教傳統規定，聖職人員必須持守獨身；然而，腐敗的中世紀教廷卻寬容他們收納情婦，就是嫖妓也只象徵式地施以小罰。初時，聖職人員擁有私生子女，會稍微避諱地稱之為姪兒或姪女；惟到十五世紀，他們竟肆無忌憚地公開孽帳。改教先鋒薩沃那洛拉（Girolamo Savonarola，1452～1498）就大膽指斥教廷：「曾幾何時妳會為自己的罪孽慚愧，但現在妳不再有這羞恥之心；曾幾何時若神父有兒子，他們會稱之為姪，但現在不再有姪，只有兒子」。這些淫亂腐敗的教會領袖更濫用職權，將至親升到教會高層。就在宗教改革前不久，教宗西克斯都四世（Sixtus IV，在位於 1471～1484）曾隨意升任多名年輕俊男為樞機主教，有指他們皆為其同性伴侶，也有說這些少男實為其私生子；隨後的英諾森八世（Innocent VIII，在位於 1484～1492）最少有 2 名私生子，並以職權公開偏袒其親生骨肉；緊接著的亞歷山大六世（Alexander VI，在位於 1492～1503）擁有私生子女不下 7 人，當中不少獲授任為樞機主教。類似的腐敗攬權情況，也見於隨後的猶流二世（Julius II，在位於 1503～1513）和利奧十世（Leo X，在位於 1513～1521）。

在教權如日方中的中世紀，就是各國君王許多時候也得降服於教廷的淫威之下。在如此高壓的環境裏，面對代表著羅馬教會的聖職人員，無權無勢的普羅信眾自然無力對抗，只得惟命是從，任由宰割。如此，教會聖職便成為把持權勢，甚至可藉職權謀取豐厚私利的肥差；許多俗人均對之垂涎，不少更樂意以高價買得聖職，再藉此壓榨信眾、謀取暴利。在路德時代，有一位年輕貴族亞勒伯特（Albrecht of Mainz，1490～1545）不惜借貸，以巨款於1513至1514年間買得哈伯斯塔特主教（Bishop of Halberstadt）、馬得堡大主教（Archbishop of Magdeburg）和馬茵茨大主教（Archbishop of Mainz）3個聖職，並獲得轄區內售賣贖罪券的一半利潤。為了盡快賺取金錢以償還債務，他聘任了一位名叫台徹爾（Johann Tetzel，1465～1519）的道明會修士，不惜扭曲真理，藉誇大贖罪券的功效來誘使信眾傾囊購買。路德引發宗教改革的《九十五條論綱》，正是為回應此謬誤而寫的。

i

馬丁．路德生於德意志的埃斯勒本（Eisleben），父母皆為虔誠的公教徒，對子女管教甚嚴。路德自小對神的憤怒甚為懼怕，1501年進入當時著名的耳弗特大學（University of Erfurt），4年間先後取得學士和碩士學位。1505年回鄉探親旅程中突遇雷雨，在驚恐中立誓修道。進入奧古斯丁修院後，路德勤奮操練，獲上級推薦進修神學，畢業後一直在威登堡大學（University of Wittenberg）任教。他透過直接研讀聖經和教父著作，認識到因信稱義的教理，並因反對售賣錯謬的贖罪券而引發宗教改革，被譽為新教信仰的主要奠基者。

馬丁・路德回憶自己當時反對教廷販賣贖罪券的遭遇

1517年，教廷為了可恥的收益，在這些區域售賣贖罪券。當時我作為一個傳道人，一個年輕的神學博士，開始勸阻人們拒絕贖罪券之販賣者的謊言，我相信他們應做更有意義的事。……之後不久，我分別寫信給馬茵茨大主教亞勒伯特（他分得販賣贖罪券的一半利潤，另一半歸教宗，但當時我不知教宗亦有收益），以及布蘭登堡主教耶柔米，懇求他們中止財政官員販賣贖罪券這種無恥、褻瀆神的行為。然而，我這個貧窮的小弟兄卻遭到鄙視。

馬丁・路德：《拉丁文集（一）序言》（1545）

2.3. 革新呼聲的響起

滿清末年，不少有識之士如康有為、梁啟超等，均積極提倡革新朝政、糾正不良歪風，由此產生維新運動等改革嘗試。同樣，對於問題重重的羅馬公教，中世紀教會也有許多領袖提倡革新，意圖正視問題、去除腐敗，以聖經真理重塑教會真貌，扭轉教廷聲譽日漸下滑的趨勢。

2.3.1. 教會體制的革新

原來在初期教會，重要事情都由教會領袖集體商議解決；使徒行傳十五章的耶路撒冷會議，正是教會大公會議的雛型典範。此後，大公會議一直是早期教會行政決策的最高權威，當中由各地主教經商議後通過的信經、信條和教會法規，對任何地區、任何民族的教會均具約束力。325至787年間舉行的7次大公會議，均以這種形式進行，東西方教會均認同支持；各地主教領袖，包括羅馬和君士坦丁堡主教長，皆順從遵守。

中世紀中期，羅馬教宗權力的高升，使西方大公教會的體制出現重大變化，大公會議的地位明顯下降。此時，大公會議彷彿成為羅馬教宗的附屬工具；眾主教要在教宗的允許和領導下，才能召開大公會議；會議的商討範圍、討論程序和議決審核，皆由教宗主導控制。當然，這種由羅馬教宗操控的大公會議，並不能取得教會羣體的一致認同；尤其是東方希臘教會，就完全不接納西方拉丁教會於中世紀召開的所謂「大公會議」，其議決自然也不被應用於東正教羣體。

西方教會在十四世紀「教宗被擄巴比倫」後出現的大分裂，使教宗一人獨大的問題盡顯。此時，有一羣被稱為「大公會議派」(Conciliarists)的教會領袖，主張教會應跟隨早期傳統，以大公會議為教會最高權力機關。當中較具代表性的中世紀領袖，有牛津大學教授俄坎的威廉(William of Ockham，約 1285～1347)，他指出教會乃普世信徒共享，非羅馬教廷獨尊，批評羅馬教宗將原屬普世信徒共享的權柄據為己有。此派在西方教會一直獲得不少人支持，特別在大分裂期間，更廣泛被視為能解決多位教宗並立爭權的最佳方法；大分裂問題最終在 1414～1418 年間舉行的君士坦茨會議獲得完滿解決，正是此派人士努力爭取的成果。

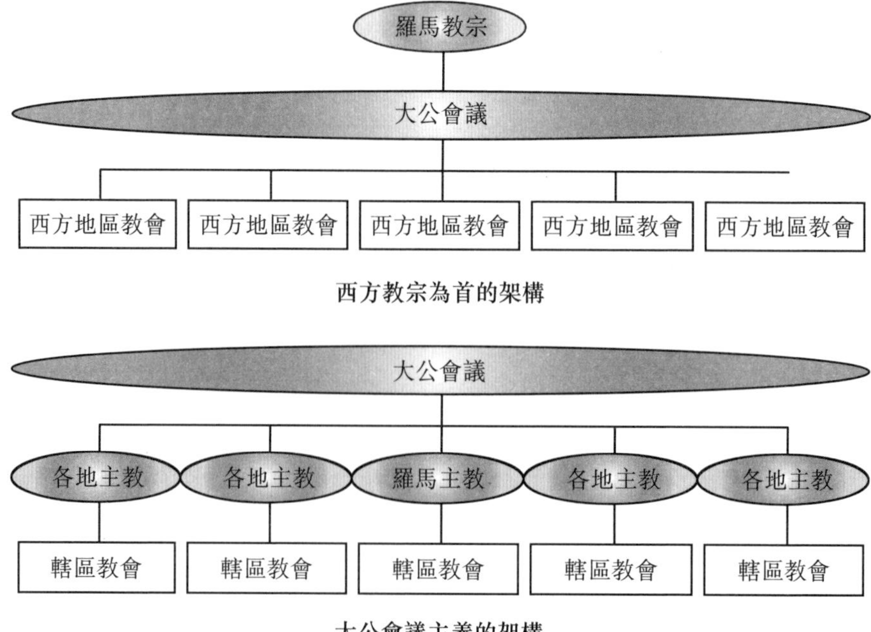

西方教宗為首的架構

大公會議主義的架構

2.3.2. 信仰教義的革新

羅馬教廷持續腐敗的主要原因，是中世紀偏差的信仰教導。根據「教會以外無救恩」的理念，任何不順服、不依從教廷指令者，不論平民或權貴，均要承受巨大壓力：今世要面對因遭教會判罪或驅逐而來的種種刑罰，包括削去權位、充公財產，甚或活活燒死；來世要面對教廷所教導的失去救恩、判下地獄、遭永火焚燒的危機。更嚴重的問題，是羅馬教廷將真理的解釋權據為己有，不單反對人提出與官方教導不同的教理，就是翻譯聖經也遭嚴禁。

對於教廷偏差的教導，早於十二世紀末已有人提出質疑。最初，有法國里昂（Lyons）富商瓦勒度（Peter Waldo，約 1140 ～ 約 1217）回應聖經教導，變賣資產分給窮人，積極傳道；他堅稱耶穌基督是惟一的中保，反對煉獄觀念，又指斥當時流行的守夜和齋戒等儀節。此後，英格蘭牛津大學學者威克里夫（John Wycliffe，約 1330 ～ 1384）指斥羅馬教廷已被世俗事物腐化，他主張高舉聖經權威，拒絕受教會傳統規限；他透過研讀聖經，得出與現代基督新教類似的教義立場，鼓吹信徒皆祭司，反對當時賦予聖職人員特權的制度，強調聖道重於聖禮，且將聖經翻譯，以供信眾閱讀。受著威克里夫啟發，波希米亞布拉格大學教授胡司（John Huss，約 1372 ～ 1415）亦在所事奉地區傳播與基督新教相近的信仰，且大受歡迎。

改教家馬丁．路德和慈運理於十六世紀初，分別於德意志和瑞士帶動的宗教改革，實質上只是前述改教先鋒們革新努力的延續；只因時機日漸成熟，改革勢力逐漸積聚，才見開花結果。馬丁．路德於 1517 年 10 月 31 日在威登堡城教堂門外刊登的《九十五條論綱》，廣泛獲認為宗教改革的起始。然而，若細心觀察研究，不難發現其內容只屬關乎真誠懺悔、贖罪券功能和教廷赦罪權柄的學術討論，當中並沒有呼籲教會改革，就連惟獨聖經、因信稱義等教義也不見提出。當時路德甚至仍接受煉獄的存在，相信教宗是屬靈領袖，只因有下級聖職人員隱瞞作弊，濫售贖罪券等敗壞問題才難以遏止。

馬丁・路德《九十五條論綱》部分條文

1. 當我們的主耶穌基督説「你們應當悔改」(太四 17)，祂期望信眾終生悔改。
2. 這句話不能被理解為補贖禮，即在神父主持下的認罪與補贖行為。
3. 然而，此言亦非單指內心悔改。內心悔改若不使人有外顯之攻克己身的表現，便失去意義。
4. 罪的刑罰當與懊悔自恨同步維持。換言之，真正的內心悔改應持續到進入天國為止。
5. 除教宗憑本人之權力或根據教規所加諸的刑罰以外，教宗不求也不能免除任何別的刑罰。
6. 教宗本人並無任何赦免罪咎的能力，他只能宣告或見證罪咎已為上帝寬赦；當然，他可以赦免歸他審理的個案。人若藐視他在這方面赦免罪咎的權柄，罪咎必不得赦免。
8. 補贖法規只及於生者，按教規所定，其條款不應加於臨終之人。
10. 神父為臨終之人，將補贖法規延伸到煉獄，實屬無知與邪惡之舉。
11. 將教會法規的刑罰篡改為煉獄刑罰，顯然是當主教們酣睡時仇敵撒下的稗子(太十三 25)。
20. 因此，教宗所説的「對一切刑罰的總赦」，那實在不是指「一切刑罰」，只是指他本人所加於人的那部分。
21. 這樣，贖罪券叫賣者宣稱教宗的贖罪券能使人免除一切刑罰，並且得救，實屬謬誤。
22. 事實上，對煉獄中的靈魂來説，教宗並未赦免他們任何按教會法規所定在今生應受的刑罰。
27. 那説「錢幣在錢箱中叮噹一聲，靈魂就立時飛出煉獄」的，只是宣揚人意的教導。
28. 可以肯定，當錢幣在錢箱中叮噹一響，增加的只是貪婪利己之心。至於教會代禱的功效，完全以上帝的旨意為依歸。
37. 真正的基督徒，無論存歿，即使沒有贖罪券，也能分享基督和教會的所有恩惠，因這是上帝所賜的。
38. 然而，教宗的赦免和祝福也是不可蔑視的，如我(在第六條論綱)所言，這是宣佈上帝的赦免。
48. 基督徒須知，教宗在頒發贖罪券時，要求和渴望信眾虔誠祈禱，過於得著他們的金錢。

50. 基督徒須知，假如教宗得知那些贖罪券叫賣者的敲詐勒索行徑，他寧願將聖彼得教堂化為灰燼，也不願用他羊羣的皮、肉和骨來建造它。
53. 為方便某些教堂兜售贖罪券，而完全禁止在其他教堂宣講上帝之道的，這些人是基督和教宗的仇敵。
67. 促銷者聲嘶力竭地鼓吹其贖罪券是最大的恩典，實際上應被理解為最巧的牟利工具。
75. 認為教宗贖罪券的威力如此之大，以至能夠赦免那做了不可思議的壞事、並且褻瀆了聖母的人，這是瘋話。
94. 應當勉勵基督徒努力跟從元首基督，經歷刑罰、死亡和地獄。
95. 所以，經歷許多艱難，而不依賴虛假的平安保證，便能對進入天堂充滿信心（徒十四 22）。

譯文參考伍渭文編：

《路德文集》，第一卷（香港：香港路德會文字部，2003），頁 85 ～ 92。

2.4. 兩極走向的教會

隨著教廷問題日顯，革新教會的呼聲日益高漲。在宗教改革爆發之時，許多有見識、有良知的基督徒領袖，均對中世紀教會的體制、道德和教義甚感不滿。情況就像滿清政府末年，清廷腐敗盡顯，對外給列強割地賠款，對內卻欺壓剝削平民。倘若維新運動等革新努力成功，孫中山發動的革命也許未必能如此一呼百應；無奈以慈禧太后為首的守舊政權，以種種方法抵制、阻撓和反抗，結果戊戌維新僅百日即告夭折。眼見清廷腐敗得無藥可救，推翻滿清政權就成為拯救中國的惟一出路；羅馬教廷對革新呼聲置若罔聞，偏差錯謬頑固不改，發動宗教改革擺脫其領導，就成為挽救基督宗教的理想途徑。

2.4.1. 羅馬教廷的壓制

對於信眾革新教會、糾正流弊的訴求，羅馬教廷不單不聆聽，且以強權多方壓制、規限。教會體制方面，大公會議派雖於 1414 ～ 1418 年間舉行的君士坦茨會議上，成功解決因「教宗被擄巴比倫」而造成的西方教會大分裂，然而不久以後，羅馬教宗的權勢又再高升，大公會議派相反遭受譴斥。教廷再次強調羅馬教宗為神在地上的代理人、為使徒彼得單一的承繼者、教會惟一最高的權威。1453 年，樞機主教托奎馬達（Juan de Torquemada，1388～1468）特意撰寫《教會總論》（*Summary of the Church*），維護教宗擁有至高無上權威之説。1460 年，教宗庇護二世（Pius II，在位於 1458～1464）直接譴斥大公會議派的立場，聲稱主張大公會議權力高於教宗之説，乃是從「叛逆之心」而生的「卑鄙濫權行為」，他更指責上訴於大公會議的做法為「錯誤和可厭」。大公會議派由此逐漸衰落，教宗至上依然是羅馬公教的標準信念。

信仰教義方面，瓦勒度的傳道事奉於 1179 年的第三次拉特蘭會議（Third Lateran Council）遭到譴斥和限制。瓦勒度派（Waldenese）人士不從，繼續宣講教導，教廷遂於 1184 年的維羅納會議（Synod of Verona）將他們判罪，逐出教會。此後，不少瓦勒度派人士遭到殺害，其餘黨友被迫退隱躲藏，到宗教改革爆發後才再度現身。威克里夫領導的羅拉德派（Lollards），同樣在英格蘭政局變遷時遭到迫害，多人殉道；已經離世的威克里夫，其屍體也被挖出來焚燒，羅拉德運動被迫轉到地下發展。在波希米亞廣受歡迎的胡司，也在 1414 年的君士坦茨會議上，在未經公平審訊的情況下遭羅馬教廷判罪，被活活燒死。不單如此，教廷且發動十字軍征討其支持者，經過多次交戰，胡司派（Hussites）人士最終被鎮壓。

道德品格方面，羅馬教廷由上至下屢出敗類，弄權、淫亂、斂財案例隨處可見；聖職人員扭曲真理以騙取信眾，藉此撈獲利益。然而，礙於中世紀教廷的巨大權勢，民眾對教廷的敗壞大都敢怒不敢言，只能在相熟親友間彼此竊竊私語，不能公開譴責。偶有大膽公開指斥的，多反遭教廷迫害；典型例子是意大利富商薩沃那洛拉，他以聖經真理嚴厲抨擊教廷敗壞，雖受不少佛羅倫斯（Florence）人民愛戴，但在教廷的施壓下，最終也於1498年遭判為異端，被活活燒死。如前所述，路德引發改教的《九十五條論綱》，原初只屬批判濫售贖罪券的學術討論，指斥販賣者誇張失實；然而，如此溫和的聲音，教廷仍容納不了。1520年6月，教宗利奧十世頒佈詔諭，宣判路德的論綱為錯謬，並警告他必須在60日內屈服，撤回言論，否則將被逐出教會。

利奧十世的詔諭名為《主啊起來》（*Exsurge Domine*）。此前教廷曾派樞機主教迦耶坦（Thomas Cajetan）對路德進行審訊，又安排神學家艾克（Johann Eck，1486～1543）與路德在萊比錫（Leipzig）公開辯論。當時路德堅持立場，利奧便頒此詔諭加以譴斥。

2.4.2. 改教運動的激化

壓制愈大，反抗愈大。羅馬教廷無理打壓合乎聖經真理的革新訴求，結果引發宗教改革的時代浪潮。對於利奧十世的詔諭，路德不單沒有妥協，還趁機快速完成3份鼓吹信眾支持改革的重要文獻，包括《致德意志基督徒貴族書》（*Open Letter to the Christian Nobility of the German Nation Concerning the Reform of the Christian Estate*）、《教會被擄巴比倫》（*The Babylonian Captivity of the Church*）和《論基督徒的自由》（*On the Freedom of a Christian*），意圖推倒中世紀保障教廷制度的牆垣，破除教廷宣揚的羅馬公教以外無救恩的迷思，並解釋因信稱義的教理，強調聖禮並非得救所必需。路德藉此除去了各地貴族和信眾支持改教的顧慮，因此反抗教廷的聲勢愈來愈大。

為剷除路德，羅馬教廷借剛繼位的神聖羅馬帝國皇帝查理五世之助，迫令路德在1521年4月的沃木斯議會（Diet of Worms）上受審。議會上，路德一再被要求撤回言論，但他最後反而宣告惟獨聖經，不接受教廷和傳統的權威，正式與羅馬公教決裂。路德從此成為帝國的通緝犯，幸得地方選侯如智者腓勒德力（Frederick the Wise，

1463～1525）的保護，才得倖免於難。此後，公教勢力不斷向德意志的信義宗羣體施壓；1529 年的斯派爾議會（Diet of Speyer）上，佔多數議席的公教派以強權威迫各地選侯回歸公教信仰；認同新教信仰的選侯貴族遂聯署抗議，由此衍生「抗議派」（Protestants）這名稱。墨蘭頓（Philip Melanchthon，1497～1560）於 1530 年草擬的《奧斯堡信條》（*Augsburg Confession*），是抗議派向羅馬教廷發出的信仰聲明，也是後世信義宗羣體的教義標準。

與此同時，另一位改教家慈運理也在瑞士的蘇黎世領導改革。像路德一樣，慈運理直接從研讀原文聖經認識因信稱義的教理。此後，他從馬太福音開始向人逐卷講解聖經，讓信眾正確認識真理。惟蘇黎世改教的導火線是反對教廷強迫信眾在大齋期禁食，慈運理強調只有聖經清楚命令的才必須遵守。1523 年，慈運理成功發動市議會通過法令，規定教會任何習俗，都必須基於聖經的教導。此後，市議會安排他與公教代表公開辯論，期間慈運理發表《六十七條論綱》（*Sixty-seven Articles*），成為早期改革宗的信仰標準。幾輪與保守公教派的辯論，慈運理均獲得勝利；市議會最後通過法令，規定所有保守派均要支持改教，否則將被逐出境。自此，慈運理在蘇黎世成功推展改革，將市內的公教信仰和體制轉化為新教。

慈運理生於瑞士山區的威得浩斯（Wildhaus），1502 年入讀巴塞爾大學，4 年間先後取得學士和碩士學位。畢業後他受職為格拉魯（Glarus）區牧；1516 年因反對當時瑞士的雇傭兵制度而被迫轉到愛西德恩（Einsiedeln），期間受人文主義影響而專心研究原文聖經，日益認清教廷教導的錯謬。1518 年，他獲委任為蘇黎世的民眾教士，開始利用講壇作系統性的聖經教導。1520 年，蘇黎世爆發瘟疫，奪去多人性命，慈運理從中更深體會事奉真諦，反對教廷空洞的牧養，決意發動連串改革。

在慈運理推動改教的蘇黎世，此時又出現了堅持反對嬰兒水禮的信洗派。他們的領袖如格列伯（Conrad Grebel，約 1498 ～ 1526）和滿慈等，原為慈運理的助手，惟逐漸覺得其改革不夠徹底，特別在研經過程中，領略到嬰兒水禮不合乎聖經，遂要求慈運理加以修正。慈運理雖然覺得有其道理，但認為不宜輕舉妄動。惟時間過去，格列伯和滿慈對慈運理的遲延漸感不滿，開始公開抨擊。慈運理決定將爭議交市議會裁決。經過 1525 年 1 月的公開辯論，市議會決定保留執行嬰兒水禮，且下令禁止格列伯和滿慈召集的聚會；後者不從，且組成信洗派繼續傳道，即使於各地遭受逼迫，仍堅守所認信的教理。

改教火焰雖分別在德意志威登堡和瑞士蘇黎世點燃，但改教家們並沒有就此滿足，他們還積極將思想向外傳揚。東歐的波希米亞早受胡司的教導所啟發，宗教改革爆發後，很多人隨即接受新教思想。除德意志各區外，路德領導的信義宗還迅速傳到北歐，丹麥和瑞典相繼於 1530 年或之前通過改以信義宗為國教。當時挪威和芬蘭分別隸屬這兩國，因此也同樣轉投新教。此外，慈運理也安排同工往瑞士其他州郡傳道，多個行政區包括巴塞爾（Basel）、柏恩（Bern）、聖迦倫（Saint Gallen）、牟爾侯森（Mulhausen）和沙夫侯森（Schaffhausen）相繼加入改教行列。信洗派雖沒有政權支持，且到處遭受逼迫，但仍努力向外傳道，在荷蘭等較開放地區尤為活躍。

革命的前奏、危機與轉機

近代歷史有許多抗爭或革命的行動，推翻滿清的辛亥革命只是其中一個例子；此前還有美國獨立運動、法國大革命、阿根廷五月革命、太平天國起義，往後又有捷克的布拉格之春、葡萄牙的康乃馨革命、東歐的天鵝絨革命，近年還有北非的茉莉花革命、台灣的太陽花學運、香港的雨傘運動等。這些抗爭，有的成功、有的失敗，然而細心對比，不難發現彼此有若干共通之處。教會管理運作，有時也會遇上類似的異議抗爭，這些抗爭輕則會造成信眾間彼此磨擦衝突，重則可造成宗派或堂會中的分裂。宗教改革實質上也是一個教會分裂的現實例子，教會領導層要避免重蹈覆轍，改革者要成功推動革新，都可從中得著啟發。

一、革命的前奏：革命爆發之前，每每出現的是領導層或當政者持續恃權敗壞，執意推行一些悖逆民意、偏離正義的政策；例如中世紀羅馬教廷扭曲聖經、斂財貪權，英格蘭於十八世紀在美國殖民地進行的不平等貿易，北非突尼西亞獨裁政權對平民的欺壓剝削等。這些問題久久未見解決，人民要求改變的呼聲受到壓制，種種溫和革新的嘗試盡顯徒然，以致羣眾不滿的情緒不斷積聚，慢慢演變成巨大怒火，一發不可收拾。

二、革命的化解：要避免問題惡化，領導層必須與異議者保持對話。當然，異議者的意見未必一定正確，領導層也未必一定要事事跟隨，然而良好的溝通與解釋是消除誤解的良方。此外，強大的抗爭力量也每每反映現有的管治出現問題，當時刻檢討與反省；當知堅持己見與堅守真理、固步自封與擇善固執，許多時只是一念之差，要小心判辨。當年羅馬教廷就是以維護教會正統來反對改教，究竟是對是錯？歷史自有公論。

三、革命的成功：從另一角度看，要成功推動革命，就必須具備 3 個條件。首先是成熟的時機或環境，如不滿情緒已累積至相當高漲的程度，受蒙蔽的羣眾已逐漸開竅，當權者開始無法控制形勢。其次是合理的革新訴求，如宗教改革要求回到聖經去，人民向極權腐敗政體要求民主，這些訴求能得到廣大羣眾的認同、支持。最後是有效的信息傳播，如古時印刷術的流行，現代傳播媒體、社交網絡的廣泛應用，都是成功推動革命所必需的。

明白上述原則，就不難理解為何善於溝通、開放聆聽的領袖每每最得人心，為何武力騷亂有時會因微小磨擦而突然爆發，為何有些時機未成熟的改革會以失敗告終，也能明白為何極權國家會用盡方法控制媒體和網絡言論。究竟要和諧還是抗爭？上下雙方、正反立場都得好好反思，從歷史汲取教訓。

溫習及思考問題

1. 「宗教改革初期」基督教會的標記和特色是甚麼？

   標記：______

   特色：______

2. 羅馬教權從中世紀高峯持續下降，有哪幾個主要原因？

   a. ______

   b. ______

   c. ______

   d. ______

3. 中世紀西方教會一直強調羅馬教廷是傳達真理的權威機關，這情況如何逐步在宗教改革前夕改變？

   引發轉變的背景：______

   帶來轉變的運動：a. ______

   b. ______

   傳播轉變的媒介：______

4. 綜合而言，中世紀羅馬教廷在制度和道德上有何問題？是甚麼教義上的偏差造成這類問題久久無法糾正？

   矛盾制度：

   a. 問題緣由：______

   b. 具體例子：______

   c. 背後教義：______

腐敗教廷：

a. 敗壞緣由：____________________

b. 具體例子：____________________

c. 背後教義：____________________

5. 在教會體制、信仰教義和道德品格方面，改教前夕有何革新的呼聲？羅馬教會如何應對這些呼聲？

教會體制：

a. 革新訴求：____________________

b. 領導人物：____________________

c. 教廷回應：____________________

信仰教義：

a. 革新訴求：____________________

b. 領導人物：____________________

c. 教廷回應：____________________

道德品格：

a. 革新訴求：____________________

b. 領導人物：____________________

c. 教廷回應：____________________

6 試完成下表，列出改教家馬丁．路德與慈運理推動改革的異同。

改教家	馬丁．路德	慈運理
主要身處國家		
開始改革城市		
啟動改教年份		
觸發改教事情		
改教代表作品		
信仰至高權威		
傳道擴展地區		

7. 就你所知，宗教改革的爆發對後世有何重要影響？倘若沒有宗教改革，現今的基督宗教將會怎樣？

8. 羅馬教廷對革新呼聲的壓制，最終導致宗教改革浪潮席捲全歐洲，這歷史對你個人或你教會有何提醒？

進深閱讀書目

吳國傑：《築樓蓋頂——中世紀教會縱橫談》。香港：基道，2011。

愛力克森：《青年路德》。康綠島譯。台北：遠流，1989。

Brecht, M. *Martin Luther: His Road to Reformation 1483 ~ 1521*. Translated by J. L. Schaaf. Minneapolis: Fortress, 1993.

Brecht, M. *Martin Luther: Shaping and Defining the Reformation 1521 ~ 1532*. Translated by J. L. Schaaf. Minneapolis: Fortress, 1994.

Dost, T. *Renaissance Humanism in Support of the Gospel in Luther's Early Correspondence*. Aldershot: Ashgate, 2001.

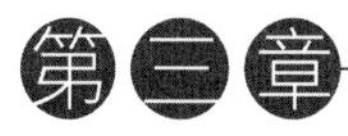

宗教改革中期

本章以「宗教改革中期」為研究焦點，專注探討宗教改革在德意志和瑞士爆發後，新教羣體於歐洲不同地域的擴展，思想當中有何成敗得失；同時回顧羅馬公教對改教運動的回應，涵蓋時期約為 1530 至 1560 年間。這時改教運動思潮已散佈全歐洲，就是在羅馬公教嚴緊掌控的地區，運動發展也常以社會熱門議題形式在民間被私下談論。雖然此時公教的勢力依然明顯佔優，但人們對新教的支持不斷上升，決定脫離公教的國家地域也愈來愈多，使羅馬教廷也要進行內部檢討，正視教廷的流弊。「角力奮鬥」可說是這時期的時代標記，當中新教經歷與公教召開會議協商談判、軍事對壘爭戰，進行自身體制整固、廣傳改革信念，宗派間出現教理爭議磨擦、協調共同抗爭等不同過程。

i 路德常以“Deutscher Nation”稱其所處地區，雖然英文一貫譯之為“German”，但由於德國實際上在 1871 年才正式立國，故華人史家普遍將此前的聯邦中譯為「德意志」。

3.1. 內憂外患的政局

在許多傳統基督徒眼中，宗教改革成功的主要原因，是多位偉大改教家的英明領導。改教家對這運動的貢獻無庸置疑，然而若沒有當時的有利政治環境，改教運動很可能會以失敗告終。要掌握宗教改革的成敗得失，對當時的政局有基本的認識相當關鍵。

3.1.1. 土耳其人的入侵

十四世紀興起的鄂圖曼帝國，在亂世中以驚人的速度擴張，1453 年更攻陷君士坦丁堡（Constantinople），結束了拜占庭帝國逾千年的統治歷史。然而，鄂圖曼帝國的土耳其伊斯蘭教徒並沒有因這歷史性的勝利而停止侵略，其貪婪的目光更逐漸由東歐轉移到西歐。當時迎戰鄂圖曼帝國入侵的，是以神聖羅馬皇帝查理五世為首的哈布斯堡王朝（Habsburg Empire）。雙方戰爭自 1526 年的莫哈奇戰役（Battle of Mohács）開始，直到 1791 年簽訂《西斯杜瓦條約》（*Treaty of Sistova*）結束，歷時長達 265 年。

哈布斯堡王朝源起於十三世紀的奧地利，藉著聯親結盟方式不斷壯大，到十六世紀更成為西歐最強君主國，擁有西班牙、奧地利、匈牙利、德意志、荷蘭等大片領土。查理五世後王朝分成兩部分，弟弟費迪南一世管治中歐奧地利一帶，兒子腓力則掌管西歐西班牙、荷蘭等地。

戰爭初段，鄂圖曼帝國於莫哈奇戰役中獲得重大勝利，哈布斯堡王朝位於匈牙利的大片領土被奪去。1529 年，鄂圖曼大軍更圍攻哈布斯堡王朝大本營所在——奧地利的維也納（Vienna）。幸得天時地利之助，鄂圖曼攻城的大砲給大雨後的泥濘黏緊，無法推動，加上比往常出奇提早的降雪，鄂圖曼大軍在種種不利環境下損兵折將而回。此後，雙方戰事互有勝負，也曾多次簽訂和約，戰爭一直處於拉鋸狀態。與此同時，鄂圖曼帝國以攻陷拜占庭帝國時取得的戰船，從海路攻打西方的基督教國家，烽煙四起，羅德斯（Rhodes）、馬耳他（Malta）、塞浦路斯（Cyprus）等島嶼相繼被佔領，使作為西歐眾國之首的神聖羅馬帝國皇帝查理五世疲於奔命。查理五世是羅馬公教抑壓基督新教的最強政治實力，其忙於應對外敵入侵，反讓新教羣體有空間、機會發展，得免遭扼殺於萌芽時期。

3.1.2. 強國相互的鬥爭

十五世紀末，英格蘭、法國和西班牙相繼出現集權而強大的君主；按照軍事實力，當時全歐洲最強的是西班牙王查理五世，其次是法王法蘭西斯一世（Francis I，1494～1547），緊接其後的是英王亨利八世（Henry VIII，1491～1547）。宗教改革爆發初期，他們都是羅馬公教的忠實維護者。相對而言，接受新教思想的政權，除位處偏遠北歐的丹麥和瑞典國王稍具實力外，其餘的，包括在德意志或瑞士的，皆只屬地區領主或城邦議會，實力與前述三大君王相比甚是懸殊；要為信仰立場而與他們對抗，無疑是以卵擊石。可以肯定，就歐洲政局而言，軍事形勢對新教發展非常不利。

使羅馬公教在大好形勢下失去滅絕新教時機的，是大國間的鬥爭。早在 1521 年，查理五世已與法蘭西斯一世為爭奪意大利主權而爭戰；此時，亨利八世與教宗利奧十世皆支持查理，結果法蘭西斯慘敗被俘，被迫簽訂《馬德里條約》（*Treaty of Madrid*），承諾放棄勃艮第（Burgundy）主權；惟法蘭西斯獲釋後，法國議會即以條約乃在脅迫下簽訂為由拒絕承認。此後，為免勢力如日方中的查理操控意大利，威脅羅馬教廷的安危，新任教宗革利免七世（Clement VII，在位於 1523～1534）又聯同亨利和意大利各族羣組成聯盟與之抗衡。法蘭西斯既與查理不和，就加入聯盟，意圖一雪前恥。惟戰爭不分勝負，根據 1529 年簽訂的《康布雷條約》（*Treaty of Cambrai*），法蘭西斯雖可保留勃艮第主權，卻要放棄對意大利的爭奪，結果雙方都不滿意。此後西班牙和法國先後在 1535 和 1542 年再起軍事衝突，同樣互有得失；直到法蘭西斯和查理相繼離世，兩國仍持續爭戰。

正當西班牙和法國兩大強國互相爭競，軍事實力排行第三的英格蘭似乎起著關鍵作用，惟其立場也相當搖擺不定。原來亨利八世的原配嘉芬（Catherine of Aragon，1485～1536）乃西班牙公主，是查理五世的姨母；故此，第一次西法大戰時，亨利因親族關係支持查理。然而，由於嘉芬一直沒有子嗣，加上亨利已深深愛上宮廷女官安寶蓮（Anne Boleyn，約 1501 ~ 1536），極其希望休妻另娶，查理當然反對；是故，亨利在意大利的主權問題上，選擇站在教宗革利免七世一方，與查理對抗。期間，查理曾圍困羅馬城，其中一個目的是脅迫革利免，阻止他允准亨利休妻，事件結果引發英格蘭的宗教改革。英格蘭與法國的關係也相當微妙。原來在中世紀的英法百年戰爭（Hundred Years' War）中，兩國早已敵對不和；法國與蘇格蘭結盟，英格蘭也怕腹背受敵而極力反對，並加以攔阻；惟亨利在意欲休妻另娶一事上，卻主動尋求法蘭西斯允諾支持，以防查理因姨母被休而向英動武。可以說，西、法、英三國皆非長久的敵人，也非忠誠的盟友，一切都只在乎當時的利害關係。

宗教改革期間西班牙、法國、英格蘭君王在位年表					
西班牙		法國		英格蘭	
君王	在位年份	君王	在位年份	君王	在位年份
查理五世	1516 ~ 1556	法蘭西斯一世	1515 ~ 1547	亨利八世	1509 ~ 1547
		亨利二世	1547 ~ 1559	愛德華六世	1547 ~ 1553
腓力二世	1556 ~ 1598	法蘭西斯二世	1559 ~ 1560	瑪麗一世	1553 ~ 1558
		查理九世	1560 ~ 1574	伊利沙伯一世	1558 ~ 1603
		亨利三世	1574 ~ 1589		
腓力三世	1598 ~ 1621	亨利四世	1589 ~ 1610	雅各一世	1603 ~ 1625
腓力四世	1621 ~ 1665	路易十三世	1610 ~ 1643	查理一世	1625 ~ 1649

3.2. 接連不斷的衝突

宗教改革期間的歐洲可謂戰亂頻繁，到處動盪不安。除了外來土耳其鄂圖曼帝國的入侵，以及西班牙、法國和英格蘭等強國的相互鬥爭，處於萌芽階段的基督新教還要時刻面對羅馬公教勢力的攻擊，以及內部異見羣體的挑戰，真可謂困難重重、舉步維艱。

3.2.1. 來自公教的衝擊

路德於 1517 年發表《九十五條論綱》之時，當時在位的羅馬教宗是利奧十世。1521 年沃木斯議會僅半年後他便離世，接替的是亞得良六世（Adrian VI，在位於 1522～1523），惟其任期甚短，少有實質作為。1523 年升任教宗的革利免七世，以及隨後繼位的保羅三世（Paul III，在位於 1534～1549），是應對宗教改革的主要公教領袖。他們的個性特質、恩賜專長皆不相同，惟維護公教特權、壓制新教擴展的意向卻頗為相近。在他們的鼓勵和推動下，各地的新教羣體均在不同程度上，面對公教勢力的攻擊。

宗教改革期間的主要羅馬教宗		
英文名稱	中文譯名	在位年份
Leo X	利奧十世	1513～1521
Adrian VI	亞得良六世	1522～1523
Clement VII	革利免七世	1523～1534
Paul III	保羅三世	1534～1549
Julius III	猶流三世	1550～1555

在德意志，路德的改教支持者智者腓勒德力於 1525 年離世，其在薩克森（Saxony）的選侯職位，先後由其弟堅定者約翰（Johann the

Steadfast，1468 ～ 1532）和姪兒約翰腓勒德力（Johann Frederick I，1503 ～ 1554）接替，他們都是宗教改革的忠實支持者。1524 年，改教陣營尚有年輕卻深具軍事實權的黑森方伯腓力（Philip I of Hesse，1504 ～ 1567）加盟，大大加強了信義宗羣體在德意志的影響力。墨蘭頓草擬的《奥斯堡信條》於 1530 年被公教派為主的國會否決後，信義宗的領主選侯隨即組成「施馬加登同盟」（Schmalkaldic League），聯合對抗公教勢力的攻擊。然而，當時德意志的最高元首且最具實力者，依然是神聖羅馬帝國皇帝查理五世。雖然期間查理因要接連應對鄂圖曼帝國和法國的挑戰，而無暇處理施馬加登同盟的擴張，但當戰事於 1544 年末平息後，查理便聚集軍力攻擊施馬加登同盟各據點。經歷兩年艱苦戰役，同盟於 1547 年的米爾堡戰役（Battle of Mühlberg）中慘敗，多名領袖包括約翰腓勒德力被俘，路德又剛巧於前一年因病突然離世，德意志的改教運動面臨嚴峻危機。

瑞士方面，宗教改革時期的瑞士由 13 個州郡（cantons）組成，這些州郡各有其執政議會，行政和軍事各自獨立。慈運理在蘇黎世推動改教後，多個思想較開放的州郡相繼加入改教；惟此趨勢卻使傳統公教州郡深感不安。為防改教思潮繼續發酵蔓延，他們於 1524 年組成「基督徒聯盟」（Christian Union）聯合對抗；與此同時，瑞士的新教州郡也組成「基督徒公民協會」（Christian Civil Alliance）與之抗衡。雙方於 1529 年首次爆發衝突，在瑞士友好州郡的調停下，雙方勉強簽訂「卡卑勒和約」（The First Peace of Kappel），惟緊張關係持續。1531 年，戰爭終於正式爆發，在這場卡卑勒戰役中，蘇黎世在以寡敵眾的情況下敗陣，慈運理在戰場上被殺；瑞士的改革宗羣體被迫簽訂和約，承諾停止擴張，改教運動前景自此變得暗淡。

不同於德意志和瑞士，英格蘭在改教中段時期與羅馬公教的衝突，主要屬於國家內部親公教和親新教勢力之爭，當中關鍵在於英王的取態。對歐洲大陸的政權而言，英格蘭位處偏遠，加上兩大強國西班牙和法國都在彼此爭戰，縱使亨利八世因休妻另娶問題最終與羅馬教廷決裂，教宗也難以促使支持公教的君王領主向英動武。因著查理五世的反對和脅迫，羅馬教廷一直沒有允准亨利八世休妻另娶的訴求。為達成願望，亨利於 1534 年推動國會通過「最高權威法」(Act of Supremacy)，否定羅馬教宗的領導角色，改以亨利及其王位繼承人為英格蘭教會的最高元首；同年他以此身分宣佈其與嘉芬的婚姻無效，隨即與安寶蓮結婚。惟亨利與新任王后的婚姻關係並不理想，加上安寶蓮跟嘉芬一樣未能為亨利誕下子嗣，結果亨利很快又移情別戀。為滿足個人慾念，亨利於 1536 年屈枉安寶蓮通姦，經過象徵式聆訊後即下令將她斬首。安寶蓮遭處決後僅 11 天，亨利便續娶珍妮西摩 (Jane Seymour，1508 ~ 1537)；珍妮於翌年成功為亨利誕下期望已久的子嗣，惟她生產後僅 12 天便因產後感染而與世長辭。

英格蘭「最高權威法」(1534)

雖然君王權位合理地確是，且應是英格蘭教會的最高權威，這立場亦廣為其境內聖職人員所肯定，然而，為堅定和確認，使英格蘭境內的基督宗教更好，以及為遏止和根除錯謬、異端和其他以此為外的暴行，現國會通過我們的君王及其承繼後裔，就是本國的國王，當被選取、接納和視為那稱為「安立甘宗」(*Anglicana Ecclesia*)的英格蘭教會的惟一最高元首，享有與其王權一起的所有尊榮、權力、利益……

亨利這多段婚姻歷史，正正影響著英格蘭的宗教政策。亨利本身只為婚姻、後嗣問題而轉投新教，對改教思想實際上毫無興趣，是故他在位時，經常按時局在公教和新教間左搖右擺。他領導英格蘭教會脱離羅馬教廷，卻於 1539 年為緩和公教的敵視而通過「六信條法案」(Act of Six Articles)，接納化質說、獨身、彌撒等公教傳統，正好反映其宗教服膺政權的心態。亨利於 1547 年離世後，王位由珍妮西摩的兒子愛德華六世（Edward VI，1537～1553）接任；愛德華登基時年僅 9 歲，國家要務皆由亨利時代留下的輔政大臣攝理。此時領導英格蘭教會的是支持新教信仰的克藍麥（Thomas Cranmer，1489～1556），改教運動於此時期進展順利。惟愛德華體弱多病，作王僅 6 年便於 1553 年離世，王位從此改由嘉芬的女兒瑪麗（Mary I，1516～1558）接任。瑪麗自小維護公教信仰，羅馬教廷也一直在她母親被休的事上認同嘉芬，是故瑪麗登上王位後，隨即著力將英格蘭改回公教。她廢除亨利和愛德華時期的改教政令，將數以百計的新教領袖拘捕處死，當中包括克藍麥。在大逼迫的環境下，許多新教徒逃亡到歐洲大陸，英格蘭的改教突然變得前景暗淡；這困境要到瑪麗於 1558 年離世，安寶蓮的女兒伊利沙伯（Elizabeth I，1533～1603）接掌王權才稍見曙光。

亨利八世的 6 位妻子				
英文名稱	中文譯名	在位年份	信仰傾向	親生子女
Catherine of Aragon	嘉芬	1509～1533	公教	瑪麗一世
Anne Boleyn	安寶蓮	1533～1536	新教	伊利沙伯一世
Jane Seymour	珍妮．西摩	1536～1537	公教	愛德華六世
Anne of Cleves	安妮	1540	新教	–
Catherine Howard	嘉芙蓮．霍華德	1540～1542	公教	–
Catherine Parr	卡芙蓮．帕爾	1543～1547	新教	–

3.2.2. 新教派系的矛盾

基督新教面對著強大公教勢力的接連攻擊，本應團結一志同心應對，惟因種種原因未能成事；相反在宗教改革中段時期，基督新教內部許多持不同意見者彼此分離，互相挑戰，改教運動可謂困難重重。

在德意志，路德於 1521 年的沃木斯議會後成了帝國的通緝犯。為防公教的敵對者將他捉拿殺害，選侯智者腓勒德力將他匿藏在瓦特堡。路德匿藏期間，威登堡先後出現多重挑戰。首先，在羣雄無首的情況下，路德的跟隨者白登斯坦(Andreas R. Bodenstein，1486～1541)起來領導；惟他的行動和思想過激，在時機未成熟的情況下強行推動種種改革，包括拆毀教堂圖像、沒收公教資產、暴力解散修院等，其粗暴激進行為令支持改教的德意志諸侯也感擔憂。此外，當時還出現了 3 名來自慈味考(Zwickau)並聲稱自己是先知的激進分子，他們強調直接從聖靈得著啟示，又漠視聖經教導，到處宣傳末日將近，迷惑人加入他們自行組織的信仰羣體。結果路德要冒險出山，以平定混亂的局勢。

路德於 1522 年回到威登堡後，很快又被迫與兩個原本支持改教的羣體割離。第一個羣體由普遍學歷較高的人文主義者組成。1524 年伊拉斯姆發表《論自由意志》(*On Free Will*)，批評路德所宣揚的因信稱義教理貶抑了人類善惡抉擇的自由意志；路德迫於作出回應，在翌年寫成《論意志的束縛》(*On the Bondage of the Will*)，強調墮落的人類已被罪束縛、無法自救，救贖全然是神的主權和能力。路德的回應雖深具聖經依據、推論合宜，惟論點卻與高舉個人能力的人文主義格格不入，結果不少此派學者脫離改教運動。第二個羣體由德意志南部低下階層的農民組成，他們長久受到政權的剝削。1524 年在激進改教派人士閔次爾(Thomas Müntzer，1489～1525)的領導下，農民向地主發動叛變，情況愈趨混亂。為平定局勢，路德支持諸侯鎮壓暴徒，哪知鎮壓演變成流血衝突，農民革命雖在血腥中被遏止，但德意志南部卻對改教失去信心，不再同情支持。

閔次爾的質詢

路德說窮人有信心就夠了，他豈沒有看見高利貸和苛捐雜稅阻礙人接受信仰嗎？他聲言神的道就夠了，他豈不知道那些時刻掙扎求存的人，沒有時間學習閱讀神的道嗎？

路德的回應

倘若那些農民公然反叛，那麼他們便在神的律法以外，因為反叛不單是謀殺，且像大火一樣會燒毀全地，使之荒涼。因此，反叛帶來的只是謀殺和流血，使許多人變為孤兒寡婦，帶來大災難。

瑞士方面，慈運理的改教很早期已遇上信洗派人士的抨擊，指他的改革不夠徹底。蘇黎世議會最後議決繼續採用嬰兒水禮，結果使這羣強調忠於聖經的信洗派人士抽離。另一方面，面對公教州郡的威脅，瑞士的改革宗曾於1529年與德意志的信義宗協談，意圖組成聯盟共同抗敵。在這個史稱「馬爾堡對談」的會議中，雙方就14點教義條文達成共識，惟最後關於聖餐的條文，就著基督的身體和血是否真實具體臨在於餅和酒之中，路德與慈運理的立場存在分歧，僵持不下，組成同盟的努力以失敗告終。

正當瑞士德語區的改教發展因卡卑勒戰役的挫敗而停滯，法語區卻因日內瓦（Geneva）於1536年通過接受改教而展現曙光。早期領導日內瓦改教的是法惹勒（Guillaume Farel，1489～1565）；在他的勸說下，原本只計劃途經該城借宿一宵的加爾

> **i**
>
> 加爾文生於法國諾陽（Noyon），年僅14歲即獲准入讀巴黎大學，初期攻讀神學，1527年按父親命令轉讀法律；在學期間接觸到新教思想，信仰逐漸轉化。1531年父親離世後，加爾文即放棄研習法律，轉修個人喜愛的人文主義和聖經研究。1533年他因好友柯布（Nicolas Cop）鼓吹改教而受牽連，遭法國公教政權追捕而逃亡。1536年他途經日內瓦時被勸說留下，成為該處的改教領袖；雖然經歷諸般挑戰和挫折，但最終成功領導日內瓦完成改教；其著作《基督教要義》是宗教改革的經典巨著。

文留下協助。然而，這個曾被後世視為新教模範的城市，當初推動改革也非一帆風順。法惹勒和加爾文認為真正的改革，不單要落實在信仰教義上，也應體現在信眾的行為品格上；他們不單要塑造一個合乎聖經的教會，也努力建立一個共同活出真道的社會。惟這對信徒生活表現的規範，卻惹起素來不愛約束之日內瓦世家的不滿；他們羣起反抗，結果法惹勒和加爾文於 1538 年初被逐出日內瓦。雖然日內瓦議會後來在面對公教挑戰時深感不足，再次邀請加爾文回城領導，惟反對勢力一直存在，且不斷尋找機會阻撓改教。批評加爾文預定論的白勒色（Jérôme- Hermès Bolsec，約 1524～1584），和反對三位一體教義的塞爾維特（Michael Servetus，約 1510～1553），都曾於 1551 至 1553 年間被他們利用來挑戰加爾文的信念和權威。

類似德意志和瑞士這等新教派系內的矛盾衝突，也散見於其他嘗試推動改教的地區。雖然前述部分事件源自宗教改革初期，惟其影響一直延續到中期，甚至晚期。可以肯定，改教運動在歐洲的擴展絕不容易，改教家要面對重重艱難、諸般挑戰，才能建立今日穩固的新教教會。

3.3. 體制教義的重整

宗教改革開展之初，出現許多異見和混亂，主要原因是教廷的錯謬遭揭示、公教的傳統被推翻後，羣眾對教會應有的體制和教義存在不同理解。為此，改教家在迎戰公教勢力的同時，也著力重塑教會的模樣，制訂合乎聖經的規範供信眾參考。無疑，不同宗派羣體所訂立的信仰規範無可避免存在差異，惟改教家這時期的努力，確實為所建立宗派往後的發展奠定重要基礎，影響深遠。

3.3.1. 教會體制的建立

路德匿藏瓦特堡期間，白登斯坦起來推動激進的改革，其背後信念是要推翻一切羅馬公教的舊有傳統。然而，是否所有屬於公教的傳統都不值得保留？路德回到威登堡後，即以連串宣講將問題修正，他強調「凡不違反聖經的都可以保留」。按此，教堂的圖像裝飾、教牧的施禮裝束等，經轉化後都可留用。為重建聚會秩序，路德特別耗費精力編訂崇拜禮儀。他於 1523 年初寫成的《論公共崇拜程序》（*Concerning the Order of Public Worship*），當中除指出羅馬公教彌撒的種種流弊，還就當時流行的在週間每天上下午舉行的崇拜提出改革藍本；他建議除週日和少數特別節期外，其他聖徒節慶都當取消；同時又強調信眾必須能在崇拜中聽懂神的道，因此要停用拉丁文，改用地方通俗語言宣講。同年年終，路德又發表《威登堡教會彌撒和聖餐崇拜秩序》（*An Order of Mass and Communion for the Church at Wittenberg*），可說是信義宗第一份崇拜禮儀條文；當中路德重申要用會眾共通的語言進行崇拜，然而他亦同時強調不應徹底棄用大公教會的傳統，而應根據聖經妥加修訂。此後，路德再於 1526 年寫成《德意志彌撒和崇拜秩序》（*The German Mass and Order of Divine Service*），藉以完善新教崇拜從拉丁文轉為德語的修訂；當中路德指出崇拜必須以聖道為中心，為要強化信心和愛心；為此他強化教會中的聖經教導，要求每主日講道 3 次，早上五、六時宣講使徒書信，八、九時宣講福音書，下午晚禱時逐章講解舊約聖經；此外，逢週一和週二早上有深入的要理教導，週三早上研讀馬太福音，週四和週五早上教導使徒書信和其他新約書卷，週六傍晚則專講約翰福音。

瑞士改革宗方面，加爾文返回日內瓦後，也積極按其信仰理念改革教會，重擬教會法規，優化崇拜禮儀。根據加爾文 1541 年給日內瓦教會草擬的《教會憲章》（*Ecclesiastical Ordinances*），教會當設立 4 個主要職分：牧者專責宣講和施禮，教師負責教導正統教義，長老監督信眾的日常生活，而執事則照顧貧病老弱。牧者每主日要作 3 次宣講，時間分別在清晨、上午和下午，正午時段另要給幼童講授教理；此外，逢週一、週三、週五清晨，也有平日的聽道聚會。加爾文又安排日內瓦各大教堂定期舉行聖餐，規限行為不檢者不得領餐。為妥善執行禁令和教會紀律，他設立教會法庭，此法庭由各堂會按本身大小選派代表聯合組成，代表人數 2 至 6 人不等。1542 年，加爾文出版《教會祈禱與詩歌的形式》（*The Form of Prayers and Songs of the Church*），強調公眾崇拜應有 3 個主要元素，就是講道、禱告和施行聖餐；跟路德相同，加爾文認為崇拜不應使用羅馬公教所採用的拉丁文，而應採用地方通用的語言。

幫助亨利在英格蘭推動宗教改革的是克藍麥，他曾在休妻另娶的事件上幫助過亨利，故亨利將他升任為坎特伯雷大主教，代其主理脱離羅馬教廷後英格蘭的宗教事務。在與傳統保守派的角力下，克藍麥幾經艱辛，於 1549 年成功爭取崇拜禮儀上的改革。在《禮儀統一法》（*Act of Uniformity*）的規定下，全英格蘭教會統一採用以英語寫成的《公禱書》（*Book of Common Prayer*），內容涵蓋平日和主日的崇拜禮儀，早禱、晚禱、聖餐、水禮、堅振、婚禮、喪禮等儀節程序均有提示；當中基督的身體和寶血只被認信是屬靈地存在於聖餐之中，羅馬公教的七聖禮說、化質教義、神父獨身等傳統全遭摒棄。此《公禱書》於 1552 年再修訂通行，以更清晰表達脱離公教的改革立場；雖然此修訂版本只通行數月，便遭剛登基為王的瑪麗一世否定棄用，但 1559 年伊利沙伯一世上台後，《公禱書》便重新獲接納為英格蘭教會的標準崇拜禮儀。

1549 年的《禮儀統一法》

……在英格蘭、威爾斯、加萊，當中的邊境，以及其他國王的領土中，所有座堂、教堂或其他聚會點的全體及個別牧者，都得在臨近的五旬節開始，參照和採用上述《公禱書》的程序和形式，以主持早禱、晚禱、守主餐（通稱彌撒）、施行聖禮和所有公眾祈禱；除此以外，別無其他選擇。

為回應宗教改革的浪潮，羅馬公教亦積極進行內部檢討和改革。

1536年，教宗保羅三世下令對羅馬公教的問題進行分析，並組織九人委員會進行調查。調查報告直斥教廷過於世俗，教會紀律鬆弛，建議全面改革。1545至1563年舉行的天特會議（Council of Trent），其中一個主要目的，就是要正視公教內部的種種流弊。雖然天特會議在教義方面傾向保守，但確實就當時腐敗的羅馬公教作出不少富建設性的改善指引。例如引發路德改教的濫售贖罪券問題，天特會議雖仍堅持贖罪券的效用，卻同時強調頒發贖罪券「應照教會古老的成規，要有節制，惟恐因濫發而廢弛教會的法規」。會議且進一步規定「藉售賣贖罪券以謀不義之財，乃是基督徒中最易產生諸般弊端的原因，因此這種惡行應予禁絕」。

3.3.2. 信仰教義的制訂

宗教改革初期的混亂，部分原因是公教傳統教義遭否定後，各改教羣體對何謂忠於聖經的信仰存在不同理解。是故，為所屬教派訂定廣獲認許的信經信條，也是改教家在這段期間不斷努力的方向。

上文曾提及，墨蘭頓於1530年擬訂的《奧斯堡信條》是德意志信義宗最早期的宗派認信內容。此信條原為與羅馬公教談判而草擬，故內容偏向溫和，沒有明確否定羅馬教宗的地位。當公教勢力於會議上恃強淩弱，威迫新教代表屈服時，信義宗的領主選侯組成施馬加登同盟對抗。路德於1537年編訂的《施馬加登信條》（*Schmalkalden Articles*），內容就相對強硬；而且條文針對羅馬公教的身分發出聲明：「我們不讓他們自視為教會，其實他們並不是教會；我們也不聽從他們冒教會之名所命令所禁止之事」。除制訂宗派信條外，改教家還努力編撰神學著作和教理問答，以教導信眾明白基本教義。墨蘭頓於1521年出版的《神學要點》（*Loci Communes*）內容雖略精簡，已是基督新教最早期的系統神學作品；而路德於1529年出版的《大教理問答》（*Large Catechism*）和《小教理問答》（*Small Catechism*），是分別給教師和學生的課程參考，至今仍為信義宗羣體的權威文獻。

奧斯堡信條：論聖餐

論到聖餐，我們教會教導人：基督的身體和血藉餅和酒的形體真實臨在，藉此分給凡吃聖餐的人。我們教會不贊成凡施教與我們不同的人。

施馬加登信條：論聖餐

我們主張聖餐中的餅酒，是基督的真體血，不僅由虔敬的基督徒領受，也由邪惡的基督徒領受。…… 至於化質說，我們絲毫不注意詭辯的機巧，說甚麼餅酒失掉了本質，只留下餅的外形和顏色，而不是真餅；因為說餅仍是餅，乃是完全符合聖經的說法。

瑞士慈運理 1523 年發表的《六十七條論綱》，可算是改革宗羣體最早期的信仰規範；可惜慈運理未有機會進一步闡釋，即在 1531 年的卡卑勒戰役中陣亡。是故，為瑞士改革宗信眾制訂公認信條的責任，就留給其位於蘇黎世的接任人布靈爾（Heinrich Bullinger，1504 ～ 1575）。在布靈爾的領導下，瑞士多個州郡的改教領袖於 1536 年聯合制訂和通過《第一瑞士信條》（*First Helvetic Confession*），成為這時期瑞士改革宗富代表性的認信條文。瑞士的改革宗原盼望以此信條與德意志的信義宗達成某程度的融合協議，故對雙方分歧的教義立場表述得比較溫和，可惜未能成事。至於詳盡的神學論述，加爾文耗費畢生精力一再修訂再版的《基督教要義》（*Institutes of the Christian Religion*），是公認的宗教改革神學巨獻，此作品不單為改革宗羣體推崇，亦廣獲其他新教宗派重視。加爾文於 1538 年寫成的要理問答，亦被改革宗廣泛採用，著作於 1545 年以《日內瓦教會要理問答》（*Catechism of the Church of Geneva*）之名修訂再版。此外，從瑞士改革宗分離出來的信洗派，亦早在 1527 年擬訂列有 7 項認信條文的《施萊特海姆信條》（*Schleitheim Confession*），反映信洗派的核心信念。

英格蘭的改教始於亨利八世休妻另娶的意圖，其原初目的只為脫離羅馬教廷的轄制。亨利為政治安全而經常在公教與新教間左搖右擺，英格蘭親公教的保守勢力亦一直強大，故在信仰教義方面的探討相對較遲。當地的改教領袖克藍麥要到愛德華六世在位末年，於 1553 年才正式發表特為英格蘭教會擬訂的《四十二條信綱》(*Forty-Two Articles*)；惟此信綱發表僅數週，愛德華六世便因病離世。在致力使英格蘭回復羅馬公教的瑪麗一世治下，此信綱從未真正落實。

正當基督新教各宗派努力為所屬羣體訂定信仰標準，羅馬公教亦重新檢視其教義立場。1545 至 1563 年舉行的天特會議，是公教羣體確立信仰規範的重要里程碑，當中絕大部分議決都成為後世天主教的權威指引，影響延續至今。會議通過一系列與新教信仰全不相容的教義，強調惟獨教廷有權解釋聖經，否定改教家對因信稱義的解讀，堅持公教傳統的七聖禮、變質說、煉獄觀、贖罪券等等；這些都使新教與公教更難協調復和，雙方長達數百年的敵對狀態於此奠定。

天特會議　第四次會議：論聖經正典與使徒傳統

議會進一步規定，為控制偏見流言，在關乎基督教教義的信仰和習俗上，任何人皆不得憑個人的判斷擅自解釋聖經，不得按己意扭曲經文，作出違反那聖潔母會的詮釋(惟獨她有權判斷聖經的真諦和意義)，或作出違反眾教父一致認同的解讀，即使無意將有關釋經出版也是不許。

3.4. 艱苦爭取的成果

雖然面對著公教勢力嚴峻的壓迫，以及基督新教內部的種種矛盾，但因著神憐恤的恩典、時代政局的造就、改教家們的努力，以及信眾羣體的齊心，宗教改革漸見成果，改教思潮廣獲認同，新教羣體不斷壯大。

3.4.1. 新教羣體的發展

德意志的信義宗方面，於 1547 年的米爾堡戰役失利後，部分沒有被俘的領主選侯無奈投降，許多改教領袖被迫逃亡；仍堅持對抗的只有馬得堡（Magdeburg）等寥寥數城。查理五世遂以勝利者姿態，威迫施馬加登同盟接納「奧斯堡暫行法」（Augsburg Interim），重新回歸公教信仰。惟這強行的要求激起久已認同新教思想的德意志羣眾強烈不滿。在曾經背叛同盟的莫利慈（Maurice of Saxony，1521 ～ 1553）的倒戈領導下，德意志眾認同改教的領主選侯重新聚集。他們以割讓德意志邊境城鎮為餌，取得法王亨利二世（Henry II，1519 ～ 1559）援助，再與查理五世於戰場對決，結果獲得初步勝利，成功迫使查理退兵。1552 年，已厭倦宗教戰爭的查理為集中軍力對抗鄂圖曼帝國再度入侵，終讓步與德意志的新教選侯簽訂「帕騷和約」（Peace of Passau），早前被囚的同盟領袖包括約翰腓勒德力和黑森方伯腓力獲釋，信義宗羣體暫獲信仰自由。1555 年雙方協議通過的「奧斯堡和約」（Peace of Augsburg），提出「誰的領土、誰的宗教」（*cuius regio, eius religio*）政策，正式確認信義宗的合法地位，諸侯可在公教與信義宗之間，任擇其一為其領土的宗教，德意志羣眾長久的爭取終見成果。

1555 年的奧斯堡和約

為了在整個德意志民族的神聖帝國中帶來和平，君王、選侯、貴族等，均不得因奧斯堡信條的緣故以暴力侵害任何地域，相反要讓他們和平地享受其宗教信仰、禮儀和節慶，以及其地域、權利和尊榮。……同樣，採納奧斯堡信條的地域，要讓持守舊有宗教的地域和貴族，在絕對的和平中生活，享受其所有地域、權利和尊榮。然而，一切不屬於上述兩者的信仰，並不包括在本和約內。

雖然奧斯堡和約並沒有惠及信義宗以外的其他宗派，但瑞士的改革宗此時也有相當良好的發展。慈運理的接班人布靈爾逐步完成蘇黎世教會的改革，成功向市議會爭取更大自主。他廣泛收容、接待各地受政治迫害的新教難民，又在歐洲各地送遞書信、著作，這些都有助確立改革宗的地位。此外，法語區的加爾文安然處理白勒色和塞爾維特的事件後，就一直在日內瓦推動改教。他成功為教會法庭取得權柄自主廢除信徒教籍，於 1558 年創建日內瓦學院（Geneva Academy），蘇格蘭改教領袖諾克斯（John Knox，約 1513 ～ 1572）形容：「這是自使徒時代以來，最優良的基督學校」。在加爾文的領導下，日內瓦被譽為地上的天堂，市民都按照聖經教導行事；跟蘇黎世一樣，日內瓦廣泛收容各地的新教難民，並以良好見證，幫助後者更深體會真確的改教生活。

瑞士改革宗的榜樣深深影響著英格蘭清教徒和蘇格蘭長老宗許多領袖。瑪麗一世在位期間，積極領導英格蘭歸回羅馬公教，並大舉搜捕國內的改教領袖，大批新教徒逃亡到日內瓦和蘇黎世。到伊利沙伯一世於 1558 年接任為王，這些逃難教徒即蜂擁返回英格蘭，嘗試推動和協助新任女王延續改教；英格蘭新教的勢力從此再次匯聚，與瑪麗時期壯大的公教勢力抗衡。在這羣後期被稱為清教徒（Puritans）之改革羣體的共同努力下，英格蘭的改教進程重新啟動。此外，曾經逃難於日內瓦的諾克斯亦於 1559 年返回蘇格蘭；此時當地女王馬利亞（Mary of Scots，1542 ～ 1587）剛與法國王儲結婚，二人的子

> i
>
> 諾克斯生於蘇格蘭南部的哈丁頓（Haddington），在聖安德烈大學接受教育；1536 年獲授聖職，後皈信新教。因支持新教徒的抗爭，諾克斯於 1547 年遭法國俘擄，被囚在船上 2 年，1549 年才獲釋。因講道出眾，他於 1551 年獲邀到英格蘭王宮擔任愛德華六世的牧者，同時協助當地的改教運動；惟 1553 年瑪麗一世登基並迫害新教徒後，諾克斯逃到日內瓦，在那裏受加爾文影響。1559 年，諾克斯重返蘇格蘭，在民族主義的配合下，成功領導改教，建立延續至今的蘇格蘭長老宗教會。

女有可能同時管治法國和蘇格蘭，後者變相被前者吞併，因此蘇格蘭人對此婚姻甚感不滿。在強烈的民族主義情緒蔓延下，諾克斯於 1560 年成功在國會通過一份內容與加爾文主義（Calvinism）相近的信條，廢除教宗裁判權、禁止彌撒，逐步建立長老宗教會。

3.4.2. 羅馬公教的修正

在宗教改革的衝擊下，羅馬公教此時也作出深刻反省和內部改革。早前提及，保羅三世組織的九人委員會，將羅馬教廷的種種腐敗問題一一揭示；雖然積習已深的公教不容易在剎那間全然糾正，但內部要求改革的呼聲日益高漲。1545 至 1563 年召開的天特會議，就許多公教流弊作出富建設性的改善指引，正是對教內革新訴求的回應，是許多仍然追求敬虔的公教信徒不斷爭取的成果。

除天特會議提出的指引外，此時羅馬公教亦出現一股強大的改革力量，那就是由依納爵．羅耀拉（Ignatius Loyola，約 1491 ～ 1556）於 1540 年創立的耶穌會（Society of Jesus）。宗教改革時期，羅馬公教的聖品階級普遍品格腐敗、質素低落，耶穌會卻對每位會士進行長久而嚴格的裝備訓練，透過《屬靈操練》（*Spiritual Exercise*）一書指示的敬虔追求，培養他們對神的愛慕。故此，每個耶穌會士均學識淵博、信念堅定、委身順服，改教家甚至稱他們為「可怕

> 依納爵．羅耀拉出身於西班牙貴族家庭，原是一名軍人。1521 年，他在西班牙與法國的戰爭中受傷，養傷期間因閱覽屬靈書籍而受感召，要作基督的精兵；此後有近一年的退隱默想，有系統地自我操練，追求更愛恩主，期間寫成的靈修筆記後來給整理成名著《屬靈操練》。1534 年，他與 6 名好友共同立誓修道，堅持守貞、神貧和服從；1540 年獲教宗保羅三世批准正式成立耶穌會。羅耀拉一生忠心推動耶穌會發展，使之成為十六、十七世紀羅馬公教最有力的修道羣體，事奉遠達中國。

和難以對付的反改革突擊隊」。耶穌會注重學術和宗教教育，其創立的著名大專學府遍佈全歐洲各處，大大提升羅馬公教信眾的素質和教廷在社會中的地位。因著他們的努力，多個原本有意投入改教運動的城邦，重回羅馬公教的信仰。

耶穌會此時另一個重要影響是開創公教海外宣教的行動。伴隨著狄亞士（Bartolomeu Dias，約 1451 ～ 1500）、哥倫布（Christopher Columbus，約 1451 ～ 1506）、達伽瑪（Vasco da Gama，約 1460 ～ 1524）、麥哲倫（Ferdinand Magellan，約 1480 ～ 1521）等航海家的海上發現，公教國家葡萄牙和西班牙的海外領地不斷擴大，與未信羣體的接觸帶來傳教的機會。耶穌會既然強調順服委身，自然對宣教呼召毫無保留。早於 1541 年，與羅耀拉共同立誓修道的方濟各．沙勿略（Francis Xavier，1506 ～ 1552）已出發前赴印度，此後又到東南亞和日本宣教。雖然他曾嘗試進入中國卻未能成功，最後更於 1552 年死於中國沿海的上川小島，但其見證卻引發更多耶穌會士東來，使亞洲多國人民得聞福音。

耶穌會會規：論順服

讓我們盡每一分力彰顯順服的美德，首先是給至高的教宗，其次是給本會的會督，好使順服能帶同恩慈延伸各處。我們要時刻準備聽其命令，好像是從主基督而來的一樣。……放下我們已開始但未完成的工作，甚至書信，盡心、盡力在主裏完成使命，好使聖潔的順服在每一方面，在表現上、在意志上、在精神上都顯得完全。帶著最大的準備、屬靈的喜樂和保守，順服接受一切擺在我們面前的挑戰。……

《耶穌會會規》1.407

革命的契機、維持與消滅

宗教改革中段時期的歷史發展，是改教運動的成敗關鍵，也向我們展示了革命運動得失的要素。在二十一世紀的今天，隨著後現代文化的衝擊及網絡資訊的流通，不同羣體、不同個人皆有相當獨立的思想，強權領導再難令人長久順服；抗衡與革命成了現今世代其中一個特色標記。不論是領導社會的政權、帶領教會的團隊、教導學子的師長，甚或照顧家庭的父母，都隨時要面對受眾羣體內異見的挑戰。值得留意的是，其中領導革命者的角色有時可以迅速逆轉，在坊間所謂「拆大台」的文化裏，今日領導抗爭的領袖，明日可以遭原來的追隨者反抗批判；近年台灣和香港一些民主先驅、學運領袖，反過來被新一代指斥、抨擊，便是這現象的典型例子。然而細心思想，當日領導宗教改革者如路德、慈運理和加爾文等改教領袖，不也同樣在面對強權壓迫之餘，還要迎戰內部諸般的衝突和批判？他們昔日的經驗，可給現代的領導者、革命者不少提醒。

一、革命的契機：絕大部分當權者都不喜歡那些攻擊、挑戰自身的革命運動，總會嘗試用盡一切可行方法加以壓制。近年香港出現「港獨」言論，中央官員、特區政府用各種途徑努力抨擊，阻止港獨支持者參選議會，禁止中小學探討有關課題，便是其中一個具體實例。當年改教家同樣面對羅馬公教強大勢力的壓迫，令他們能在逆境中生存發展的，是對環境時機的把握。信義宗把握著查理五世忙於應對鄂圖曼帝國入侵的空隙積極擴張，把握著法國與西班牙的矛盾促成奧斯堡和約的簽訂；改革宗把握著收容各地新教難民的機會傳播其信仰理念，由此衍生的長老宗又是把握著蘇格蘭民族主義情緒高漲而得以確立。細心思索，許多改革行動的失敗，歸因都是在時機未成熟時急於推行。嘗試塑造有利的環境，留意把握良好的機遇，都是成功革新、改革、革命不可或缺的要素。

二、革命的維持：觀乎歷世歷代、世界各地推翻當權者的事例，大部分都難逃過渡時期政局混亂的厄運。辛亥革命推翻腐敗的滿清後，很快便出現軍伐割據、民不聊生的亂象；印度脱離英國管治後，國內的印度教教徒和伊斯蘭教徒隨即爆發衝突，由此分裂成印度、巴基斯坦和孟加拉三國；伊拉克侯賽因（Saddam Hussein，1937～2006）和利比亞卡達菲（Gaddafi，1942～2011）相繼倒台後，國內遜尼派和什葉派衝突升溫，極端的伊斯蘭國乘機崛起。探究混亂原因，主要是舊有制度或權力遭推翻後，眾革命羣體對新的權力分佈和遊戲規則各有不同理解和渴求。因此，盡快確立各方認同的新規範標準，是團結改革力量、防止內訌的重要努力方向。改教時期，各宗派團體積極就自身的崇拜禮儀、教會體制和信仰條文訂立權威參考，正是這方面努力的具體表現。

三、革命的消滅：面對大批信眾離去，皈依新教，羅馬公教曾嘗試以壓迫手段鎮壓，用強硬教諭迫令路德承認錯誤，以異端罪名處決被捕新教領袖，向支持改教的選侯領主發動軍事攻擊。然而，這類壓制對萌芽初段如威克里夫、胡司等的改革或許有短暫效力，但當革命力量已累積至一定程度，壓迫往往只會造成更大的反抗；羅馬教廷最終也得讓步，承認信義宗的合法地位，其他宗派結果也不斷增長。真正能幫助羅馬公教抗阻改教浪潮、中止信眾流失的，是教會內部的更新改革——透過天特會議的議決和耶穌會的努力，修正造成羣眾不滿的錯謬與腐敗，提升教廷聲望。同樣，對於因不滿當權者而出現的動盪與革命，最佳的處理方法並非壓制，而是透過深切的自我檢討和糾正，盡力去除造成羣眾不滿的誘因，疏導反對情緒；大洪水臨近，排洪減壓總比勉強阻截來得有效。

溫習及思考問題

1. 「宗教改革中期」基督教會的標記和特色是甚麼？

   標記：

   特色：

2. 原本西班牙、法國和英格蘭都屬支持羅馬公教的政權，這三大強國在宗教改革時期分別面對甚麼挑戰，以致未能全力協助教廷打壓新教羣體？

   a. 西班牙：

   b. 法　國：

   c. 英格蘭：

3. 面對來自公教的衝擊，各地新教羣體分別陷入怎樣的困境？

   a. 德意志：

   b. 瑞　士：

   c. 英格蘭：

4. 在改教中段時期，德意志和瑞士分別面對甚麼內部派系上的矛盾？

   a. 德意志

      路德匿藏期間：

      路德出山以後：

   b. 瑞　士

      德語區：

      法語區：

5. 在改教中段時期，各宗派羣體如何強化教會體制和信仰教義上的建設？

宗派羣體	教會體制建立的重要文獻	信仰教義確定的重要文獻
德意志信義宗	1. 2. 3.	信條： 神學： 要理：
瑞士改革宗	1. 2.	信條： 神學： 要理：
英格蘭聖公宗	1. 2.	信條：
羅馬公教		

6. 改教中段結束時，各地新教羣體分別有何主要發展？

a. 德意志：

b. 瑞　士：

c. 英格蘭：

d. 蘇格蘭：

7. 試歸納本章所論述耶穌會的特點。

a. 創立源起：

b. 會士訓練：

c. 會士特質：

d. 事工重點：

8. 綜合而言，你認為改教運動產生成效，主要原因何在？

____

____

9. 這段時期的改教事迹，對你個人推動教會革新有何提醒？

____

____

進深閱讀書目

吳國傑：《活出真道——馬丁路德與加爾文的屬靈追求》。香港：浸神，2013。

羅倫培登：《這是我的立場：改教先導馬丁路德傳記》。古樂人、陸中石譯。香港：道聲，1987。

Brecht, M. *Martin Luther: The Preservation of the Church 1532 ~ 1546*. Translated by J. L. Schaaf. Minneapolis: Fortress, 1999.

George, T., ed. *John Calvin and the Church: A Prism of Reform*. Louisville: Westminster John Knox, 1990.

Jones, N. L. *The English Reformation: Religion and Cultural Adaptation*. Malden/Oxford: Blackwell, 2002.

宗教改革晚期

> 史學家普遍以 1648 年三十年宗教戰爭結束，為宗教改革的正式終結日期。雖然此後新教各宗派羣體仍持續進行內部整固，但政局大勢已大致塵埃落定。

宗教改革發展至 1560 年後的晚期，新教羣體已累積力量，可在一定程度上與羅馬公教抗衡。這時，德意志和瑞士這些最早開始改革的地區已漸趨穩定，而較遲加入改教行列的國家如蘇格蘭、法國、荷蘭等則仍風起雲湧。然而，由於歐洲各國比鄰相近，人口自由流動，軍事彼此威脅，利益互為影響，新興改教地區的發展，往往有鄰國新教羣體的支援和參與；宗教改革末期牽涉全歐洲的三十年宗教戰爭，正是這種信仰羣體同氣連枝、互為影響的具體表現。綜合而言，「大局漸定」是這時期的標記性實況，當中的主要特色包括君主領袖的世代更替頻繁，新舊兩教的衝突蔓延各地，宗派各自訂定權威認信，福音信仰逐漸向海外傳播，以及改教成果最終獲得確認等。

4.1. 政權實力的扭轉

宗教改革初期，支持羅馬公教的政治和軍事實力皆遠超新教。然而隨著時間過去，接納改教信仰的國家和城邦愈來愈多；加上原屬公教國家的勢力，逐漸因分拆、分裂、戰敗而減弱。在此消彼長的情況下，新教最後變成足以抗衡公教的強大實力，可與之平分全歐。

4.1.1. 代代君王的繼承

宗教改革爆發後，支持羅馬公教向新教羣體施壓的最強大政治與軍事實力，來自神聖羅馬帝國皇帝查理五世。承繼著先祖的領土，查理五世同時管治奧地利、匈牙利、波希米亞、斯洛文尼亞、德意志、西班牙、西西里、拿不勒斯和荷蘭等地，實力超羣。查理五世於 1556 年離世後，其領土分別由不同親族管治；當中東部領土包括奧地利、匈牙利、波希米亞、斯洛文尼亞和德意志等，歸屬其弟費迪南一世（Ferdinand I，1503～1564）；而西部領土包括西班牙、西西里、拿不勒斯和荷蘭，則由查理的兒子腓力二世（Philip II，1527～1598）接管。兩者之中，實力較強、繼任為神聖羅馬帝國皇帝的是費迪南，然而其領土既位處東方，就得持續面對伊斯蘭教鄂圖曼帝國的威脅，無暇處理宗教改革引發的動盪；腓力雖從查理承繼著相當強大的軍事實力，但要全面掌控領土內改教運動的發展，則難像其父一樣得心應手。

法國方面，一直反對改教運動、將之詆毀為無政府主義的法蘭西斯一世於 1547 年離世；其王位由次子亨利二世接任。亨利二世跟隨父親的路線大力壓迫新教羣體，四處搜捕境內的改教領袖，以割舌、焚刑等殘酷手段虐待、殺害公教的「異端」。亨利二世英年早逝，王位留給年少的法蘭西斯二世（Francis II，1544～1560），惟他登位僅一年餘即因病離世。此後，其年僅 10 歲的弟弟查理九世（Charles IX，1550～1574）接續登基，由太后凱塞琳（Catherine de' Medici，1519～1589）攝政。此時，經過多年努力爭取，法國改革宗的教會已在民間取得不少支持，在當地被稱為「預格諾派」（Huguenots）教會；與此同時，法國國內各大家族面對改教運動出現嚴重分歧，當中最強大的吉斯家族（Guise）堅信羅馬公教，而僅次其後的布爾邦家族（Bourbon）則對新教思潮相對開放。查理九世在位期間，他們屢次爆發軍事衝突，令政權不穩。

英格蘭與蘇格蘭的王位繼承，此時也出現重要的變化與融合。傾向新教信仰的伊利沙伯一世於 1558 年繼任為英格蘭王。她執政初期，國內的公教與新教勢力皆強。為保政權安穩，伊利沙伯採中間路線，同時打擊尋求回歸舊教的公教要員，及激進要求徹底改教的清教徒領袖。伊利沙伯為英明君主，隨著執政年日漸長，反抗勢力逐一遭瓦解或削弱，她的政權愈趨穩定。相反，抱持公教立場之蘇格蘭女王馬利亞的執政就波折重重；她的法國王后身分因丈夫法蘭西斯二世年少早逝而告終。1561 年，馬利亞以年輕寡婦身分返回蘇格蘭，惟此時由諾克斯領導的新教黨派已成功控制國會，大力推動以長老宗為本的宗教改革，與奉馬利亞為首的公教勢力抗衡。1565 年，馬利亞與表弟亨利．史域（Henry Stuart，1545 ～ 1567）結婚，翌年成功誕下蘇格蘭儲君雅各六世（James VI，1566 ～ 1625）。然而此後不久，這對王室夫妻關係惡化，1567 年馬利亞因涉嫌串通友伴謀殺親夫，而遭蘇格蘭貴族與羣眾推翻，年僅 1 歲的雅各六世被推立為王。1603 年，伊利沙伯一世病逝，由於亨利八世所有子女均無嗣離世，王位遂由同具英格蘭王室血裔的雅各承繼，他於英格蘭號稱雅各一世（James I）；自此，英格蘭與蘇格蘭便在同一君權統治下，合而為一。

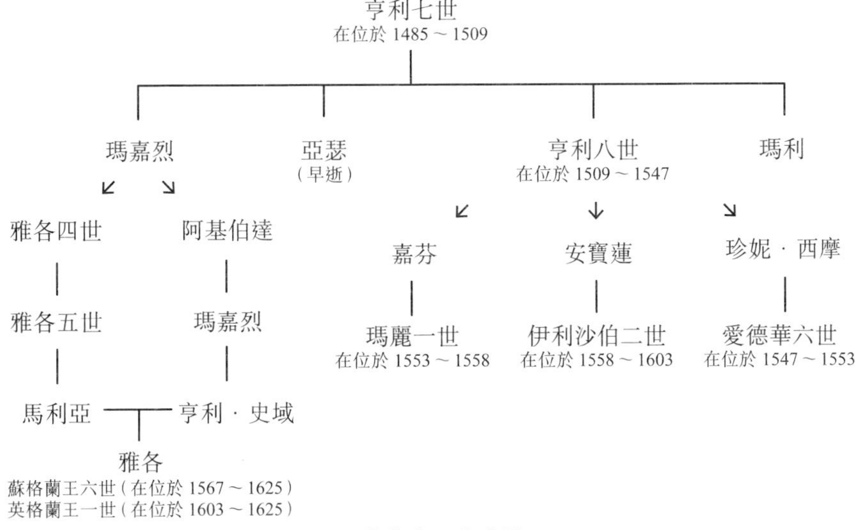

英格蘭王室家譜

4.1.2. 遍佈各地的角力

正當各地不斷面臨君王的世代更替，抱持公教與新教的政權此時也積極籌算，在明、在暗地幫助信仰相同的羣體興起奪取地方治權，藉此擴張自身的影響範圍，獲取政治上的利益與保障。上一章提到諾克斯領導的改革派，能夠抗衡已與法國王儲結婚的蘇格蘭女王馬利亞，不懼法軍的威脅，成功促使國會通過本於長老宗的信條，皆因得到英王伊利沙伯一世暗中幫助。英格蘭位處法國與蘇格蘭中間，若後兩國同由一對夫婦全權管治，英格蘭將變成腹背受敵。扶助蘇格蘭的改革派貴族使馬利亞王權遭架空，除可令新教思想擴張，更重要的是可免除英格蘭面對軍事上的潛在威脅，讓英王在與歐陸列強角力上無後顧之憂。

另一具體例子是荷蘭的改教。宗教改革初期，荷蘭一直由神聖羅馬皇帝查理五世管治。雖然此時已有信義宗、改革宗、信洗派相繼傳入，但礙於查理五世的強權壓制，這些新教羣體多只能暗中活動。查理五世於1556年離世，西班牙、荷蘭等領土留給軍事實力較弱的腓力二世；兩年後，伊利沙伯一世登基為王。原來當時英格蘭對歐洲大陸的貿易，多半經荷蘭轉口進出；荷蘭由堅實的公教君王統治，對英格蘭的經濟發展屬一大隱憂。是故，當荷蘭奧朗日的侯王、號稱沉默者的威廉一世（William I of Orange，1533～1584）於1568年領導北部新教徒組成聯盟反抗腓力時，伊利沙伯即在財物、武器、戰術上暗中大力提供協助，由此開始荷蘭長達80年的宗教戰爭。此外，1588年，英格蘭大敗入侵的西班牙無敵艦隊，成為此時期公教與新教軍事對壘的重要里程碑，標示著新教力量已增長到足可與公教匹敵的程度，無須再懼

> i 奧朗日侯王威廉一世是荷蘭著名政治領袖，因反對腓力二世藉異端裁判迫害新教徒的政策，他領導羣眾與其軍隊正面交戰，取得多次勝利，且單方面宣佈獨立；惟在腓力大額懸賞下，威廉於1584年被暗殺身亡。

怕打壓而四處逃散。

4.2. 持續不斷的鬥爭

經過改教中段的努力爭取，德意志的信義宗得著奧斯堡和約的保障，不再受公教勢力的威脅；瑞士德語區和法語區的改革宗，在布靈爾和加爾文等改教家的領導下，同見美好而穩定的發展；英格蘭的新教經歷瑪麗一世的血腥壓迫後，亦在伊利沙伯一世的治下重獲安全，可以繼續改革。然而，因著信仰立場和改教程度的分歧，宗教改革晚期的新教羣體仍存在許多外在挑戰和內部矛盾，需要艱苦面對。

4.2.1. 迎接公教的挑戰

1555 年的奧斯堡和約只帶給德意志的信義宗合法地位，其他地區和宗派仍然時刻面對羅馬公教勢力的挑戰和威脅。在蘇格蘭，諾克斯領導的長老宗雖得國會支持，惟以女王馬利亞為首的公教派仍不斷嘗試反擊，意圖阻撓改教。馬利亞因涉嫌謀殺親夫而遭推翻，在走投無路的情況下，於 1568 年逃到英格蘭；馬利亞的祖母是亨利八世的親姊，伊利沙伯既無兒女，馬利亞便按王室血統成為英格蘭王位第一繼承人。此時英格蘭北部大部分地區仍由公教貴族治理，他們對遠在南部倫敦的新教王后素來不滿；馬利亞的逃亡南下，隨即給他們重建公教、另立女王的造反機會。此後數年，公教貴族曾多次策動叛變，惟皆一一遭識破瓦解。1587 年，馬利亞在參與刺殺伊利沙伯的罪名下遭斬首處決，行刑前還穿著公教的殉道者服飾。

新教力量成功在英格蘭擊退公教一浪接一浪的攻擊，然而在法國的情況卻截然兩樣。自年少的查理九世於 1560 年登基，法國的公教羣體與新教預格諾派就不斷衝突爭戰，期間西班牙私下支持公教派，英格蘭則暗中援助預格諾派。自 1570 年始，已步入成人階段的查理與預格諾派領袖科利尼（Gaspard de Coligny，1519～1572）關係日益密切，查理以後者為政治兼宗教顧問，對其建議深信不疑。在科利尼的推動下，查理親妹瑪嘉烈（Margaret of Valois，1553～1615）與剛繼任為那瓦爾王的預格諾派領袖亨利（Henry of Navarre，1553～1610）於1572年8月18日結婚，此王室婚禮吸引各地的新教貴族前來赴宴。不安於科利尼對查理的巨大影響，太后凱塞琳和堅守公教信仰的吉斯家族聯手，趁婚期忙亂期間，於8月22日刺殺科利尼；結果行動失敗，科利尼僅受輕傷。深恐預格諾派追究報復，公教派快速集結力量，於8月24日的聖巴多羅買日向預格諾派人士進行大屠殺。新教羣體在欠缺防備下遇害者數以萬計，預格諾派於法國的實力自此一落千丈。

> 那瓦爾為中世紀王國，位處現今西班牙東北部，與法國接壤。在西班牙的強權下，那瓦爾於十八世紀末失去自主權，且逐步於十九世紀初被吞併，成為西班牙的一個省分。

此時期公教與新教的衝突，亦見於荷蘭的宗教內戰。自沉默者威廉一世領導新教羣眾作出反抗，荷蘭民眾便逐漸分成兩派：1579年初，以公教派為主的南部省分（即今比利時國境）組成「阿拉斯聯邦」（Union of Arras），支持及效忠西班牙王腓力二世的政權；半個月後，新教徒聚居的北部省分簽訂協約組成「烏特列赫聯邦」（Union of Utrecht），力主荷蘭獨立，反對腓力二世的治權。雙方自此陷入長久戰爭。1584年，沉默者威廉一世遭暗殺身亡，其領導地位先後由其子莫利慈（Maurice of Orange，1567～1625）和亨積腓勒德力（Frederick Hendrik of Orange，1584～1647）接替。

4.2.2. 新教派系的衝突

經過宗教改革初、中期的神學爭議後，各新教宗派的教義立場和盤據地域已逐漸定型；當中信義宗主要在德意志和北歐，改革宗、長老宗集中在瑞士和蘇格蘭，聖公宗成了英格蘭的國教，而信洗派則分散於各逼迫相對輕微的地域如荷蘭等。然而，因著政局和環境上的轉變，此時也出現了一些新教內部的宗派衝突，涉及羣體包括信義宗、改革宗、聖公宗。

信義宗內部的教義爭議，出於與改革宗的信仰差異。事件始於路德 1546 年離世不久，當時立場相對溫和的墨蘭頓接替領導角色。他於路德在世時已作為代表，出席新教羣體的國際性會議，與各地改教領袖如布塞珥（Martin Bucer，1491 ～ 1551）、布靈爾和加爾文等彼此相熟，神學思想也逐漸與他們接近。立場強硬的路德既已離世，墨蘭頓就為合一而嘗試協調與改革宗的神學分歧，在同質説聖餐觀等富爭議性教義上含糊地作出讓步。惟此舉引起信義宗內那些「正統路德派」（orthodox Lutherans）的不滿，他們斥責墨蘭頓背叛路德，是「隱祕的加爾文派」（crypto-Calvinist），墨蘭頓為此承受不少指斥與壓力。在墨蘭頓離世前的 10 多年間，信義宗內的強硬派和溫和派皆努力為己方立場爭辯。最後，為免路德所創立的信義宗羣體出現分裂，認同墨蘭頓的溫和派讓步；1577 年，雙方訂立信義宗內權威的《協和信條》（*Formula of Concord*），重申路德堅持的教義立場。此舉也宣告與改革宗聯合的努力正式胎死腹中。

布塞珥原為道明會修士，因認同路德的改教理念而脱離公教；1523 年起出任斯特拉斯堡（Strasbourg）的牧者。加爾文在 1538 至 1541 年於此逗留期間，曾向布塞珥學習教會紀律與牧養。1547 年施馬加登同盟戰敗，斯特拉斯堡的改教告終；布塞珥被迫逃到英格蘭，在那裏擔任國王的神學教授，並協助推動當地的改革。雖然布塞珥較認同改革宗的聖餐觀，但卻努力挽回路德與慈運理的分歧，且曾在聖餐觀上與墨蘭頓達成共識。可以説，他是宗派融和、教會合一的主要推動者。

至於改革宗內部的爭議，焦點在於救恩論中的揀選預定。加爾文的預定論當時受到不少人質疑。他於 1564 年離世後，其跟隨者將這教義推升為正統權威，且進深探究其細節。在煩瑣的神學討論中，加爾文主義者可細分為兩派：墮落前論（Supralapsarianism）相信神先預定誰人被揀選、誰人遭遺棄，然後才容讓人墮落；墮落後論（Infralapsarianism）則認為神先預知和容讓人類墮落，然後才規定誰獲揀選得救。加爾文本人偏向哪派存在爭議，兩派均聲稱承襲自加爾文的信念。正當兩派人士於阿姆斯特丹持續爭辯，一位年輕牧者亞米紐斯（Jacobus Arminius，1560～1609）於 1589 年獲委任在教會法庭檢視兩派立場；結果他兩派都不支持，強調人有自由意志，對加爾文整個預定論表示懷疑。亞米紐斯自小於改革宗環境接受教育，後在荷蘭來丁大學（University of Leiden）擔任神學教授；其對預定論的批判，不單引發改革宗內部的分裂，爭議且延伸到新教許多不同的宗派羣體。

亞米紐斯出生於荷蘭中部的烏特列赫（Utrecht），自小喪父，母親於他 15 歲時被殺。1576 年始，他於來丁大學接受教育，期間曾受教於加爾文的接班人伯撒（Theodore Beza，1519～1605）。畢業後他於教會事奉，1588 年獲按立為牧師；1603 年獲邀返回來丁大學出任神學教授，直到離世。亞米紐斯以高舉人類自由意志、反對加爾文預定論著稱。

聖公宗的內部衝突，來自政權與清教徒在改革程度上的分歧。如前所述，伊利沙伯一世為保政治穩定，在宗教上採取中間路線，神學教義參照新教信仰，教制禮儀則延續公教傳統。這種政策無疑有助作為新君的伊利沙伯平衡公教和新教的勢力，但對許多曾經於瑪麗時代逃難到日內瓦或蘇黎世的清教徒來說，英格蘭的聖公會與真正的改教理想實在相距太遠。為此，他們努力爭取更全面的改革，要肅清教會不良的公教禮儀習俗，盡力回歸聖經的教導；這取向與伊利沙伯走中間路線的計劃相違，自然不為認許。雖然清教徒藉著不斷呼籲和見證，於國內的支持日升，但在伊利沙伯這位強勢君王的壓制下，進深改革的努力盡告失敗。長久的爭取不見成效，愈來愈多清教徒主張分離自立，由此出現分離派的清教徒（Separatist Puritans）。從當政者角度看，這些分離派破壞了英格蘭的宗教合一，是故女王以及聖公宗的領袖皆大肆抨擊分離派；為逃避迫害，不少分離派人士逃亡到荷蘭等地。伊利沙伯在 1603 年離世，自小於長老宗環境下成長的蘇格蘭王雅各繼任為英格蘭王；清教徒視之為大好良機，遂於雅各往倫敦途中獻上《千人請願書》（*Millenary Petition*），請求更徹底的改革。然而，雅各絕大部分不從，反命令所有清教徒跟從國教傳統，要求分離派歸回聖公宗，使一眾清教徒大失所望。

4.3. 體制教義的整固

面對羅馬公教連續不斷的攻擊，以及新教內部不同異見的挑戰，宗教改革晚期的教會領袖，均努力為自身宗派訂立公認的權威規範，藉此團結和統一派內的牧者和信眾，與「非我族類」劃清界線。各宗派羣體此時訂定的教會體制和神學教義標準，不少皆世代承襲，影響延續至今。

4.3.1. 宗派制度的確立

經過路德領導的改革，德意志和北歐信義宗的教會體制和聚會形式，到宗教改革中期已大致落定；雖各地的執行略有差異，但核心輪廓基本上相當類同。信義宗的崇拜程序大都以路德的《德意志彌撒和崇拜秩序》為藍本；基於信徒皆祭司的信念，信義宗羣體設立監督、牧師、教師、執事等具功能性的職分；惟各地信義宗的架構並非全然相同，監督制中還經常混合濃厚的「會眾代表參與商議領導」元素。隨著信義宗內部爆發強硬派與溫和派的爭議，神學立場逐漸變成教會信仰教導的核心內容；路德原本注重的活潑信心，逐漸被僵化的教義認信所取代。為糾正偏差，在宗教改革晚期接連有信義宗的牧者領袖起來，重新呼籲追求敬虔；當中較著名的有阿恩特（Johann Arndt，1555～1621）和戴爾奴（John Tarnow，1587～1629）。他們強調直接查考聖經，個人與神建立親密的關係，並追求活出合乎真道的倫理見證。後期在信義宗出現的敬虔主義（Pietism），當中的主要領袖包括施本爾（Philipp Jakob Spener，1635～1705）和佛朗克（August H. Francke，1663～1727），皆在相當大程度上受他們所啟發與影響。

至於瑞士、荷蘭的改革宗，以及蘇格蘭的長老宗，也在加爾文和諾克斯的領導下，得以鞏固教會體制和聚會形式；當中加爾文編著的《教會憲章》是主要參照基礎。雖然各地教會運作稍有差異，但大部分皆採用長老制，強調教會當由眾長老共同領導；地方堂會由堂議會（Session／Consistory）治理，其上有區域性的長老團（Presbytery／Classis），再上面是中議會（Synod），而最高權力機關是總議會（General Assembly）；長老可由委任或選舉產生，信徒領袖和教牧同工皆可成為長老，這兩類長老皆有代表進入不同級別的議會。加爾文主義與亞米紐斯主義（Arminianism）的爭議，雖不致動搖改革宗和長老宗對預定論的堅持，卻使部分不認同此教義的教牧和信眾離開，受影響的尤以荷蘭的改革宗教會為甚，當中不少人加入同樣分離自改革宗的信洗派。在門諾．西門（Menno Simons，1496～1561）的領導下，信洗派此時已於荷蘭建立強大的教會，稱為「門諾會」。

門諾．西門原為荷蘭公教神父，1536 年開始接受改教思想，加入信洗派。在信洗派中，他立場相對溫和，強調堅守聖經教導。其在荷蘭的跟隨者所組成的羣體被稱為「門諾會」，是現今最主要的信洗派羣體之一。

在宗教改革晚期，英格蘭的聖公宗是最需要重建教會體制的其中一個新教宗派。經過瑪麗一世復辟後來自羅馬公教的嚴厲壓迫，英格蘭在亨利八世和愛德華六世時期的改革幾近全然被推翻；在伊利沙伯一世登位初期，許多改革教會的努力均要重新開始。

亨利八世於1534年通過的「最高權威法」遭瑪麗廢除，伊利沙伯幾經艱辛，將原本以英王為教會「最高元首」(supreme head)改為「最高管理人」(supreme governor)，才勉強於1559年獲國會重新通過。原本支持改教的主教都被瑪麗處決，伊利沙伯經多番努力才找到四位愛德華時期的老主教，並於1559年終按立馬太・帕駕（Matthew Parker，1504 ～ 1575）為坎特伯雷大主教；羅馬公教一直宣稱此次按立無效，而英格蘭聖公會則堅稱之為有效。崇拜禮儀方面，遭瑪麗棄用的《公禱書》於1559年重新再版發行；與早前的1552年版相比，內容只作了輕微修訂。跟信義宗與改革宗類同，聖公宗內部亦存在著相當大的離心力量，當中最主要的羣體是早前提及的清教徒；他們部分主張分離自立，自組獨立於聖公會國教的教會。這些教會多強調平信徒同有祭司的職分，會眾制是最廣獲他們採納的行政制度。

馬太・帕駕出生於英格蘭諾域治(Norwich)，劍橋大學畢業。亨利八世第二任王后安寶蓮在位期間，獲授任為王室牧師；安寶蓮遭處決前，他奉命照顧年幼的伊利沙伯。瑪麗在位期間，他遭削去一切職務。伊利沙伯登基為王後，帕駕重獲重用，且於1559年被按立為坎特伯雷大主教，為英格蘭首位新教主教。

在宗教改革晚期又出現另一個延續至今的宗派，就是浸信宗(Baptists)。為逃避英格蘭政權的逼迫，在牧者史邁德(John Smyth，約1570～1612)的領導下，一羣分離派的清教徒於1609年前赴荷蘭阿姆斯特丹聚會；期間與荷蘭的門諾會聯合，成立首間位於荷蘭的浸信宗教會。此時，一批不認同這次聯合的信眾，在赫爾維(Thomas Helwys，約1575～約1616)的帶領下返回英格蘭，並冒險於1612年在斯皮塔佛德(Spitalfields)建立首間英語世界的浸信會，就是持守亞米紐斯主義的「普及救恩浸信會」(General Baptists)。此後，又有接受加爾文主義的信眾，於1633年成立「特定救恩浸信會」(Particular Baptists)；這兩個羣體相繼在歐美各地擴展。浸信會堅持信而受浸，反對嬰兒水禮；強調以聖經為教會最高權威，信徒皆祭司；他們以會眾制形式治會，信眾共同尋求神的心意。

經歷過宗教改革的衝擊，眼見愈來愈多信眾離開公教，羅馬教廷此時亦作出深入反省。他們於 1545 至 1563 年間召開的天特會議，除對當時公教內部的種種流弊作出修正建議外，同時也重新確立傳統的教義和禮儀，當中包括彌撒的價值、七聖禮的施行和聖餐的化質説等。對於延續已久、根深蒂固的中世紀公教陋習，此時先後繼位的 3 位教宗，包括庇護五世（Pius V，在位於 1566～1572）、貴格利十三世（Gregory XIII，在位於 1572～1585）和西克斯都五世（Sixtus V，在位於 1585～1590），均對更新教廷、改革教制作出了不同層面的重大貢獻，使原本腐敗不堪的公教面貌一新，重獲社會大眾的肯定和重視。

宗教改革晚期領導羅馬公教改革的教宗			
英文名稱	中文譯名	在位年份	主要改革貢獻
Pius V	庇護五世	1566～1572	以修道生活顯出牧長典範，將羅馬教廷轉化為敬虔的信仰羣體；
Gregory XIII	貴格利十三世	1572～1585	善於組織管治，以教會法規和敬虔教育，修正羅馬教廷的腐敗現象；
Sixtus V	西克斯都五世	1585～1590	善於管理，能勇敢面對各種困難，將前兩任教宗的理念具體實踐推行；

4.3.2. 宗派教義的確認

在宗教改革晚期，各宗派羣體均相繼就自身的教義訂定權威的信條；這些信條除了與羅馬公教劃清界線，同時也將所屬宗派與信仰立場相異的其他新教宗派分別開來。隨著時間過去，神學教義的討論日益深入和豐富，各宗派所訂定的信條也愈趨成熟；這段期間協商產生的認信條文，許多均沿用至今，一直是相關宗派持守不變的信仰權威。

德意志的信義宗方面，經歷過墨蘭頓領導期間強硬派和溫和派的爭議後，雙方於 1577 年共同制定了《協和信條》；此信條於往後 3 年間，有逾 8,000 位信義宗神學家、牧者簽署確認。在最前面的摘要部分，信條明確聲明「惟獨聖經」的宗教改革理念，指出新舊兩約是信仰的惟一裁判、準則和法規，一切道理的善惡、是非均應接受聖經考驗和根據聖經作出判斷。有關最具爭議的聖餐教義，該信條清楚訂明他們相信、教導並宣認：在聖餐中，基督的身體和血乃真實地臨在，且真正隨著餅和酒被分遞而領受；此有關同質說的認信，明確宣告與墨蘭頓意圖聯合的改革宗分道揚鑣。此後不久，信義宗的神學家們將宗派確認的信仰權威集結，編成《協同書》（*Book of Concord*）；當中除教會普遍接納的《使徒信經》（*Apostles' Creed*）、《尼西亞信經》（*Nicene Creed*）和《亞他拿修信經》（*Athanasian Creed*）外，還包括信義宗的《奧斯堡信條》、《奧斯堡信條辯護論》（*Apology of the Augsburg Confession*）、《施馬加登信條》、《論教宗權柄與首席》（*Treatise on the Power and Primacy of the Pope*），還有路德的《小教理問答》和《大教理問答》，以及《協和信條》。

繼加爾文的《日內瓦教會要理問答》，在選侯腓勒得力三世（Frederick III，1515 ～ 1576）的推動下，改革宗羣體於 1563 年擬訂《海德堡要理問答》（*Heidelberg Catechism*），嘗試以忠於聖經的標準，採取溫和的態度，協調信義宗與改革宗的分歧；此問答出版後立即大受歡迎，廣獲各地改革宗教會採納。此外，瑞士的改革宗亦於 1566 年聯署發表《第二瑞士信條》（*Second Helvetic Confession*）；此信條乃布靈爾根據《第一瑞士信條》擴充修訂而成，內容意欲整合慈運理與加爾文的神學觀點，並嘗試在惟獨聖經、尊重傳統的前提下，調和改革宗與信義宗的關係，主張求同存異。同年，荷蘭的改革宗亦於安特衛普會議（Synod of Antwerp）通過了《比利時信條》（*Belgic Confession*），以作為對抗亞米紐斯主義的公開認信；此信條後經修訂，再於 1618 至 1619 年舉行的多特會議（Synod of Dort）通過確認。此外，在荷蘭遭改革宗羣體壓制的亞米紐斯主義者，亦於 1610 年發表《抗議信條》（*Remonstrant Articles*），簡要聲明其教義立場；此信條雖於多特會議被判為錯謬，其思想卻深深影響後世許多新教教會。

在英格蘭，聖公會也在 1563 年英王伊利沙伯在位期間，通過宗派的權威認信《三十九條信綱》（*Thirty-Nine Articles*）。此信綱乃修訂自早年的《四十二條信綱》，內容除刪去三條條文——這些條文原本針對信洗派，此時爭議已大致平息——同時也按伊利沙伯執政時的特殊處境，對多個條文作出不同程度的修訂；當中最明顯且甚具爭議的，是肯定女王對教會有超然的權柄。雅各一世雖成長於有著長老宗背景的蘇格蘭，但到英格蘭執政時，卻偏好高舉君王權柄的聖公宗，並以強硬手段壓制追求徹底改革的清教徒。雅各於 1625 年離世，由於大兒子亨利（Henry of Wales，1594 ～ 1612）早夭，接任為王的是次子查理一世（Charles I，1600 ～ 1649）。查理意圖以王權壓倒一切，漠視與其政策相左的英格蘭國會，又嘗試迫令蘇格蘭跟隨英格蘭聖公會模式，結果遭到各地人民強烈反抗，全英國陷入內戰。在英格蘭國會和蘇格蘭議會雙重勢力的抗爭下，查理一方先後於 1645 年和 1648 年敗陣，結果查理遭囚禁、審訊和判罪，最後於 1649 年以「反叛國會及人民」罪名被當眾處決。在查理受審期間，英格蘭國會和蘇格蘭議會聯合於西敏寺（Westminster Abbey）召開會議，並於 1646 年聯署通過《威斯敏斯特信條》（*Westminster Confession of Faith*）。此信條雖於 1660 年英國恢復君主統治時遭聖公宗教會摒棄，惟一直為蘇格蘭議會，以及各地改革宗、長老宗

> 《威斯敏斯特信條》又譯為《西敏寺信條》，是基督新教其中一條最廣獲認許的認信條文；參與制訂條文的英格蘭國會偏向清教徒，蘇格蘭議會採納長老宗；由於兩者同具加爾文神學背景，《威斯敏斯特信條》反映了溫和改革宗的信仰立場。

和公理宗羣體所喜愛與認許。

面對各地的改教浪潮，羅馬公教於 1545 至 1563 年召開天特會議，並通過連串有關信仰教義與禮儀體制的信條。在羅馬教宗庇護四世（Pius IV，在位於 1559～1565）的推動下，樞機主教團於 1564 年擬訂《天特信條》（*Tridentine Creed*），成為宗教改革爆發後羅馬公教最簡明精要的認信條文。此信條發表。即廣獲各地公教羣體恪守，所有主教、神父、修道院長、神學院和大學教授等均須宣誓信守；新教徒若要皈歸公教，也得宣認這信條，承認羅馬教會的領導。於 1869 至 1870 年召開的第一次梵蒂岡會議（First Vatican Council）很嚴肅地重申確認這信條。

《天特信條》又稱為《庇護四世信條》，內容共有 12 條條文，精簡地將天特會議各項議決撮要歸納；原則上其地位低於會議通過的條文，惟實際在公教受重視的程度卻超越之。

4.4. 長久分裂的局面

到了宗教改革晚期，基督新教各宗派已積聚不少支持，不再處處受公教勢力壓制。然而，此時羅馬公教仍抱著中世紀的霸權心態，不斷嘗試以各種方法對新教羣體施以打壓，意圖將基督新教連根拔起，以回復昔日教廷獨尊的境況。在雙方均堅持立場、拒絕讓步的狀況下，決一死戰似是無可避免的解決方法。

4.4.1. 雙方實力的演變

要了解宗教改革晚期公教與新教的成敗得失，就得先細數兩教政治實力上的變化。公教方面如前所述，早年支持公教的最強大實力哈布斯堡家族（Habsburgs）在查理五世死後分成兩大派系，分別由費迪南一世和腓力二世領導；此轉變使家族的實力分散，相對減弱公教勢力於領土內對改教運動的壓制。費迪南一世的繼任者馬克西米安二世（Maximilian II，1527～1576）、其後的魯道夫二世（Rudolf II，1552～1612）、馬提亞（Matthias，1557～1619）、費迪南二世（Ferdinand II，1578～1637），以及腓力二世的繼任者腓力三世（Philip III，1578～1621）和其後的腓力四世（Philip IV，1605～1665），實力都未見提升。他們雖成功以強權酷刑禁止改教運動在其核心領土內生根，卻無力阻止新教羣體在歐洲其他地域擴張。

此時支持羅馬公教的另一重要實力是法國。1572 年，公教勢力在聖巴多羅買日對預格諾派進行大屠殺後，法國的新教力量銳減，惟仍有一些接受改教思想的貴族頑強抵抗。法王查理九世於 1574 年離世後，王位留給其弟亨利三世（Henry III，1551～1589）；亨利繼任不久，法國即爆發公教與新教的宗教衝突。為保政權穩定，亨利嘗試採中間溫和路線，簽署諭令給予預格諾派一定程度的宗教自由；惟此舉遭國內強大的公教勢力反對。各方衝突最後演變成 1587 至 1589 年的「三亨利之戰」（War of the Three Henrys）。最後，隨著代表公教勢力吉斯家族的亨利（Henry I of Guise，1550～1588）及亨利三世相繼離世，新教領袖那瓦爾王亨利終在 1589 年奪得君權，成為首位來自布爾邦家族的法王，號稱亨利四世（Henry IV，1553～1610）。亨利四世登基後，西班牙與

> 「三亨利之戰」對戰三方分別為代表法國王室與政權的亨利三世，代表法國公教勢力、得西班牙背後支持的吉斯家族的亨利，以及代表法國新教力量、得英格蘭背後協助的那瓦爾王亨利。除宗教因素外，這場戰爭還涉及有關王位繼承權的角力。亨利三世無嗣，其幼弟又於 1584 年英年早逝，按照王室規定，王位繼承權當留給其妹夫預格諾派領袖那瓦爾王亨利。法國的公教勢力對此自然深感不安，嘗試以種種手段向亨利三世施壓，要其改變王位承繼的安排。然而，隨著吉斯的亨利和亨利三世相繼離世，那瓦爾王亨利終成功於 1589 年繼位。

法國的公教勢力聯手脅迫；為保政權與和平，亨利四世經過 4 年掙扎後最終屈服，於 1594 年公開宣佈皈歸羅馬公教。然而作為認同改教信仰的君王，他在 1598 年頒佈《南特諭旨》（*Edict of Nantes*），允許國民自由信奉新教信仰，改教勢力於法國暫享和平。直到 1610 年亨利四世遇刺身亡，其子路易十三世（Louis XIII，1601 ～ 1643）和孫路易十四世（Louis XIV，1638 ～ 1715）相繼接掌王權，對預格諾派的逼迫才再次出現。

至於新教方面的實力，德意志、瑞士、英格蘭、蘇格蘭、瑞典和丹麥等地的改教到此時已相當穩固；惟較值得關注的是荷蘭。雖然面對公教西班牙王腓力二世及其繼承人的持續壓迫，但在英格蘭的暗中支援下，荷蘭北部的新教羣體在軍事上接連得勝，公教派被迫提出停戰協議，北部新教地區暫享宗教自由，由此衍生 1609 至 1621 年的「十二年休戰」（Twelve Years' Truce）。此後戰事再起，改教陣營幾經艱辛，最後獲得勝利。1648 年雙方簽訂「閔斯特和約」（Peace of Münster），允許荷蘭聯邦脫離西班牙轄制而獲得獨立自主權，境內所有人民皆享宗教自由，不受約束。

除以國教形式於所屬地域擁有超然主導地位的信義宗、改革宗、聖公宗、長老宗外，新教還有一些獨立的自由教會，包括信洗派、清教徒、浸信宗等。他們雖沒有與政權連結、缺乏軍事實力，但認同他們所持之信念的支持者日盛，也逐漸成為不容忽視的民間力量。以清教徒為主的英格蘭國會，先後兩次擊敗強硬劃一宗教的英王查理一世，並於 1649 年將他公開處決，一時控制政權，便是這種民間力量的具體彰顯。此外，浸信宗在十八世紀美國獨立期間，成功推動宗教自由的國家之長遠政策，亦是自由教會之民眾力量的確切展現。

歐洲各地區於宗教改革晚期的宗教及其軍事實力		
國家／地區	地區宗教	軍事情況
西班牙	羅馬公教	實力雖較早期稍微減弱，但仍是公教於西歐最重要的政治與軍事支持；
奧地利	羅馬公教	實力雖較從前稍微減弱，但仍是公教於東歐最重要的政治與軍事支持；
法國	羅馬公教	於亨利四世在位期間只象徵式地支持羅馬公教，1610 年後才稍微積極；
英格蘭	聖公宗	除查理一世在位期間曾溫和對待公教外，一直為支持新教的最主要實力；
蘇格蘭	長老宗	自諾克斯成功推動改教後即穩定支持新教，惟政治與軍事實力比較薄弱；
瑞典	信義宗	宗教改革初期即改以信義宗為國教，是支持新教的重要政治和軍事實力；
丹麥	信義宗	宗教改革初期即改以信義宗為國教，是支持新教的重要政治和軍事實力；
德意志	羅馬公教/信義宗，也有少數改革宗	依照奧斯堡和約的協議，按領主的信仰而專奉不同宗派，軍事影響一般；
瑞士	羅馬公教/改革宗	不同州郡獨立自主，約半數支持公教，半數採納改革宗，軍事實力較弱；
荷蘭	羅馬公教/改革宗，也有少數其他宗派	長期處於對戰局面，北部傾向新教，南部持守公教，北部實力略為佔優；
東歐	羅馬公教/新教，也有不少屬東正教	立場不定，部分曾支持改教，有些重歸公教，長期是兩教爭取的地域；

4.4.2. 武力比拚的終局

公教與新教勢均力敵、互不相讓的形勢，最終以 30 年牽涉全歐洲的宗教戰爭告終。此前，宗教戰爭都是地區性的；當中包括 1529 至 1531

年瑞士的卡卑勒戰役，1546 至 1555 年德意志的施馬加登戰役，1587 至 1589 年法國的三亨利戰役，以及 1568 至 1648 年荷蘭的八十年宗教戰爭。然而，由於歐洲各國毗鄰相近，一國一地的宗教抗爭經常有信仰相同的鄰邦或明或暗地提供協助。維護公教的強國如西班牙、法國和奧地利等，與支持新教的國家如英國、瑞典、丹麥等，早已在許多地區的宗教事務上彼此磨擦衝突，不滿對方，怒氣持續積聚；可以說到了宗教改革末期，兩教的對立情況已變得相當嚴峻，星星之火就可使戰爭烈焰燒遍全歐。

引發三十年宗教戰爭的，是新任神聖羅馬帝國皇帝、哈布斯堡家族的費迪南二世。他在耶穌會成功傳道，提升了公教聲望的背景下，意圖漠視奧斯堡和約的協訂，強令領土內所有民眾皈依羅馬公教。此舉立即觸發德意志新教羣眾的憤怒，後者迅速組成聯盟與之對抗。費迪南的強硬政策同時引起波希米亞民眾的恐懼不安；波希米亞早於宗教改革爆發初期已接受新教思想，惟名義上，他們仍一直受哈布斯堡家族的奧地利王族統治。雖然遙遠的君王屬公教徒，但因著波希米亞的民族獨立性，歷代的奧地利君王均為政治穩定緣故，給予波希米亞人民信仰自由。費迪南二世突然一改過往互相尊重的傳統政策，波希米亞的新教徒遂羣起反抗，公教與新教各自擁立支持自身信仰的君王，結果整個波希米亞陷入內戰。

面對波希米亞的內部衝突，公教與新教雙方均積極尋求國外支援。結果，同由哈布斯堡家族掌控的奧地利和西班牙，出兵協助公教陣營；英國、瑞典、丹麥則參戰援助新教一方；德意志、瑞士、荷蘭各州郡，亦旗幟鮮明地各自為己方信仰而奮鬥。如此，戰火於全歐各地蔓延；位處中央的德意志，更是各國軍隊雲集，全境到處戰火不絕。這場宗教混戰，角色最微妙的是法國；法國雖宣稱信奉公教，但一直與哈布斯堡家族不和；為打擊其強大勢力，增強本國在歐洲的領導地位，法國竟選擇協助新教陣營，與奧地利和西班牙對戰。

這場涉及全歐洲的宗教戰爭，由 1618 年爆發，直到 1648 年還未能分出勝負。在這兵荒馬亂的 30 年裏，雙方均死傷慘重；因戰禍而出現的逃難、荒地、窮困、饑餓隨處可見，可謂民不聊生；不少城市人口隨之銳減，情況以戰場所在的德意志最為嚴重，男性人口僅剩一半。帶著疲乏厭戰的心情，雙方最後於 1648 年簽訂「威斯特伐利亞和約」（Peace of Westphalia），以從前奧斯堡和約中「誰的領土、誰的宗教」為原則，接納公教與新教無可避免地要和平共存；惟與前不同的，是奧斯堡和約只保障信義宗教會，而是次協議則同時為其他新教宗派提供保障。自此以後，歐洲宗教長久分裂的局面便成為難再更動的事實，宗教改革也正式告一段落。

革命的失敗、成功與終局

宗教改革最終以停戰的和約結束，新教羣體從此取得合法地位，可以安心按羣體所領受的信仰立場自由敬拜。對改教者來說，這可說是長久爭取的珍貴成果；然而對羅馬公教來說，這卻是阻止教會分裂的嚴重挫敗。再細看各地的改教努力，成功似乎又不盡完全；法國的預格諾派教會一再受壓、以失敗告終；英王查理一世因劃一信仰的宗教政策而被推翻、遭公開處決。現今世代，在國家社會、機構組織或教會羣體內，都有許多推動改革及防止叛變的措施，究竟雙方因何成功或失敗？宗教改革晚期的歷史可以給予我們不少提醒。

一、失敗的因由：綜觀宗教改革時期各地所遭遇的挫敗，有 3 個較明顯的失敗因由。首先是「樹敵太多」，哈布斯堡家族昔日曾以強權欺壓法國王室，結果在三十年宗教戰爭中，信奉公教的法國竟為復仇而倒戈支持新教；軍力此消彼長，是公教勢力最終無法得勝的重要因由。其次是「政策過急」，查理一世嘗試以王權壓倒一切，要求英格蘭與蘇格蘭統一接納聖公宗體制；此政策推行得過於急進，不得民心，結果惹來羣眾反抗，以失敗告終。最後是「防備不足」，法國公教派刺殺行動失敗，預格諾派教會原本得著反撲的機會，卻在欠缺防備的情況下，於聖巴多羅買日遭遇大屠殺，力量從此一落千丈，由盛轉衰。細看今日的政權和教會領導，有多少政策是因推動者與人不和而遭遇攔阻？有多少是因政策未得廣泛諮詢和普遍認同而遭到強烈反對？又有多少選舉競爭，是因沒有做好防備，結果遭敵對者以抹黑、揭祕等污穢手段攻擊而不幸落敗？今天的當權者或改革者，若不好好從前人的失敗汲取教訓，重蹈覆轍恐怕是難免的惡果。

二、成功的因由：除失敗可引為鑑戒外，改教派和公教派在宗教改革中的成功亦可作為現代社會、教會領導層和改革者的提醒。在此筆者想特別提出兩點：首先，成功是要「求同存異、團結力量」；荷蘭廣泛流行的改革宗、蘇格蘭採納的長老宗，皆非英格蘭君主喜愛的聖公宗體制，惟伊利沙伯卻為成功打倒敵人，而給理念相近的羣體提供協助；三十年宗教戰爭中，新教不同宗派的羣體雖對信仰立場存在一些分歧，卻能團結一致對抗羅馬公教，最終成功在羅馬公教的強權下取得獨立與自由。此外，成功還要「檢視不足、糾正流弊」；許多時候羣眾提出改革訴求是出於對現況深感不滿，領導層正視問題、作出改善，能大大降低反對派的聲勢；就如羅馬教廷因耶穌會的努力，情況得到改善，聲望回升，就能在早期眾叛親離的逆境中成功扭轉劣勢。反觀今日現況，若社會政客或教會領袖為個人利益而堅持己見，弄得與路線相近的人四分五裂；若領導層不肯時刻自我檢討，聆聽不同聲音、作出適當調節，卻讓羣眾不滿的情緒累積，成功就會變得日益困難。

三、改革的終局：宗教改革於不同地域的最後發展，反映著改革行動各種可能的終局。第一類是「成功得勝」，就如在北歐、英國或瑞士部分州郡，成功將信義宗、聖公宗或改革宗等新教宗派變成地區信仰，取代公教的地位。第二類是「互相讓步」，就如德意志按領主信仰劃分，或荷蘭協議的宗教自由，新教和公教要在同一國家地域內和平共存，接受對方不友善的存在。第三類是「失敗受壓」，典型例子有西班牙和法國，當地雖曾有新教人士推動改教，但最終還是受到壓制，無法立足擴展。爭取的過程，可能是和平達成協議，但更大的可能是要透過力量比拚解決；在現代社會，這種比拚可以是真實的武力鎮壓，也可以是言語批判、法律訴訟、經濟制裁等行動。今日推動改革的人，不論是在社會或教會之中，也當認清這 3 類終局，並作好準備，面對過程中可能遭遇的暴力打壓和犧牲付出，預先計算代價；過分樂觀地盼望理想實現，可能會帶來更大的失望。

溫習及思考問題

1. 「宗教改革晚期」基督教會的標記和特色是甚麼？

   標記：________________________

   特色：________________________

   ____

2. 下列各國在宗教改革晚期初段有何軍事實力和宗教立場上的主要變化？

國家	軍事實力	宗教立場	
西班牙	□ 陷入內戰 □ 戰力下降 □ 轉變不大	□ 維持公教 □ 轉歸新教 □ 內部爭持	□ 維持新教 □ 返回公教 □ 宗教自由
奧地利	□ 陷入內戰 □ 戰力下降 □ 轉變不大	□ 維持公教 □ 轉歸新教 □ 內部爭持	□ 維持新教 □ 返回公教 □ 宗教自由

法　國	□ 陷入內戰 □ 戰力下降 □ 轉變不大	□ 維持公教 □ 轉歸新教 □ 內部爭持	□ 維持新教 □ 返回公教 □ 宗教自由
英格蘭	□ 陷入內戰 □ 戰力下降 □ 轉變不大	□ 維持公教 □ 轉歸新教 □ 內部爭持	□ 維持新教 □ 返回公教 □ 宗教自由
蘇格蘭	□ 陷入內戰 □ 戰力下降 □ 戰力維持	□ 維持公教 □ 轉歸新教 □ 內部爭持	□ 維持新教 □ 返回公教 □ 宗教自由
荷　蘭	□ 陷入內戰 □ 戰力下降 □ 戰力維持	□ 維持公教 □ 轉歸新教 □ 內部爭持	□ 維持新教 □ 返回公教 □ 宗教自由
德意志	□ 陷入內戰 □ 戰力下降 □ 戰力維持	□ 維持公教 □ 轉歸新教 □ 內部爭持	□ 維持新教 □ 返回公教 □ 宗教自由
瑞　士	□ 陷入內戰 □ 戰力下降 □ 戰力維持	□ 維持公教 □ 轉歸新教 □ 內部爭持	□ 維持新教 □ 返回公教 □ 宗教自由

3. 基督新教各派系內，皆存在矛盾衝突；當中雙方的爭議為何？結果怎樣？

a. 信義宗：________________ 對 ________________

結果：________________________________

b. 改革宗：________________ 對 ________________

結果：________________________________

c. 聖公宗：________________ 對 ________________

結果：________________________________

4. 在宗教改革晚期，下列各羣體有何宗派制度上的發展？

a. 信義宗：________________________________

____

b. 改革宗：

c. 信洗派：

d. 聖公宗：

e. 浸信宗：

f. 公　教：

5. 下列各宗教改革晚期訂定的宗派認信，分別從哪些較早期的認信演變而生？

宗派羣體	宗教改革晚期認信	整理、起源或歸納自較早期的認信
德意志信義宗	協同書	
瑞士改革宗	第二瑞士信條	
英格蘭聖公宗	三十九條信綱	
羅馬公教	天特信條	

6. 下列各國在三十年宗教戰爭前夕有何軍事實力和宗教立場上的主要變化？

a. 奧地利、西班牙：

b. 法　國：

c. 德意志、瑞士、英格蘭、蘇格蘭、瑞典、丹麥：

d. 荷　蘭：

7. 試填寫下列三十年宗教戰爭的主要資料。

   a. 對戰雙方

      支持公教的國家：________________

      支持新教的國家：________________

   b. 起源地點：________________

   c. 主要戰場：________________

   d. 最終結果

      死傷情況：________________

      簽訂和約：________________

8. 綜合而言，你認為改教運動最終取得成功，主要原因何在？

   ____

   ____

9. 改教羣體最終獲得信仰自由，惟要付上戰爭傷亡的沉重代價，你認為宗教戰爭值得嗎？為甚麼？

   ____

   ____

進深閱讀書目

李廣生：《一石激起千重浪：改革運動教會歷史簡介》。香港：道聲，2009。

奧連：《改教運動與大公教會》。鄧肇明譯。香港：道聲，1964。

Eire, Carlos M. N. *Reformations: The Early Modern World, 1450 ～ 1650*. New Haven/London: Yale University Press, 2016.

Hsia, R. Po-chia, ed. *A Companion to the Reformation World*. Malden: Blackwell, 2004.

Marshall, Peter, ed. *The Oxford Illustrated History of the Reformation*. Oxford: Oxford University Press, 2015.

第三部分 縱向主題研究

第三部分

第三部分

跟本系列前兩書《奠基立柱——初期教會縱橫談》和《築樓蓋頂——中世紀教會縱橫談》相同，本書第三部分以6個縱向研究主題編寫；這些主題性質相異，廣泛涵蓋基督教不同範疇的發展。

第五章「宣教擴展」從外顯數量角度，概述宗教改革期間，羅馬公教與基督新教各自於不同階段，在人數和地域上的增減。第六章「屬靈傳統」轉向檢視信徒的內心質素，嘗試探討改教運動對基督徒信仰追求方面的影響。第七章「神學教義」從情感轉到理智層面，概述改教時期各宗派羣體的主要神學立場，分析爭議各方的關注重點。第八章「正統權威」專論改教家如何轉化羅馬公教的信仰權威，在惟獨聖經的基礎上，發展出各自對教義的理解。第九章「教會體制」將焦點從抽象的神學思維轉到具體的教會運作，回溯這時期各羣體確立宗派體制的過程和實況。最末第十章「信仰生活」，探討焦點從上層的領導架構轉到下層的信徒生活，介紹改革時期廣大信眾的日常宗教活動。這6個主題代表著這動盪時期教會的不同面貌，其相互關係有如下圖：

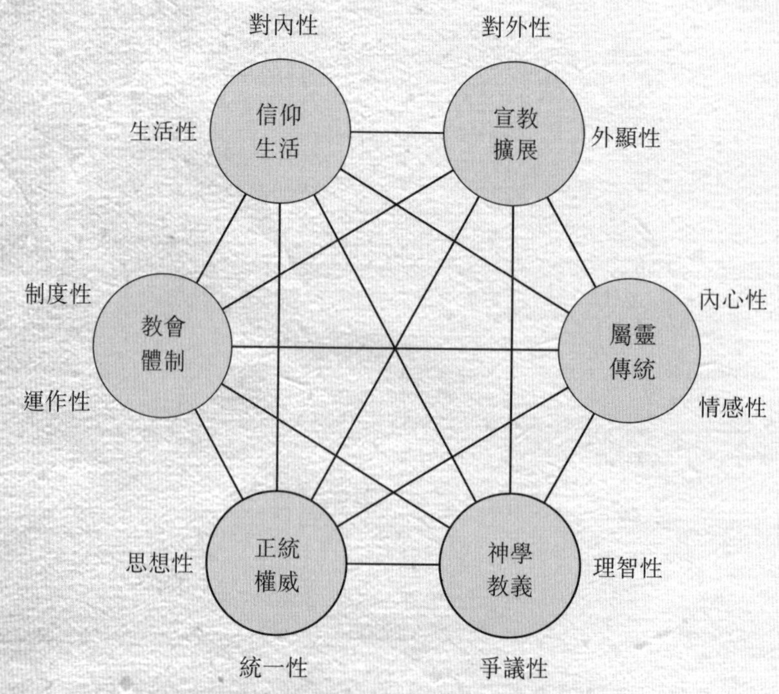

雖然各部分重點相異，但上述6個主題亦彼此緊密關連。不論是公教還是新教的宣教擴展，都會在不同羣體中產生相應的屬靈傳統；這傳統必然會在相當大程度上影響人對基督信仰的領受，從而產生種種不同的神學理解。為妥善處理神學分歧，各宗派羣體往往會嘗試確立自身的正統權威，以遏止異見思想的衝擊；隨著正統權威而至的，很多時候是教會體制的建立，以確保獲認許的教條議案得以具體落實；這教會體制的發展無可避免地會影響信徒羣體的宗教生活，導引他們的信仰表達方式；而普羅信眾的生活見證與社會參與，反過來又會影響宣教擴展的成效。可以這麼說，這6個縱向的研究主題既相異又相連；讀者若能把各章內容消化整合，聯繫貫通，就能建構出宗教改革時期教會發展的整全圖畫，更透徹地認識其全貌。

第五章

宣教擴展

不同於初期教會和中世紀教會以未聞福音的羣體為主要傳道對象；宗教改革時期的宣教擴展，有相當大程度屬基督宗教內部的教派轉移。改教領袖嘗試向公教信眾傳達新教信仰，幫助他們脱離羅馬教廷的轄制。也許從現代宣教學角度，這種努力並不算是真正的福音擴展；然而在許多改教家眼中，羅馬公教已非純正的基督教會，反是魔鬼掌控人心的工具；故此，引導公教徒接受改教思想，就是幫助人脱離魔鬼、罪惡，是使人得救的傳福音行動。當然，羅馬公教透過耶穌會進行的海外宣教，也是這時期基督宗教宣教擴展的重要部分。本章專注論述基督宗教各羣體於宗教改革時期的宣教擴展，嘗試評估期間人數和地域上的增減情況。由於此時期基督新教的發展主要仍在歐洲，所以內容會以歐洲為焦點；只有論到羅馬公教和東方正教的擴展，才會觸及美洲、亞洲和非洲的宣教。此外，為導引華人讀者認知中國教會的根源，本章末會特別概述明、清來華的天主教宣教情況，分析其興衰過程和因由。

5.1. 改教前夕的實況

基督宗教的宣教擴展方式多樣，特別在改教運動時期，除有大量信眾從公教轉歸新教外，統治階層亦有相當多同化異教徒的行動；這些同化行動有些透過福音分享完成，也有不少透過軍事壓迫而成。為幫助讀者掌握這複雜局勢，在進入宗教改革期間的教會演變以先，本章先概述此前的重要發展。

5.1.1. 地域國土的增減

雖然現代的基督新教很重視個人決志歸信，但對長達千年的中世紀羅馬公教及東方正教而言，甚至對宗教改革初期的基督新教來說，國家教會的觀念一直偏屬主流；當執政者歸信或離教，又或當國土被異教者佔領擁有，民眾信仰亦會隨之改換。因此，政權的領土擴張或收縮，會直接影響基督宗教的版圖增減。在中世紀，歸屬基督宗教的政權與歸屬伊斯蘭教的政權持續爭戰，國界時刻遷移變更，難以盡數；在宗教改革前夕，較值得關注的，有以下幾方面的大型擴張和收縮。

a. 鄂圖曼帝國的入侵：土耳其鄂圖曼帝國自十四世紀興起後，版圖即不斷擴張，逐一佔據原歸屬基督宗教的地域。繼 1453 年攻陷東方正教的象徵性領導拜占庭帝國後，鄂圖曼帝國接連征服巴勒斯坦、阿拉伯、埃及、北非各處；十五世紀末，埃及最後兩片歸屬正教的國土努比亞（Nubia）和阿羅迪亞（Alodia）亦相繼落入伊斯蘭教勢力手中。鄂圖曼帝國不單侵佔歸屬正教地域，公教國家也深受威脅；繼 1526 年

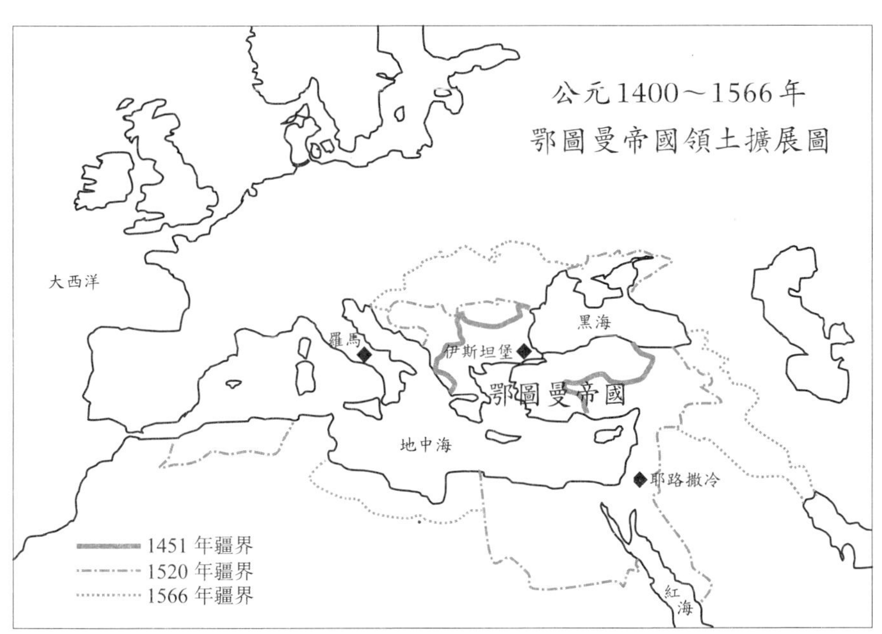

擊敗匈牙利後，鄂圖曼帝國又於1529年圍攻奧地利的維也納；其貪得無厭的入侵，使當時的神聖羅馬帝國皇帝查理五世疲於應戰。

b. 收復伊比利亞半島：現今屬西班牙和葡萄牙的伊比利亞半島（Iberian Peninsula）於八世紀初落入伊斯蘭教徒手中。雖然歸屬公教的領主持續反擊，惟進展一直緩慢。1236年哥多維（Córdoba）失守後，伊斯蘭勢力將政治重心南遷到格拉納達（Granada），持續頑強爭戰。此後，戰事拉鋸，互有勝負；直到阿拉貢國王斐迪南（Ferdinand II of Aragon，在位於1479～1516）與卡斯蒂利亞女王伊沙貝拉（Isabella I of Castile，在位於1474～1504）結合，夫婦二人組成及領導聯合王國，公教力量才於1492年完全擊敗格拉納達酋長國（Emirate of Granada），成功光復國土。

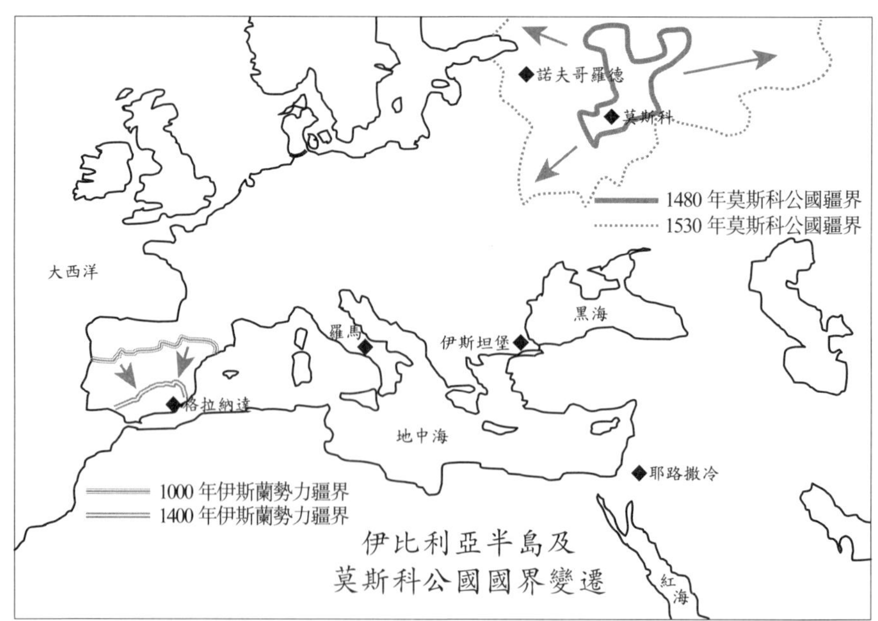

伊比利亞半島及
莫斯科公國國界變遷

c. 莫斯科公國的擴張：莫斯科早於十世紀已廣泛接納東方正教，惟其政治地位卻是在十四世紀才開始逐步冒升。1480年，在伊凡三世

(Ivan III，1440～1505)的英明領導下，俄羅斯人成功擺脱蒙古韃靼的轄制，成立強大而獨立的公國。此外，莫斯科公國(Grand Duchy of Moscow)且成功從敵對的立陶宛公國(Grand Duchy of Lithuania)手中，奪取北方比自身更大的諾夫哥羅德公國(Principality of Novgorod)，使國土瞬間擴大近7倍。隨著君士坦丁堡落入伊斯蘭教徒手中，莫斯科自稱「第三羅馬」；東方正教的信仰中心，也逐步轉移至此。

d. 海外各地征服行動：論到宗教改革前夕基督宗教的地域擴張，最大型的莫過於西班牙和葡萄牙的海外征服行動。隨著狄亞士、哥倫布、達伽瑪等航海家的海上發現，西班牙和葡萄牙開始與各海外民族往來。他們透過商船進行貿易，也在羅馬教宗的默許下，藉著軍艦侵略並瓜分世界各地。短短數十年間，中南美洲差不多全地落入兩國手中；此外，北美、非洲、印度、菲律賓也有多個城市或地域被佔據。1557年，葡萄牙人成功從明朝政權手中獲取澳門居留權，長駐澳門逾四百年。

5.1.2. 信眾人口的升降

在一般情況下，信徒數目會跟隨地區人口膨脹而自然增長；惟在宗教改革前夕的十四、十五世紀，以歐洲為根據地的基督宗教信徒數目卻出現輕微萎縮的情況，其原因頗多。當中較值得關注的，是始於1347年的黑死病(Black Death)，因這瘟疫而死亡的人數高達2,500萬，佔當時歐洲總人口達三分之一。由於瘟疫肆虐的絕大部分為公教或正教國家，信徒數目因而大減。此外，歐洲各國自相殘殺式的戰爭，也塗炭生靈；例如在1337年至1453年的英法百年戰爭期間，法國本土就有數以萬計人民在動盪時局裏死於饑荒、疾病、搶劫、戰亂。

a. 東方正教信眾增減：對東方正教來說，宗教改革前夕最嚴重的打擊，莫過於1453年拜占庭帝國的失陷；結果除有大量東正教徒在戰亂中身亡外，也有許多人在巨大政治壓力下被迫改投伊斯蘭教；幸而也有不少人成功逃到西歐或俄羅斯等基督宗教地區。在莫斯科公國的擴張興盛中，東正教信眾流失的情況得以緩和；惟在地方大而人口稀疏的現實環境下，東方正教的信徒增長率持續低於西方公教，使兩者在國際舞台上的差距日漸擴大，羅馬教宗的地位愈發獨大。

> 直至宗教改革前的 1500 年，全球東正教約有信眾 2,587 萬，羅馬公教則有約 5,001 萬；當時全球人口約 42,295 萬，基督宗教信徒約佔 17.94%。

b. 羅馬公教信眾增減：隨著西歐列強在十五世紀末成功收復伊比利亞半島，並透過航海遠征佔領遼闊土地，羅馬公教的信眾數目迅速回升。西班牙和葡萄牙政權在伊比利亞半島採用高壓政制，強迫當地的穆斯林和猶太人歸信公教；結果，數以百萬計羣眾受洗加入教會，數十萬拒絕皈依者被驅逐離境，因異端罪名遭處死的也成千上萬。相對於本土，在藉海外遠征而掠得的領土裏，西班牙和葡萄牙政權的宗教政策比較溫和；當中大部分都是藉修士們的宣教行動引導羣眾歸化，偶爾會得到當地社會福利政策上的誘因配合，大規模的壓迫並不常見。

5.2. 新舊兩教的轉移

雖然從現代宣教學角度而言，改教運動沒有大規模帶領異教徒歸信皈依，沒有直接使基督宗教增長擴大；然而，若單獨從公教或新教角度而言，此運動確實深深影響兩教的發展。宗教改革的成功，在於大批公教徒在運動中醒覺並支持改教。新教人數的增長，代表著公教信徒的減少；羅馬公教在後期奪回部分已失土地，也意味新教的擴張受挫；兩教有著此消彼長的反向關係。雖然此期間也有少數東正教徒接受改教思想，甚至有主教長路迦爾（Cyrillus Lucaris，1572～1638）意圖將新教信仰引進東方教會，惟以失敗告終；宗教改革思潮始終無法影響正教信眾。由於改教運動對東方正教的影響微小，故本節會集中探討西方公教與新教在宗教改革期間的角力與發展。

> 路迦爾曾先後出任亞歷山太和君士坦丁堡主教長。他早年曾於西歐廣泛遊歷，於瑞士接觸及認同改革宗信仰，故力圖推動正教與新教的對話聯合；惟此舉遭公教和正教異見者聯手敵擋，路迦爾最後更被判為異端。

5.2.1. 兩教領域的增減

馬丁·路德引發宗教改革之初，西歐基本上全是羅馬公教的天下；縱然有個別領袖發出改教呼聲，甚至有多人認同跟隨，從國家領地層面而言，也只屬邊緣小眾。惟有地方政權正式宣告支持改教，該處才算是新教領域。

在宗教改革初期，由於面積分別達 35 萬和 4 萬平方公里的德意志和瑞士都屬聯邦體制，由多位諸侯或市政府分疆治理，故縱有個別德意志選侯如智者腓勒德力和黑森的方伯腓力，或瑞士市議會如蘇黎世、巴塞爾、柏恩等選擇接受改教思想，這兩國只能算是部分地域歸屬新教。這時期最先真正成為新教國家的，是位處北歐的丹麥和瑞典，以及當時附屬這兩國的挪威和芬蘭。這些北歐國家雖然人口稀少，但國土廣大，合共逾 115 萬平方公里；其信仰改換，使近三分一原屬公教的歐洲領土，瞬間變成新教的基地。除此以外，位處東歐的波希米亞因早年經歷胡司的啟蒙，也有部分地區在改教初期已欣然皈歸新教。

在改教運動中段，除北歐以外，其他新教領土都出現爭持局面；例如公教曾藉著戰爭取回德意志部分城市如威登堡，瑞士則反過來有法惹勒和加爾文在日內瓦領導改革。雖然德意志和瑞士持續有地區改變信仰立場，但在這時期，最影響公教和新教領域增減的，要算英格蘭和蘇格蘭的改教運動。英格蘭自亨利八世於 1534 年通過「最高權威法」開始，即採納聖公宗體制；此後除瑪麗於 1553 至 1558 年在位期間曾復歸公教外，英格蘭一直都屬新教國家。而蘇格蘭則自諾克斯於 1560 年成功在國會通過傾向改革宗的信仰開始，即以長老宗為國教。這兩國面積雖不及北歐，佔地只約 21 萬平方公里，但信徒人口卻遠超之。除不列顛島兩國外，此時尚有法國布爾邦家族所控制的部分領域偏好新教，有大量活躍的預格諾派信徒。

在宗教改革晚期，真正地域面積上的改變已經不多，公教與新教出現爭持局面。例如法國在聖巴多羅買日大屠殺以後，新教羣體大遭逼迫，領土逐一被公教勢力奪去；又如東歐部分國家如波蘭等，曾掙扎是否接納新教信仰，最終卻因耶穌會的努力留在公教。這時期比較值得一提的，是荷蘭長達 80 年的宗教內戰，結果雙方於 1648 年簽訂閔斯特和約；和約規定，集中於北部的新教羣體和集中於南部的公教羣體，皆同享宗教自由。當時比利時隸屬荷蘭，荷蘭北部地域支持改教，新教領域又因此增加約 4 萬平方公里。結束改教運動的三十年宗教戰爭和雙方於

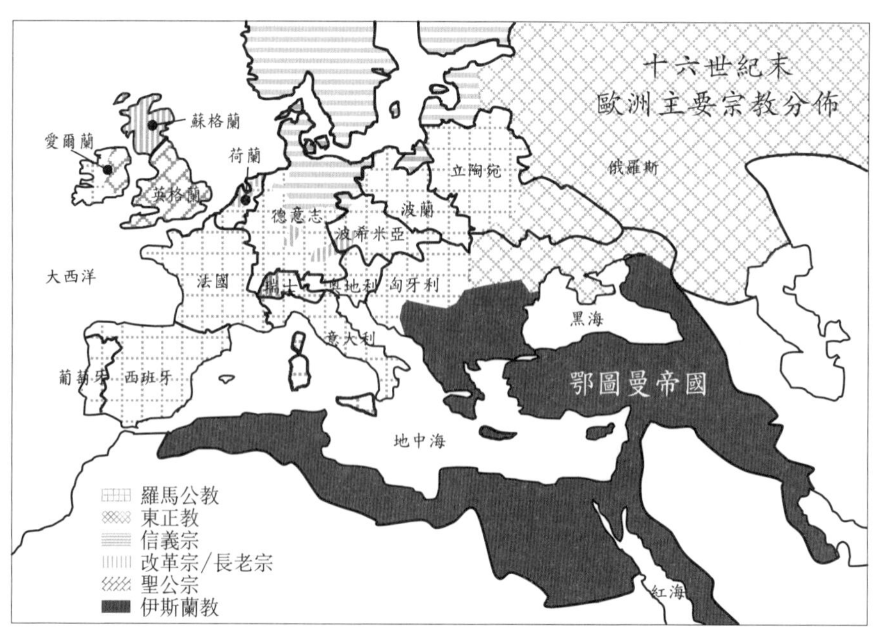

1648 年簽訂的威斯特伐利亞和約，基本上只是對公教與新教此前所獲得疆界的確認，對兩教的地域擴展沒有多少實質影響。

5.2.2. 兩教信眾數目的升降

宗教改革在歐洲爆發之時，國教觀念仍相當普遍；是故，公教和新教信徒數目的升降，幾乎與前述國家領域上的增減同步。在改教運動初期，主要影響新教羣體人數增長的地區，是德意志、瑞士、丹麥(連同挪威)、瑞典(連同芬蘭)和波希米亞。中段時期新舊兩教雖在全歐各地互相角力，惟影響信徒人數較關鍵的，是英格蘭和蘇格蘭。而到了改教運動晚期，兩教分佈相對穩定，當中對信眾人數起伏稍具影響的是荷蘭(連同比利時)的宗教內戰。

值得留意的是，雖然受國教觀念影響，新舊兩教的信徒數目升降，與國家領域增減幾乎同步，但數值變化幅度並非完全對等，當中有 4 個主要原因。第一，各國的人口密度差距頗大，國家面積大小未必與人口多寡成正比；例如瑞典面積是英格蘭的六倍，但人口卻只是後者的四分之一，人口密度相差達 24 倍。第二，並非所有國民均願意跟隨政權的信仰立場，每個國家均有不少人不依從國教；例如亨利八世將英格蘭國教轉為聖公宗，惟國內公教勢力一直龐大，他們正是瑪麗女王復辟羅馬公教的主要助力。第三，這時期尚有不少主張政教分離的宗派羣體，他們得不到政權支持，沒有任何國家領域以他們的信仰為國教，惟其信眾羣體卻持續擴大；當中包括信洗派、清教徒和浸信宗等，他們散佈全歐洲各處。第四，有不少事件如瘟疫戰禍只影響人口數目，卻不會改變地域面積；例如三十年宗教戰爭，公教和新教均死傷慘重，受影響最嚴重的德意志人口由約 15,000,000 急降至 10,000,000，法國由約 20,000,000 跌至 16,000,000。在計算信徒人數升降時，這些因素都必須一併考慮。

歐洲各主要地區於三十年宗教戰爭前的信仰狀況			
國家/地區	當時國土面積	當時國家人口	地區宗教情況
意大利	~ 300,000 km^2	~ 12,400,000	羅馬公教
西班牙	~ 510,000 km^2	~ 8,000,000	羅馬公教
葡萄牙	~ 90,000 km^2	~ 2,000,000	羅馬公教
奧地利	~ 80,000 km^2	~ 6,500,000	羅馬公教
法國	~ 640,000 km^2	~ 20,000,000	羅馬公教
波蘭	~ 300,000 km^2	~ 9,000,000	羅馬公教
英格蘭	~ 130,000 km^2	~ 4,400,000	聖公宗
蘇格蘭	~ 80,000 km^2	~ 1,300,000	長老宗
瑞典(芬蘭)	~ 780,000 km^2	~ 1,100,000	信義宗
丹麥(挪威)	~ 370,000 km^2	~ 1,200,000	信義宗
德意志	~ 350,000 km^2	~ 15,000,000	羅馬公教/信義宗/改革宗
瑞士	~ 40,000 km^2	~ 1,100,000	羅馬公教/改革宗
荷蘭(比利時)	~ 70,000 km^2	~ 2,000,000	羅馬公教/改革宗
波希米亞	~ 310,000 km^2	~ 8,000,000	羅馬公教/改革宗/信義宗
立陶宛	~ 320,000 km^2	~ 6,000,000	羅馬公教/東正教
匈牙利	~ 330,000 km^2	~ 4,000,000	羅馬公教/東正教/伊斯蘭教

5.3. 整體信眾的增減

雖然宗教改革所影響的，主要是基督宗教內部的轉變，大量公教徒改投新教；然而，因著歐洲列強的海上征服行動，羅馬公教得著前所未有的擴展機會。短短數十年間，新開展的宣教工作遍及美洲、亞洲、非洲各處；因此，羅馬公教雖因改教運動失去領土和信徒，但在海外宣教方面卻擴張了勢力，信徒人數甚至有明顯增長。與此同時，東正教亦因俄羅斯的持續擴張，人數得以上升。

5.3.1. 教會地域的擴展

中世紀航海的發展，主要是由於陸上絲路因伊斯蘭教勢力擴張而受阻；西方列強意圖巡海路打通往返遠東國家的路線，延續西方人民需求甚大、利潤可觀的香料、絲綢貿易，順道尋找機會與遠東國家聯手，打擊位處中部的伊斯蘭國家。當時最先推動航海的是葡萄牙王子亨利（Henry the Navigator，1394 ～ 1460）；在最初幾次於大西洋和西非的探險航程中，亨利的船隊意外發現多個島嶼和城邦，由此開展海外殖民佔據、資源開採的時代。此外，葡萄牙也與西非不同城邦進行黃金、奴隸買賣等貿易。

葡萄牙的航海發展於 1487 年出現突破，航海家狄亞士成功跨越非洲最南部的好望角，意味著進入印度洋的航道已被發現。隨後，另一航海家達伽瑪於 1498 年隨著狄亞士航經的路線，成功到達印度的卡利卡特（Calicut），海上絲路於此正式開通。此後，葡萄牙持續和強國進行貿易，對弱邦採取軍事佔領，由此日趨富強；短短數十年間，亞洲的澳門（Macau）、果阿（Goa）和東帝汶（Timor-Leste），非洲的安哥拉（Angola）、莫桑比克（Moçambique），還有南美的巴西（Brazil），均先後落入葡萄牙王室手中，成為其屬土。

葡萄牙的龐大海上貿易利益，吸引了光復國土不久的西班牙加入航海事業，意圖分一杯羹。西班牙於 1492 年開始多次資助哥倫布向西探險航行，結果發現美洲新大陸。西班牙的探險和征服行動，主要在中南美洲；他們先後打敗當時統治中美的阿特克帝國（Aztec Empire）和南美西岸的印加帝國（Inca Empire），成功控制今日墨西哥（Mexico）和祕魯（Peru）一帶。西班牙且持續向北、向南擴張；僅數十年間，美洲西岸北至今美國加利福尼亞州（California）、南至阿根廷（Argentina）的龐大領土，盡歸西班牙所有。

繼葡萄牙和西班牙後，歐洲較具實力的國家也陸續加入航海征服行列。1497 年，航海家卡巴特（John Cabot，約 1450 ～ 1500）在英格蘭的資助下，抵達紐芬蘭（Newfoundland）；1583 年，紐芬蘭正式成為英格蘭首個海外殖民地。自西班牙發現美洲新大陸後，英格蘭人也大量移居北美；1607 年以降，多個殖民區於東岸相繼建成，統稱為「新英格蘭」（New England）。與此同時，法國和荷蘭亦先後進駐北美，前者在今加拿大（Canada）魁北克（Quebec）區域建立「新法蘭西」（New France），後者則在今美國紐約一帶建立「新荷蘭」（New Netherland）殖民區。

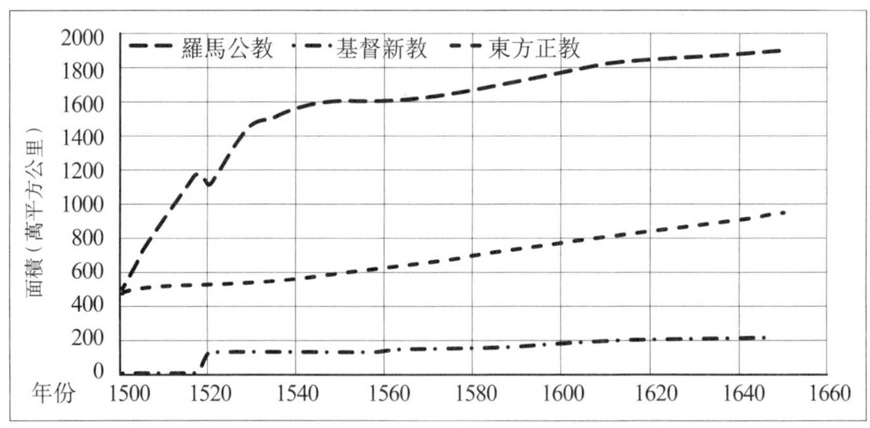

正當羅馬公教因葡萄牙、西班牙、法國的航海征服行動而擴展，基督新教也在英格蘭和荷蘭的殖民政策下有所增長，東正教此時亦因俄羅斯版圖大幅擴張而獲益。自從著名的伊凡四世（Ivan IV，1530 ～ 1584）於 1547 年獲封為沙皇（Tsar）後，莫斯科公國正式升格為俄羅斯沙皇國（Tsardom of Russia）。十六、十七世紀西歐進行改教運動期間，俄羅斯先後吞併 3 個由蒙古金帳汗國（Golden Horde）分解而成的小汗國，征服西伯利亞汗國（Khanate of Sibir），並奪取了烏克蘭（Ukraine）東部大片土地；使原本已相當龐大的國土再度倍增。

5.3.2. 信徒數目的增減

雖然在宗教改革期間，羅馬公教、東方正教和基督新教皆有不同程度的地域擴張，但並非所有新得領土的居民均願意立時皈依歸信；必須經過長時間的傳道宣教、社區見證，再配合有利的宗教政策，信徒人數才會逐步增長。

整體而言，羅馬公教面對經由航海發現或征服的新民族，宣教工作算是非常積極。1492 年哥倫布向西發現新大陸，翌年已有西班牙宣教隊伍抵達海地（Haiti）；達伽瑪於 1498 年經好望角前赴印度，途經肯雅（Kenya）時已有首位當地信徒歸化。1517 年宗教改革爆發以前，葡萄牙的宣教工作已先後擴展至巴西、剛果（Congo）、南非（South Africa）、坦桑尼亞（Tanzania）、莫桑比克、阿曼（Oman）、東帝汶、星加坡（Singapore）、馬來西亞（Malaysia）等；與此同時，西班牙的宣教亦延伸到牙買加（Jamaica）、古巴（Cuba）、哥倫比亞（Colombia）、委內瑞拉（Venezuela）、巴拿馬（Panama）、千里達（Trinidad）和哥斯達黎加（Costa Rica）等地。

雖然羅馬公教於改教運動爆發後在歐洲本土面對著嚴峻的挑戰，但宣教活動並未因此減慢；相反，耶穌會的興起更為公教增添一羣具學問素養、投入委身的傳道精兵，大大提升這時期海外宣教的力量。在 1517 至 1648 年這宗教改革動盪時期，羅馬公教新開拓的宣教地域按先後順序有現代的尼加拉瓜（Nicaragua）、墨西哥、菲律賓（Phillippines）、巴拉圭（Paraguay）、危地馬拉（Guatemala）、洪都拉斯（Honduras）、薩爾瓦多（El Salvador）、美國（America）、厄瓜多爾（Ecuador）、阿根廷、越南（Vietnam）、祕魯、加拿大、孟加拉（Bangladesh）、玻利維亞

(Bolivia)、馬達加斯加(Madagascar)、智利(Chile)、日本(Japan)、圭亞那(Guyana)、泰國(Thailand)、柬埔寨(Cambodia)、津巴布韋(Zimbabwe)、南韓(South Korea)、烏拉圭(Uruguay)、中國(China)、不丹(Bhutan)和寮國(Laos)等。

隨著荷蘭和英格蘭的航海事業興起，基督新教也在改教運動晚期出現數個小規模的宣教行動。當中包括荷蘭控制的聖海倫娜(St. Helena)、蘇利南(Suriname)和毛里裘斯(Mauritius)，以及英格蘭的巴巴多斯(Barbados)和安提瓜(Antigua)。與此同時，東正教亦因俄羅斯的擴張，信徒人數得以上升，不少原本由蒙古韃靼管治的民族逐一被同化。根據宣教學大師巴列特(David B. Barrett)在《世界基督教趨勢》(*World Christian Trends*)的統計，自公元 1500 至 1650 年期間，羅馬公教雖經歷改教運動和三十年宗教戰爭，導致信徒數目流失，信徒人數仍由 50.01 百萬上升至 60.10 百萬，增長率為 20.2%。東正教徒數目由 25.87 百萬升至 33.18 百萬，增長率達 28.3%。此外，基督新教人數亦於改教運動末期達 19.56 百萬，成為繼公教和正教以後，另一個不容忽視的強大信眾羣體。

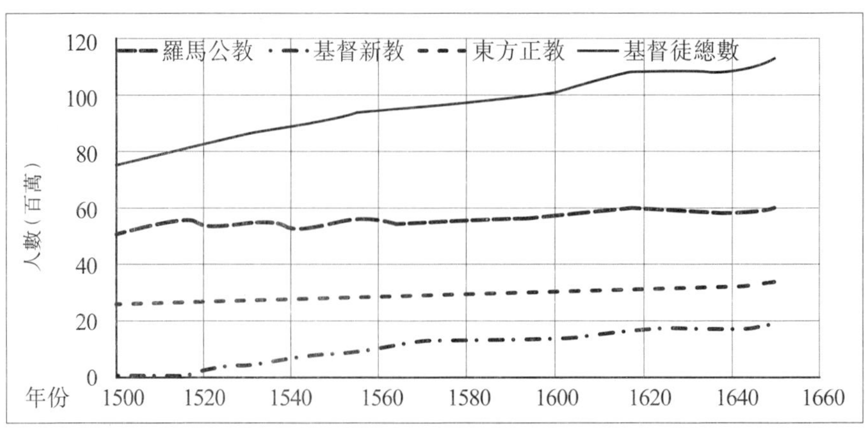

5.4. 公教在華的成敗

自十五世紀開始，歐洲列強遍及世界各地的航海事業，也逐步擴展至中國。早在唐朝和元朝時期，基督宗教已曾入華，當時分別稱為「景教」和「也里可溫教」；惟蒙古韃靼被逐、明朝成立以後，基督宗教即在中土消失。明清時期的天主教，可謂重新開始傳教；領導此次入華的，是每位會士均委身虔敬、學養出眾的耶穌會。耶穌會中最早遠赴重洋、承擔宣教使命的方濟各．沙勿略雖未能成功進入中國，但其修會後人卻接踵而來。隨著歸信公教信仰的葡萄牙人於 1557 年獲得澳門的居留權，該處便成為耶穌會亞太區的傳教基地兼培訓中心。

> 「天主教」即羅馬公教。傳統相信中譯名稱源自耶穌會士利瑪竇與禮部尚書徐光啟的商討，取自《周禮》「至高莫若天、至尊莫若主」，稱所信的獨一上帝為「天主」；該名稱後得羅馬教廷確認採用。

5.4.1. 明末公教的成功

為羅馬公教在華傳教事業帶來突破的是范禮安（Alessandro Valignano，1539 ~ 1606），他早於 1573 年已被耶穌會差派督導東亞各地的宣教。1578 年於澳門短暫停留期間，范禮安體會到學習中文對內地傳教的重要性，遂去信呼籲修會安排有能之士承擔此任。其後，深具語文恩賜的羅明堅（Michele Ruggieri，1543 ~ 1607）和利瑪竇（Matteo Ricci，1552 ~ 1610）相繼來華，專研漢語文法、風俗和典籍。羅明堅於 1579 年抵達澳門，經歷多次挫敗，終在 1582 年得兩廣總督允准於肇慶逗留。他是明朝採取閉關政策時期，首位成功踏足中土的西教士，也是利瑪竇早期在華事奉的啟導者。

利瑪竇原於印度果亞事奉，1582 年奉召轉到澳門學習華文，1583 年隨羅明堅抵達肇慶；此後，他接連北上，先後到韶州、南昌和南京等地；最後，於 1600 年成功以進貢之名進駐北京，獲明神宗允准居留。利瑪竇在華期間，嘗試以學、以德會友，藉著介紹西方文明科學和顯露高尚品格，結識各地達官貴人，廣獲儒生文人尊重。明室政權亦因之對教士加以重用，特別委任教士專責欽天監的修曆工作。因著出眾的才學修養，利瑪竇成功帶領多人歸主；入京僅短短 3 年，已見 200 多人歸信；到 1610 年他離世時，全國已有天主教徒逾 2,500，當中包括被譽為「中國開教三大柱石」的徐光啟、李之藻和楊廷筠。

利瑪竇為意大利耶穌會士，以合儒、補儒、超儒策略向中國文人傳道，成功開啟中國福音大門，同時又翻譯許多中外論著，促進東西文化交流，是天主教在華傳教史上最重要的人物。

此後，耶穌會續有郭居靜（Lazzaro Cattaneo，1560～1640）、龍華民（Nicolò Longobardi，1559 ～ 1654）、羅如望（João da Rocha，1565 ～ 1623）、龐迪我（Didace de Pantoja，1571 ～ 1618）和熊三拔（Sabatino de Ursis，1575～1620）等多位著名教士東來。1616 年，中國的天主教會被親佛教的禮部侍郎沈㴶誣告，遭遇長達 3 年的南京教難。期間有教士受刑被殺，其餘多人被捕入獄，或被驅逐出境。然而事件過後，傳教士很快重獲信任和肯定；湯若望（Johann Adam Schall von Bell，1591～1666）更得崇禎皇帝寵信重用，除領導編撰《崇禎曆書》外，更受命在動盪之秋設廠鑄炮；在湯若望的傳道見證下，明室中信道者日增。據統計，明朝崇禎於 1628 年登基之初，全國有信徒 38,000；到明朝亡國時，中國天主教徒已逾 10 萬。除雲南和貴州外，全國各省均有傳教士進駐，有天主教堂設立。

湯若望是德國耶穌會士，在明末主理欽天監工作。清兵入關後，湯若望續獲清廷重用。惟順治死後的曆獄使他無辜遭判罪，鬱鬱而終，死後 3 年才獲康熙平反。

值得一提的是，李自成於 1644 年率闖軍入京、崇禎帝自縊身亡後，明朝皇室及官員大舉南逃，建立南明共 18 載。期間永曆帝於 1646 年在教徒瞿式耜等人的擁立下登位。此時，宮廷內外入教者甚眾，兩位皇太后、皇后、皇太子，連同許多妃嬪、大官、太監、宮女，均在 1648 年領洗加入教會。南明寧聖慈肅皇太后且去信西方羅馬教宗，祈求得蒙垂念、召派軍馬救援，以助對抗清兵、光復明室。惟當時歐洲三十年宗教戰爭剛剛結束，西方信奉公教的列強均元氣大傷，無力出兵援助。1661 年滿清大軍南下清剿，翌年永曆帝父子連同眷屬 20 多人同日被殺，南明正式告終。與此同時，天主教也失去使中國全國歸主的大好機會。

1650 年南明寧聖慈肅皇太后致羅馬教宗英諾森十世書

大明寧聖慈肅皇太后烈納致諭於因諾曾爵（即印諾生）代天主耶穌在世總師、公教皇主聖父座前。竊念烈納本中國女子，忝處皇宮，惟知閫中之禮，未諳域外之教。賴有耶穌會士瞿紗微，在我皇朝敷揚聖教，傳聞自外，予始知之。遂堅信心，敬領聖洗，并使皇太后瑪利亞、中宮皇后亞納及皇太子當定（公斯當定）并請入教領聖洗，三年於茲矣。雖知瀝血投誠，未獲涓埃答報。每思恭詣聖父座前，親領聖誨，茲遠國難臻，仰風徒切。伏乞聖父在天主前憐我等罪人，去世時特賜罪罰全赦。原望聖父與聖而公一教之會，代求天主，保佑我國中興太平，俾我大明第十八代帝太祖第十二世孫主臣等悉知敬真主耶穌，更冀聖父多遣耶穌會士來，廣傳聖教。如斯諸事，俱維憐念。種種眷慕，非口所宣。今有耶穌會士卜彌格，知我中國事情，即令回國，致言於我聖父前。彼能詳述鄙意也。俟太平之時，即遣使官來到聖伯多祿、聖保祿台前，致儀行禮。伏望聖慈，鑒慈愚悃，特諭。

永曆四年十月十一日

朱印「寧聖慈肅皇太后寶」

5.4.2. 清初公教的挫敗

1644 年吳三桂引清兵入關，清兵入京後多爾袞諭令京城居民讓出東、中、西 3 區供滿人居住。湯若望為保存《崇禎曆書》的木刻而上疏請求留住原處，多爾袞恩准，且任命湯氏為清廷首任欽天監監正。湯若望學識出眾，深得多爾袞和順治信任。惟西教士主理欽天監，自始即有聲稱維護傳統中國曆法的官員嫉妒和反對，當中包括楊光先等人。他們著書《闢邪論》、《不得已》等散佈謠言，誣告西教士潛謀造反、邪說惑眾、曆法荒謬。順治於 1661 年英年早逝，一直反對洋人參政的輔政大臣鰲拜等當權；楊光先等人趁機上書陷害西教士，由此引發 1664 年的曆獄。湯若望等被捕入獄，奉教官員多遭革職或處死；清政府且下令禁教，教士受刑，多人殉道。直到素知西教士貢獻、有意平反冤案的康熙於 1669 年正式親政掌權，對天主教會的迫害才告休止。康熙且將楊光先等人革職懲處，任命教士南懷仁（Ferdinand Verbiest，1623～1688）出任欽天監監正；惟為免引起民憤，由曆獄引起的禁教，到 1692 年康熙政權鞏固後，才全面解除。

南懷仁是比利時耶穌會士，1658 年來華，1660 年奉召到北京協助湯若望。1669 年獲康熙任命接掌欽天監，積極游說清廷解除禁教，勤於傳道與寫作，1688 年於北京逝世。

原本康熙對西教士的觀感相當正面，對天主教在華工作也予以肯定；惟十七世紀中葉，由道明會士和方濟會士挑起的禮儀之爭，卻使原本光明的前景，再次變得暗淡。耶穌會一直容許中國教徒祭天、祭祖、祀孔，利瑪竇認為中國人的祭天實乃對真神的敬拜，而祭祖祀孔則只屬對先輩哲人的緬懷和景仰，只要不涉及祈求或迷信，與天主教教義並不相違。這「利瑪竇原則」一直為大部分耶穌會士認同和信守。然而隨後東來的道明會士和方濟會士卻非如此理解，他們且向羅馬教廷控告耶穌會士賣教求榮，縱容中國信徒偏離公教傳統。羅馬教廷的立場搖擺不定；1645 年，教宗英諾森十世（Innocent X，在位於 1644～1655）接納道明會士意見，發佈通諭禁止中國教徒祭祖祀孔；1656 年，新任教宗亞歷山大七世（Alexander VII，在位於 1655～1667）則聽取耶穌會士申辯，准許會士繼續按照「利瑪竇原則」處理中國教徒祭祀事宜。

真正使中國禮儀之爭白熱化的，是立場強硬的教宗革利免十一世（Clement XI，在位於 1700 ～ 1721）。雖然當時歐洲輿論普遍認為，儒家思想只屬哲學而非宗教，但革利免卻堅持儒家的祭典不符合公教信仰。1705 年，教宗派遣特使鐸羅（Charles-Thomas M. de Tournon，1668 ～ 1710）覲見康熙，表達教廷有關禁止中國教徒祭祖祀孔的決定。康熙甚為不滿，遂於 1706 年頒令西教士必須服從中國禮儀，才可在境內傳教。1707 年，鐸羅不顧在華傳教士反對，於南京公佈革利免的禁令，聲明違者將被逐出教會；康熙聞訊大怒，下令將鐸羅驅逐到澳門。為向羅馬教宗澄清中國禮節問題，康熙特派法籍耶穌會教士艾若瑟（Antonio F. G. Provana，1662 ～ 1720）前往羅馬向教宗解釋；惟革利免沒有理會艾若瑟的陳述。

1715 年，革利免更頒佈措詞強硬的《自登基之日》（*Ex Illa Die*），不單禁止中國教徒參與祭祖祀孔此春秋二祭，不得入孔廟或祠堂行禮，更禁止教徒在家中或墳前弔喪，就是在家中擺設有靈位字樣的神主牌也不行。教廷且要求所有中國傳教士簽署誓言遵守有關禁令，違者將被革職懲處，並交宗教裁判所審理。1720 年，教廷派遣特使嘉樂（Carlo Ambrogio Mezzabarba，1685 ～ 1741）來華，公佈《自登基之日》；康熙細閱此教諭後震怒不已，憤然下令禁教。惟康熙素來對耶穌會服事真誠欣賞，故在位期間從未確切執行禁教，相反還給在華供職的耶穌會士崇高禮遇。然而，隨後繼位的雍正、乾隆等，卻以奉守先皇遺令的心態嚴厲禁教，天主教在華的傳道事業惟有轉為暗中進行。根據統計，清初 1664 年曆獄前，中國的天主教徒已達 15 萬；雖然遭到禁教，但華人信徒的數目並沒有減少，相反還緩慢增長。據估算 1800 年祕密聚會的教徒約有 25 萬，到 1840 年則增至 30 萬。清廷的禁教持續，直到 1860 年簽訂《北京條約》才告解除；而羅馬教廷對祭祖祀孔的禁令，則到 1939 年才正式撤消。

嘉樂對康熙的請求
一件求中國大皇帝俯賜允准，著臣管在中國傳教之眾西洋人；一件求中國大皇帝俯賜允准，中國入教之人，俱依前歲教王發來條約內禁止之事。
康熙的禁教回覆
爾教王所求二事，朕俱俯賜允准。但爾教王條約與中國道理，大相悖戾。爾天主教在中國行不得，務必禁止。教既不行，在中國傳教之西洋人，亦屬無用。除會技藝之人留用，再年老有病不能回去之人，仍准存留，其餘在中國傳教之人，爾俱帶回西洋去。

國教式宣教的優點與弊病

一直以來，華人教會都強調個人決志，認為信仰是個人的抉擇，不應受他人驅使或阻止。然而，回顧 2000 年的基督教會史，絕大部分情況是羣族式歸信，大多數信徒是因基督教乃國教而皈依；這情況不獨在羅馬公教和東方正教常見，在改教時期的基督新教也未有明顯改變。雖然此時信洗派、清教徒、浸信宗等自由教會興起，但信眾所佔比例要到十八世紀才開始逐步增長。在宗教改革時段，國家或地域教會始終是主流。此外，各國因航海征服而展開大規模宣教，由此，教會人數增長更是與國家獲取新領土息息相關。與個人式決志歸信相比，國教式宣教究竟有何優劣？是否在今時今日已不再合宜？

一、國教式宣教的優點：國教式宣教的最大優點是信徒增長的成效甚高，只要一國、一族的領導者接受基督信仰，整個國家或民族都會隨著歸信。現今中國內地出現一些全族或半族歸主的少數民族，皆是這種形式宣教的成果。對個別信徒來說，這種宣教可大大減低適應的困難，初信者無須面對未信親友的反對，或異教社會文化的衝擊，信仰成長路途可謂相對平坦；在伊斯蘭世界，這種初信者的適應困難有時非常嚴重。此外，既為國家政權所認同的宗教，教會自然會獲得更好的社會資源，以作福音傳播、信眾聚會和社會服務之用；港英政府早期接受香港某些教會以一元購地建堂，正是當中的受惠例子。最後，國教式宣教能以基督信仰轉化當地文化，減少文化衝突醞成的問題；滿清時期因禮儀之爭造成的禁教，正是這種文化衝突的具體案例。

二、國教式宣教的弊病：國教式宣教最為人抨擊的，是信徒的靈命難有保證；就如今日許多歐洲公教國家的信徒自小接受嬰兒水禮，平日卻從不參與教會聚會，只在節慶、紅事、白事往教堂走一趟；這些人莫説委身成為門徒，就算是否真誠信主也成疑問。國教式宣教經常伴隨著西方列強的軍事侵略，這些歷史日後會成為教會備受攻擊的根據；中共一直宣傳基督教是帝國主義侵華的工具，所強調的正是這些侵華歷史和不平等條約。同時，國教式宣教依附當權勢力，這難免存在政權轉換的隱憂，新政權對舊政府的敵視，可能會牽連到教會；明朝漢人推翻元朝，結果受蒙古韃靼優待的也里可溫教也被摒棄，正是一例。最重要的，是這種宣教模式已不合時宜；現今世界講求人權自由，民眾無須跟隨當政者皈依歸信，除少數強調集體性的民族羣體外，國教已變得意義不大。

究竟國教式宣教與個人式決志孰優孰劣，很難一概而論，要視乎時代文化、羣族特性和宣教神學而定。然而必須指出的是，個人式決志並非惟一的選擇，也非惟一合乎聖經與傳統的傳道方式。今日華人教會普遍強調個人決志，但這種決志的聖經基礎有多強？主耶穌頒佈的大使命，是使萬民作主的門徒；單單口頭決志是否已足夠？曾經決志的人是否就等著上天堂？相信華人教會在宣教神學上，還需更多進深思考。

溫習及思考問題

1. 試歸納本章內容，在下表填寫東西方教會於宗教改革之前地域和人數的增減情況。

	羅馬公教		東方正教	
	事件	增/減	事件	增/減
地域範圍	______ 收復伊比利亞半島 ______	______ 增加 ______	______	______
信眾人口	______ ______	______ ______	______ ______	______ ______

2. 試參照本章內容，在下表填寫東西方教會於各時代增加或減少的地域範圍。

時代	羅馬公教		基督新教		東方正教	
	增加地域	減少地域	增加地域	減少地域	增加地域	減少地域
改教初期 1500～1530	______ ______ ______ ______	______ ______ ______ ______	______ ______ ______ ______			
改教中期 1530～1560	______ ______	______ ______	______ ______	______	______ ______ ______	
改教晚期 1560～1650	______ ______ ______ ______ ______ ______	______	______ ______ ______	______		

3. 試在下列圖表上標示基督宗教各教派地域面積升降的原因。

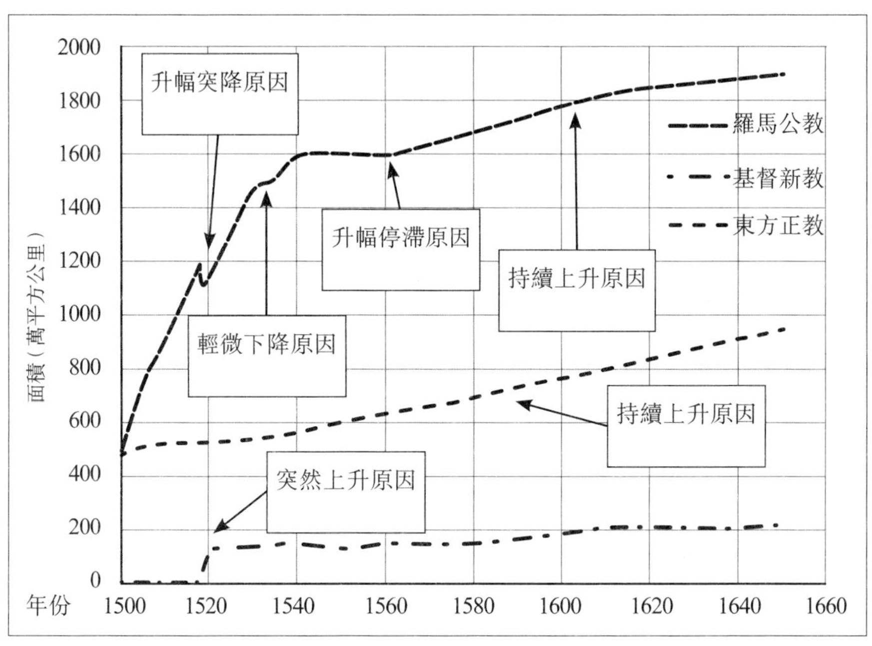

4. 試在下列圖表上標示基督宗教各教派人數轉變的原因。

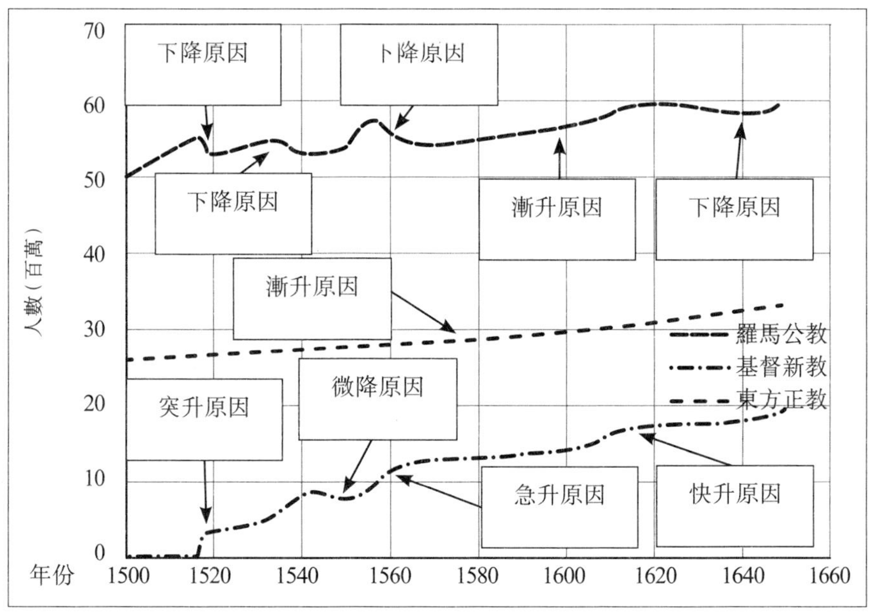

5. 請簡述下列人物或事件對天主教在華傳道事業的影響。

朝代	事件	影響
人物	范禮安	
	羅明堅	
	利瑪竇	
	湯若望	
	南懷仁	
	鐸　羅	
	嘉　樂	
事件	南京教難	
	曆　　獄	
	禮儀之爭	

6. 宗教改革時期各教派在地域和人數上的轉變，對你有何啟發與提醒？

7. 從明清天主教在華的興衰，你學到甚麼有關宣教傳道的教訓？

進深閱讀書目

穆啟蒙編著：《中國天主教史》。侯景文譯。台北：光啟，2004。

鐘鳴旦、杜鼎克編：《耶穌會羅馬檔案館明清天主教文獻》。台北：利氏學社，2002。

Hsia, R. Po-chia. *Reform and Expansion, 1500～1660*. Cambridge/New York: Cambridge University Press, 2007.

Wandel, Lee Palmer. *The Reformation: Towards a New History*. Cambridge/New York: Cambridge University Press, 2011.

屬靈傳統

所謂「屬靈傳統」(Spiritual Tradition)，是指信徒羣體屬靈追求的方向和特色。在過往2000年的教會歷史裏，各宗派羣體皆有不同的屬靈追求重點，當中可大略分為：強調為主犧牲的捨己屬靈傳統；注重安靜默想的默觀屬靈傳統；呼籲虔守禮儀的聖禮屬靈傳統；高舉真理教導的聖道屬靈傳統；力求離罪成聖的聖潔屬靈傳統；正視社會公義的正義屬靈傳統；追求聖靈彰顯的靈恩屬靈傳統。這些傳統各具神學依據，獲不同信徒羣體支持；它們各有特色，能互相補足，故有時某些信徒羣體會同時擁抱多個傳統。在宗教改革爆發的十六、十七世紀，東正教較著重默觀屬靈傳統，羅馬公教偏好聖禮屬靈傳統，而基督新教則轉向聖道屬靈傳統。由於本書以華人新教徒為主要對象，加上筆者在前書《築樓蓋頂——中世紀教會縱橫談》已曾介紹正教與公教的傳統，故本章會較多探討基督新教屬靈追求的關注核心。

6.1. 公教的屬靈背景

要準確掌握改教運動對信徒之屬靈追求的影響，就得先認識此前羅馬公教屬靈觀的主要特色。這些特色絕大部分是中世紀傳統的延續，只是在腐敗教廷的領導下，變得愈發偏離正道。部分有助教廷獲取利益的元素，如教宗的權威、贖罪券的功效，就被誇大；部分有機會妨礙教廷管治的元素，如聖經的普及、真理的教導，就被嚴加規限。改教家致力糾正的，正是這些偏差錯謬。

6.1.1. 善功與修道操練

羅馬公教強調人類墮落後已無力自救，因此救贖必須由神開始，然後人要與神合作才能得救。過程中，神首先賜下恩典；人藉著重生，罪得赦免，重獲行善的能力。此後，人若以善功（merit）積極回應，就會獲賜更大的恩典，如此不斷重複延續，善功與恩典同步增添，直到最終稱義成聖、獲得永生。基於這救贖觀，中世紀信徒皆努力積賺善功，以之作為信仰追求的目標和方向。

善功又譯為功德，是指人因其善行而得的報償。中世紀神學將適合的（congruent）和應受的（condign）報償分開；前者指人本來達不到善功的標準，而神卻本於恩慈作出賞賜；後者指神本於嚴格的標準論功行賞。對於一般信眾而言，他們所積的善功多屬適合的報償；只有為主殉道一類的偉大行動，才可歸類為應受的報償。

對於何謂善功，羅馬教廷並沒有為此詳列清單，然而卻以七項原則作為基本指引。1）善功必須為道德上之良善，是在神恩典的幫助和啟發下自發實踐；2）善功應出自道德上的自由，甘心樂意，而非出於任何外在或內在的脅迫；3）善功當出於神的恩典，是屬靈屬天的，超越人本性的德行；4）人行善功的動機、目標和結果都是屬靈的，需要信心與愛心；5）實踐善功者必須為在世寄居者，肉身死後就不再積聚善功；6）實踐善功者必須已蒙恩信主，因為惟有在基督裏的信徒才能結出善果；7）善功除了本身的價值，其屬天的賞賜還要視乎神的評價。

在這種界線模糊的原則下，許多與信仰相關的行為都被視為善功，成為信徒屬靈追求的方向。中世紀廣大信眾最常用來積賺善功的行為有：謹守教會法規、殷勤參與彌撒、定期告解補贖、廣施慈惠救濟、金錢捐獻教堂、教會義務事奉、關懷孤兒寡婦、照顧貧病老弱、親往聖地朝拜、走訪各處聖堂、誠心走拜苦路、敬奉聖髑聖物，以及念誦大公經訓等。這些善功的具體實踐模式，會因應羣體、地域和時代的演變而略有不同，部分甚至頗具民間宗教的迷信色彩。

除一般信眾對善功的追求外，中世紀還有很強的修道傳統，當中修士們以終身的苦修操練和委身服事，努力積賺善功、討神喜悅。在宗教改革前的中世紀，羅馬公教有許多不同類別的修會，當中較著名的，有強調安靜默想、盡量遠離人羣的退隱修會；有注重委身基督、積極見證傳道的托缽修會；有文武兼備、立志保護朝聖客旅的修道武士團；此外，還有身兼教堂聖職、同時操練修道的詠禮修會。

公教的修會普遍強調規律的羣體生活，修士們在共同規章的指導下一起生活，共同建立敬虔愛主、見證真神、捨棄自我、全然順服、追求善功、彼此服事的屬靈羣體。修士們每天按照祈禱時刻（Canonical Hours）進行經課，並依從上級的安排實踐各種勞苦服事和屬靈操練，當中較具特色的是以靈閱（*Lectio Divina*）方式默念聖道，以敬虔開放的心，透過閱讀（*Lectio*）和默想（*Meditatio*）、祈禱（*Oratio*）、默觀（*Contemplatio*），深化對聖經和教父著作的體會，藉此與神靈交對話。中世紀的修會雖各具特色，但大部分均努力追求靈性操練、委身愛神，是公教信眾中敬虔的屬靈典範。

中世紀羅馬公教的修道團體		
修道類別	修道特色	代表性修會
退隱修會 Monastic Orders	修士留住遠離社區的修院，自耕自足，強調安靜默想的操練。	本篤修會（Benedictines） 克呂尼修會（Cluniacs） 熙篤修會（Cistercians）
托缽修會 Mendicant Orders	修士進入人羣中傳道見證及服事，憑信心仰賴信眾的捐獻供應。	方濟會（Franciscans） 道明會（Dominicans） 奧古斯丁修會（Augustinians）

修道武士團 Military Orders	修士立誓保護朝聖客旅免受伊斯蘭勢力攻擊，並有基本修道操練。	醫院武士團（Hospitallers） 聖殿武士團（Templars） 條頓武士團（Teutonic Knights）
詠禮修會 Canons Regular	修士皆為聖職人員，立誓在承擔教堂職務之餘進行修道操練。	維克托修會（Victorines） 普里蒙特利修會（Premonstratensians） 吉栢特修會（Gilbertines）

6.1.2. 聖禮與恆守聚會

羅馬公教相信，教會是基督與信眾間的中保，是神賜下恩典的媒介。因此，每一信徒都要透過教會認識真理，從她獲取靈命上的滋養；反之，與教會分離，則不單有違神的心意，且等同與神隔絕。作為信仰上的中保，教會透過恆常舉行彌撒來滋養信眾的靈命。有別於基督新教的主日崇拜，中世紀羅馬公教視彌撒為獻祭，是舊約祭祀禮儀的延續，由聖職人員擔任的司祭為信眾獻祭贖罪，尋求神的恩澤。惟不同的，是教會的彌撒所獻上的不是牛、羊這等牲畜，而是藉著耶穌基督在十字架上的犧牲，一次成就永遠的贖罪。羅馬公教宣稱，這種獻祭有真實的贖罪功效，不單為活著的信徒帶來補贖，也恩及在基督裏死了的靈魂。

除了彌撒，教會滋養信眾的另一主要途徑是各種聖禮。在 1439 年舉行的佛羅倫斯會議（Council of Florence）上，羅馬公教確認七聖禮說，以水禮（Baptism）、堅振禮（Confirmation）、聖餐禮（Eucharist）、告解補贖禮（Penance）、臨終膏油禮（Extreme Unction）、授聖職禮（Orders）和婚禮（Matrimony），為教會恆常奉守的主要聖禮。

> 「聖禮」（sacraments）源自拉丁文 *sacramentum*。教會傳統強調聖禮必須具備 3 個元素：以物質作材料（*materia*），以聖道作形式（*forma*），以及按照教會標準施行聖禮的施禮者（*persona ministri*）。羅馬教廷堅持，只有由公教聖職人員施行的聖禮才有效；由此引申出「教會以外無救恩」的教義。

當中水禮使人重生，得著屬靈生命；堅振禮助人在恩典中成長，堅固信心；聖餐禮是屬靈的食糧，滋養靈命；告解補贖禮醫治因犯罪而朽壞的靈性；臨終膏油禮給予人離世前的最後醫治；授聖職禮有助教會在屬靈上增長；而婚禮則使教會人數加添。按照羅馬公教的神學教義，聖禮是塑造、滋養和醫治信徒屬靈生命所必需的；與聖禮隔絕就等同與神的恩典隔離，不單難以再積賺善功，連已有的救恩也會變得岌岌可危。

除經常性的彌撒和聖禮外，中世紀羅馬公教還有大大小小許多宗教節期，以及相應的教會活動。當中最重要的是以教會年曆形式，周而復始地記念主耶穌的生平事迹，包括慶祝主降生的聖誕節（Christmas）和此前的將臨期（Advent），記念主顯現為彌賽亞的主顯日（Epiphany），同頌主耶穌死而復活的復活節（Easter）及作預備的大齋期（Lent），還有慶祝聖靈降臨的五旬節（Pentecost）。此外，公教還有許多記念「聖人」的節日，這些聖人包括耶穌的母親馬利亞、眾使徒，及著名的殉道士、主教或修士。在宗教改革前夕，教會由歲首到年終，幾乎天天都有不同節慶；惟部分節期乃根據神話傳説而設，有導人迷信之嫌。

6.2. 改教的信念轉化

在幼年的成長歷程中，路德一直依從羅馬公教的教導，努力進行各式各樣的屬靈追求。出生翌日，路德即被送到鄰近的聖彼得教堂領洗。跟普遍中世紀孩童一樣，他每週跟隨父母上教堂，學習各種崇拜儀文。然而，公教強調的震怒的上帝、來自父母的嚴厲管教、學校老師的體罰責打，都使路德心中充滿焦慮和恐懼。在一次雷電交加之際，路德身旁大樹被雷電劈中，他在死亡陰影下立誓修道；雖然遭到父母親人強烈反對，但因懼怕違背誓言後遭神懲罰，路德依然選擇放下學業、進入修院。在修道院裏，路德過著嚴格、規律的生活，每日 7 次到聖堂祈禱、背誦詩篇。不單如此，他對教廷有關積善功、求赦宥的教義深信不疑。

為除去對於惹神憤怒的恐懼，他加倍刻苦、嚴格操練、折磨己身。縱然如此，路德內心的鬱結仍揮之不去，對神的恐懼始終強烈。直到 1515 至 1516 年間，路德在威登堡大學教授羅馬書和加拉太書，並從保羅書信和教父著作中認識因信稱義的教理，長久以來對神的恐懼才頓然消失，內心積壓的捆鎖也隨即得著釋放。因著個人的深刻經歷，路德親身領悟到羅馬公教的偏差錯謬，其所教導的屬靈追求不單無法救助人脱離困境，還使人驚懼困擾、身心受盡煎熬。是故，由路德引發的宗教改革，不單著重在神學和教制上進行改革，也主張在屬靈追求上轉換方向。

6.2.1. 對公教傳統的否定

基於對惟獨信心、惟獨恩典的強調，路德和一眾改教家一致否定羅馬公教有關善功的要求。路德解釋，過往他一直被灌輸「神的義彰顯，是要懲罰罪人」，因此懼怕且厭惡神的義；然而透過研讀聖經，他漸漸明白到神的義所指的，是義人藉著神的恩典得生，神因著基督徒的信心稱人為義人。按此，人不能透過善功賺取「義」，只能憑著信心領受神的恩典。自此，路德質疑過往羅馬公教所推崇的善功行為，對彌撒守夜、禁食禱告、苦修操練、朝聖積德、告解補贖等，皆抱持批判態度。

承接路德對公教善功教義的抨擊，改教家大都認為善功並非得救所必需。在著名的《基督教要義》中，加爾文就宣稱，人的得救與善行，完完全全出於神的恩典與作工，人在其中毫無功勞可言；他指出：「除非祂完全更新我們，否則人心完全無力行善，我們萬萬不可再竊取惟獨屬主的功勞。神使我們歸正、熱心為善，將我們的石心換成肉心，使我們原有的意志被新的意志取代，這一切都是出於神」。因此，神是一切善功的源頭，即使是信心和堅忍，也是神白白的恩賜；在神的恩典以外，人毫無善功可言。

基督新教對信徒品格行為的理解			
新教代表人物	馬丁・路德	加爾文	亞米紐斯
得救必需之元素	恩典+信心	恩典+揀選	恩典+信心
行為之獨特功用	表明信心	表明被選	持守救恩
行為之普遍功用	回應神愛、追求成聖、見證基督		
善功之救贖價值	全部人都不認為善功乃得救所必需		

改教家不單否定藉善功得救的教義，同時也抨擊公教有關獨身和修道的傳統。路德批評羅馬公教規限聖職人員和修道男女不准結婚的立場，乃有違神創造的原意。當初神吩咐始祖生養眾多，這命令本身就牽涉到男女之間的性慾和婚姻關係。為響應路德的教導，大量修士、修女、神父、執事還俗結婚，而路德本人也於1525年與一名修女締結婚盟。其他改教家大都對獨身和婚姻抱持類近立場，且相繼成家立室、娶妻生兒；當中包括慈運理、布塞珥、法惹勒、加爾文、諾克斯等，所娶的多是寡婦或修女。

與此同時，改教家亦革新了公教的聖禮觀。雖然眾改教家對聖禮的觀念存在若干差異，但都一致認同真正由基督所設立的聖禮只有兩個，就是水禮和聖餐禮；公教七聖禮中的其餘五個，皆不應歸為聖禮。路德解釋，聖禮包含3個元素，就是作為外在可見的物質「標記」、蘊含內在屬靈的「應許」，以及使這兩者結合運作的「信心」；按此定義，堅振禮、臨終膏油禮、授聖職禮和婚禮沒有內含神的應許，因此不能算為聖禮；而告解補贖禮和類近的懺悔禱告，因為不具任何標記，也不算聖禮。加爾

> 「聖禮」對羅馬公教來說，只要由公教聖職人員按照教會標準施行就能生效。然而，對基督新教來說，即使獲認同為聖禮的水禮和聖餐，受禮者也必須具備信心才能產生滋養靈命的功效；不信者領受聖禮是徒勞無益的。

文也聲言：「基督教會只接受兩個聖禮為我們的救主所設立，就是水禮和聖餐禮；至於教宗範圍內所守的七聖禮，我們判定為虛構且荒謬」。

根據新教的神學教義，聖禮跟善功類同，都是對信徒有益、卻非得救所必需的信仰元素。路德認為，聖禮是聖道的另一種形態，是信徒以信心連繫於神所應許的稱義之標記，其目的是要滋養信心；信徒必須憑信心抓緊聖禮中蘊藏的應許，否則聖禮就不能產生相應的功效。同樣，加爾文亦認為聖禮能增加信心，是另一種向人傳福音的方法；他指出聖禮包含真道和外在的標記，這標記與教義有密不可分的關係。聖禮之所以能堅固信心，並非由於聖禮本身的特質，而是因為隨著聖禮而來的真道。此外，聖禮本身不能賞賜恩典，其實質功能就像神的真道，有助向信眾傳揚基督。

6.2.2. 新教信仰的重建

中世紀羅馬公教注重善功、修道與聖禮，改教家雖仍要求基督徒擁有良好品行、常守聖禮，但卻清楚指出這些都不是得救所必需。基督新教各宗派雖也勉勵信眾參與各種聚會，但目的並非積賺善功，而是學習真理、培養靈命。此外，教會節期只保留與主耶穌生平事迹相關的教會年曆，記念聖人的節日差不多全數廢除；導人迷信的神話傳說，也一概拒絕接受。基督新教內既分多個宗派，在捨棄公教偏差錯謬的傳統後，各改教家所重建的信仰立場和屬靈追求亦不盡相同，很難一概而論；為免流於表面，這裏嘗試抽選兩位較具代表性的人物，就是路德和加爾文，作稍微詳細的介紹。

透過重新研讀聖經，路德通曉因信稱義的教理後，便致力發展基督徒在基督裏稱義的信仰教義。他將基督徒的義分成兩種：第一種是外來加添的義，第二種是內在本身的義。外來的義是一種法庭式宣判，基督徒因著歸信基督而活在祂裏面，神在基督耶穌裏宣佈人為義；這種義是無限的，人可以因信立即免除一切罪過。內在的義是指人本質上的更新改變，路德認為這是由外來的義所誘發，是基督在人裏面作工的成果，叫人放下肉體的私慾，學習基督的榜樣愛神愛人；因著人的信心不夠徹底，難以完全，所以基督徒本質上仍舊是個罪人。

對於仍留在世上，外在已得稱為義、內裏仍有罪性的基督徒來說，最重要的屬靈追求是持守信心，好能繼續與主聯合。當人存著信心，抓著基督，就會被稱義。信心的確切基礎來自聖道，和一直與基督協作的聖靈。然而，由於人對神的信心與自身的經歷很多時候會互相矛盾，基督徒經常會在疑惑中失去信心，與主的聯合也由此變得不穩定；因此人必須倚靠聖道，以此與內心的疑惑和試探爭戰。此外，路德同時亦強調信徒皆祭司，每個基督徒都蒙召透過分享聖經真道，以及在教會、家庭和社會活出愛神愛人的美好見證，引領他人歸向基督。然而，由於地上不信的世界屬於魔鬼撒但，故此基督徒要在地上活出順服神召命的生命，就得入世而不屬世；當中會充滿試探誘惑，有種種從魔鬼而來的攻擊。雖然基督徒屬靈追求的焦點是永恆的國度，但仍要積極投入建設現世社會，以具體行動參與基督對世人的服事。

路德與加爾文的救贖觀和屬靈追求觀念

改教家	神恩施予	得蒙救贖	信仰追求
馬丁．路德 ＊：開始和結束 →：先後的順序	＊因著恩典→ →憑著聖道→ →藉著信心→ →與主聯合→	→得稱為義→ →重生更新→ →成為祭司→ →回應召命→	→愛顧鄰舍→ →事奉真神→ →戰勝邪惡→ →忍受試探→ →邁向永恆＊
加爾文 ＊：開始和結束 →：先後的順序	＊創世揀選→ →聖靈光照→ →獲賜信心→ →連於基督→	→重生悔改→ →洗罪稱義→ →征服罪惡→ →抗拒不信→	→自我否定→ →活出聖潔→ →更新成長→ →靠主堅忍→ →得著榮耀＊

相對於路德所注重的稱義與信心，加爾文較強調神的預定和主權。他強調因著始祖亞當的犯罪背叛，全人類都落在神的詛咒之下，成為罪的奴僕，不單喪失原初的卓越和尊貴，同時心眼也被弄瞎，無法明白真理，完全絕望。因此，神在創世以先按照自己永恆不變的計劃，揀選一些人獲賜救恩，並藉祂的獨生子降世施行救贖，成為神和人之間的中保，叫蒙揀選的人藉著信心連於基督，藉此與天父聯合。由於人類已全然敗壞無助，因此信徒與基督的聯合，惟靠聖靈隱密的力量；是聖靈使人明白救恩的應許，賜下信心，以使人能接受基督、連繫於祂，並重生，成為新造的人，藉此脫離罪惡、獲稱為義。

加爾文強調，基督徒雖已重生，但仍會受肉體的引誘而犯罪，並會遭遇疑惑或焦慮，因此要持續與罪惡和不信爭戰。正因如此，基督徒一方面要努力否定自我，另一方面要尋求神的旨意，順服祂的主權，從自我轉向真神，好能活出合神心意的生活。這種生命更新是一個持續不斷的過程，其中選民的意念逐漸更新成為聖潔，一生向神悔改。故此，基督徒要不斷成長，好能靠主堅忍，勝過虛空的今世；亦要專心默想永恆，得著神所預備給眾聖徒的榮耀。

路德和加爾文既分別為信義宗及改革宗的神學奠基者，這兩個宗派的信仰立場自然與他們的主張一致；長老宗和清教徒皆承接著改革宗的傳統，其核心信仰同樣與加爾文的理念相近。聖公宗素來採取中庸立場，在堅持英格蘭君王為教會元首的前提下，較富彈性地包容其他宗派的見解，信仰教義偶有轉變。信洗派和浸信宗堅持高舉聖經，強調要讓神的話語批判傳統，其建構的信仰教義皆以聖經為依據，也容許羣體按著對聖經的新領悟隨時作出修訂。至於分別從信義宗和改革宗分出來的敬虔主義和亞米紐斯主義，前者主張個人與神建立親密的關係，強調屬靈生命勝於教義爭論；後者注重個人自由意志的抉擇，反對預定論。

6.3. 新教的聖道傳統

改教家革新公教信仰教義和屬靈追求的核心依據是聖經，任何有違聖經的教會傳統都得廢除或糾正。信義宗的教義權威《協同書》聲明：「先知和使徒所著述的新舊約聖經，乃一切教理和教師的鑑別與判決的惟一準則」。改革宗的《第二瑞士信條》認信聖經是信仰的準則、基礎和印證，任何著作、教令、規章皆不能與之相比。聖公宗的《三十九條信綱》亦肯定聖經正典是教會從未置疑的權威，包含得救的要道，凡未載於聖經的皆不必信為得救所需。其餘新教宗派羣體，包括信洗派、清教徒及浸信宗等，皆同樣以新舊約聖經為信仰教義、教會運作和信徒生活的權威指引。是故，基督新教是以教導和活出聖道為核心的屬靈追求傳統；雖然各宗派羣體對聖經的解讀存在差異，但對聖經的重視卻相當一致。

6.3.1. 對聖道研讀的重視

基督新教高舉聖經的信仰權威，以之作為糾正羅馬公教偏差錯謬的參照標準。昔日，羅馬公教以普遍信眾不懂的拉丁文舉行彌撒，禁止將聖經翻譯成通俗語言，又以傳遞公教教理取代聖經教導。改教家推動改革，首要工作自然是讓聖經研讀普及化，幫助信眾羣體從神的話語領悟信仰真諦。故此，改教家們皆努力參與或支持聖經翻譯的工作。

1521 年的沃木斯議會後，為保人身安全，路德隨即被帶到瓦特堡；匿藏期間，他僅花不足 3 個月，就完成新約聖經的德文翻譯工作，譯著於 1522 年夏季出版，數千冊迅速售罄。1534 年，信義宗領袖們合力完成連同舊約的《路德聖經》(*Luther Bible*)，迅速廣泛流通於各德意志地區，單在十六世紀已印行超過 20 萬本。由於路德的德文聖經舊約部分延遲出版，為配合教會需要，瑞士的慈運理那一方便依據路德已譯成德文並對外發行的經卷，配以蘇黎世譯經者的補充修訂，率先於 1529 年發行

《蘇黎世聖經》(*Zürich Bible*)。不久，加爾文的好友奧利維坦(Pierre R. Olivétan，約 1506～1538)於 1535 年譯成及出版法文版《奧利維坦聖經》(*Olivétan Bible*)，加爾文更為之撰寫序言。與此同時，英格蘭脫離羅馬公教後也積極將聖經譯成英文，且持續修訂再版；先後發行的，有 1535 年的《科威得勒聖經》(*Coverdale Bible*)、1537 年的《馬太聖經》(*Matthew's Bible*)、1539 年的《塔弗那聖經》(*Taverner's Bible*)、1539 年的《大聖經》(*The Great Bible*)、1568 年的《主教聖經》(*Bishop's Bible*)，以及由當時著名學者聯手翻譯、於 1611 年出版的《英王欽定本》(*King James Bible*)。因著聖經譯本的流通，廣大信眾對真道的認識日益加增，支持新教信仰的人也愈來愈多。

除翻譯聖經外，改教家也積極以宣講和寫作教導聖經真理。路德於 1526 年編訂的《德意志彌撒和崇拜秩序》中宣稱由於「神話語的宣講與教導是崇拜中最重要的部分」，因此作出每天講解聖經的安排：每主日早上講道 2 次、黃昏一次，週一至五早上皆有不同的教理和聖經課程，週六傍晚專論約翰福音。此外，作為神學教授，路德每學期均講授不同經卷，大部分均集結出版，供普羅信眾研讀。同樣，加爾文於 1541 年為日內瓦教會擬訂的《教會憲章》，也規定牧者每主日要作 3 次宣講，並要在週一、三、五清晨舉行聽道聚會。此外，加爾文本人也積極投入聖經教導的事奉。他平均每兩週宣講 8 至 9 場，講解幾近全本聖經；他也經常在日內瓦學院授課，培訓傳道牧者；他又努力抽出時間寫作，平均每年出版 1 本聖經註釋。其他著名的改教家，包括慈運理、布塞珥、諾克斯等，無不勤於給信眾講解聖經；別的新教羣體，如信洗派、浸信宗、敬虔主義等，均同樣注重聖經的學習與研讀。可以說，真理教導是改教領袖揭示公教錯謬、重建新教信仰的主要途徑，也是宗教改革的核心標記。

路德與加爾文的聖經註解			
路德		加爾文	
書卷	出版年份	書卷	出版年份
詩篇	1513～1537	哥林多前書	1546
希伯來書	1518	哥林多後書	1547
加拉太書	1519, 1535	加、弗、腓、西	1548
羅馬書	1522	提摩太前後書	1548
彼前、彼後、猶	1523	希伯來書	1549
哥林多前書	1523, 1534	提多書	1550
申命記	1523～1525	雅各書	1550
小先知書	1524～1526	以賽亞書	1551
傳道書	1526	大公書信	1551
約一、多、門	1527	帖撒羅尼迦前後書	1551
以賽亞書	1527～1530	使徒行傳	1552
提摩太前書	1528	約翰福音	1553
雅歌	1530～1531	創世記	1554
馬太福音	1532, 1536～1538	符類福音	1555
約翰福音	1537	詩篇	1557
創世記	1536～1545	摩西五經	1563
		約書亞記	1564

6.3.2. 活出真道的實踐

因著對聖經信息和重點的理解不同，改教家對基督徒如何在生活中具體踐行信仰存在若干差異。惟相同的，是他們都按照自身對聖經真理的認知，盡量身體力行地實踐出來，同時也積極教導和勉勵信眾按此追求敬虔。這裏再次以路德和加爾文作為範例，展示這兩位富代表性的改教家如何具體活出真道。

路德屬靈追求的核心，在於要在這迷惑人的世界裏緊守信心，與主聯合，藉此得以稱義。人既然能夠直接與主結連，則每個信徒都同時擁有祭司的職分，有責任透過言說和見證分享真道，在地上活出順服神召命的生命。值得留意的是，路德眼中的信仰追求並非純屬內在，他也重視相應的外在表現。如前所述，路德將基督的義分成外在和本身兩種；其中本身的義源自重生，當信徒的內在更新改變，外在的行為表現也自然相應改變，好能妥善回應個人的召命，活出順服神的生命。對於基督徒的召命，路德一反中世紀傳統，認為職業無分聖俗，信徒從事任何職業，都可在日常生活中事奉神。

路德特別將基督徒在世的事奉分為祭司、婚姻和政府 3 個職能。「祭司職分」指涉教會整體的事奉，包括所有牧養和聖道職事；作為教會牧者兼宗教改革家，路德一生致力揭示羅馬公教的錯謬，引導羣眾認識真道，建立信義宗的禮儀傳統和教會體制；同時，他亦就牧者於教會中的事奉提供許多指引，更親自編寫教理問答，以助初信者認識真理。至於「婚姻狀態」，包括為人父母者以智慧料理家務，培育子女事奉神；子女孝敬父母，工人順服雇主，各人均活出聖徒應有的樣式；為實踐信仰，路德努力修補因早年進入修院而損害的父子關係，關懷和孝敬雙親，此外他又與妻子互愛同行，共育 6 名子女；同時，他又積極推動和改革教育，以正確信仰培育下一代。最後，「民事政府」所要求的，是基督徒要視個人在社會中的職業——不分屬靈或屬世——皆為回應神的召命，當在所身處的崗位上活出與主聯合的聖潔生活；例如執政者要像父母一樣，將糧食、房屋、家庭、庇佑和平安賜給人民；工作並非為升職加薪，貿易也非以賺錢為首要目標，一切都要問心無愧，向主交帳。

路德與加爾文的信仰實踐		
改教家	路德	加爾文
關注重點	稱義成聖	上帝主權
改教因由	回應神的召命	順服神的導引
追求品格	在各自的崗位中事奉神	以感恩的心活出見證

在神預定和主權的基礎上，加爾文認為基督徒雖已重生，但仍會受到種種誘惑與攻擊，需要持續與罪惡和不信爭戰。他們要追求生命的更新成長，努力否定自我，過順服神的聖潔生活，而聖經所教導的各種美德是最佳指引。按這原則，加爾文過著捨己順服的生活；他原本盼望離羣退隱，專心研究寫作，然而神卻一次又一次呼召他承擔領導改革的事業。結果，他由安於學術追求的學子，變成為信仰流亡的難民。於前往斯特拉斯堡途中，他被勸說留在日內瓦協助改革；在退隱巴塞爾期間，他給召喚到斯特拉斯堡承擔牧職；最後他又從安舒的牧養生活，被催迫歸回日內瓦領導改教。對於推動宗教改革，加爾文的動機與路德截然不同。他領導日內瓦進行改教，不是因為要以基督徒的屬天召命與魔鬼爭戰，要將人從公教這魔鬼的迷惑中拯救出來，而是要順服神的主權和導引。

加爾文不單自己活出順服的榜樣，同時也按個人對聖經真道的理解，推動日內瓦教會成為聖潔的信仰羣體。他強調神為人造萬物，是要叫人認識和承認祂是創造主，並以感恩的心記念祂的恩慈。因此，暴飲暴食、酒足飯飽、放縱情慾、衣著奢華、內心污穢，皆不合宜。那些沉迷逸樂，嗜好色香美味的，都必須受到約束。故此，他設立教會法庭來指引和監察基督徒的日常生活，創立日內瓦學院提供教育，又提供種種醫療和扶貧服務。結果這些措施成功在日內瓦建立美好的社會秩序，許多渴慕按照聖經教導生活的外地基督徒湧入，以致城市人口急升，新移民比原居民更多。

路德和加爾文活出真道的榜樣與教導，分別影響著信義宗和改革宗（以及長老宗和清教徒）的屬靈追求。採取中庸之道的聖公宗，就維持不少羅馬公教的聖禮傳統，信眾多以參與定期的教會禮儀活動為主。信洗派和浸信宗在高舉聖經之餘，亦強調按照耶穌的教訓行事為人，努力作主門徒。相對地，敬虔主義較注重查經和祈禱，後期更積極委身宣教。

亞米紐斯主義既否定了預定思想，就轉為強調信徒當以自由意志作正確的抉擇，免得從救恩中失落。

6.4. 公教正教的發展

在基督新教各宗派建立各自的信仰理念和屬靈追求之時，羅馬公教和東方正教在十六、十七世紀期間，也按照其本身的舊有傳統繼續發展。兩教之靈修神學的發展和轉變，明顯不及風起雲湧的新教羣體。為提供較整全的圖畫，本書嘗試在此扼要簡介兩教在這時期之屬靈追求的情況。

6.4.1. 公教的默想傳統

羅馬公教素來重視傳統，縱使經歷宗教改革中大量信徒離教的衝擊，舊有傳統的信念和屬靈追求的模式，也絕大部分維持不變。為回應改教運動而於 1545 至 1563 年間召開的天特會議，只就中世紀公教內腐敗變質的風俗習慣提出糾正；核心的信仰教義和屬靈觀念，包括前述之善功追求、修道操練、聖禮教義、恆守聚會等，皆絲毫未有動搖。惟此時有兩個較著名的修道發展，值得在此稍加論述。

a. 迦爾默羅修會（Carmelite Order）：全名迦密山蒙福聖母瑪利亞弟兄會，俗稱聖衣會。修會約在 1154 年創立於巴勒斯坦的迦密山，1452 年獲得教廷認許，以神祕主義的神人契合著稱。十六世紀，該會的大德蘭和十架約翰（John of the Cross，1542 ~ 1591）以深刻的屬靈體會，先後發表《七寶樓台》（*Interior Castle*）、《攀登迦密山》（*Ascent of Mount Carmel*）、《心靈黑夜》（*Dark Night of the Soul*）等名著。他們強調透過默想禱告與神親近，不斷提升靈命，逐步勝過罪惡、放下私慾、專注基督、降服主愛，最終達至與神完美結合的喜樂境界。

b. 耶穌會：修會由依納爵．羅耀拉開創，1540 年獲教宗保羅三世允准成立。除修道團體普遍持守的貞潔、神貧和服從外，耶穌會還堅信羅馬教宗為神在地上的代理人，必須絕對服從之。耶穌會的靈修名著是《屬靈操練》，該書有系統地引導操練者透過獨處、禱告和自省，默想基督的生平、受難和復活，正視個人的罪性，增加對主的愛心，藉此追求與神聯合。惟與迦爾默羅修會不同，耶穌會不單注重內在操練，且提倡透過傳教、教育和學問研究等事奉，在社會中以美好見證服事神。

耶穌會會規：順服教宗

讓我們盡每一分力彰顯順服的美德，首先是給至高的教宗，其次是給本會的總督，好使順服能帶同恩慈延伸各處。我們要時刻準備聽其命令，好像是從主基督而來的一樣。……放下我們已開始但未完成的工作，甚至書信，盡心、盡力在主裏完成使命，好使聖潔的順服在每一方面，在表現上、在意志上、在精神上都顯得完全。帶著最大的準備、屬靈的喜樂和保守，順服接受一切擺在我們面前的挑戰。

《耶穌會會規》1.407

6.4.2. 正教的神化傳統

受著早期沙漠教父和偽丟尼修神祕主義的影響，東方正教強調獨處安靜、刻己苦修、默觀禱告，為要藉此與神親近，期望能達至神人合一、進入永恆的神化（*theosis*）境界。所謂神化，就是信徒藉著與基督聯合，成為祂身體的一部分，從而分享祂的神性。這種屬天的永恆生命，並非將來離世歸主後才能擁有，而是現世也可先嘗；就如著名的沙漠教父，他們有超凡的屬天智慧，能識破屬靈幻象，靠神的恩典大顯神蹟，為天國攻克己身、全然順服，在神的保守下，就是年老也依然健壯。

本著靠主神化的信念，東正教將屬靈操練視為信徒與神相遇的歷程。這歷程是由神藉基督內住人心開始，從此開啟人神互通的可能。藉著東正教傳統的操練，包括參與教會聖禮、實踐苦修操練、念誦耶穌禱文、默觀聖人圖像等，再加上神的恩典和幫助，人能不斷提升，逐步重建人已失落的上帝形象，在世上活出神聖的生活，達至神人合一的境界。相比西方羅馬公教，東方正教更堅守傳統，前述的屬靈追求模式一直代代相傳，沒有多大轉變。

改教屬靈追求的現代反思

宗教改革高舉惟獨聖經，眾改教家都倡議回歸神的話語，要按照聖經建立教會，並鼓勵信徒努力活出真道。然而，各新教羣體所展現的屬靈追求卻不盡相同：有的追求稱義，有的強調順服；有的注重內在的操練，有的關注外在的表現；有的偏向羣體敬拜，有的愛好個人實踐。既然同讀一本聖經，為何靈修神學有此差異？這種新教羣體內屬靈追求的多元性，對現代教會有何啟迪？筆者嘗試在此提出 4 點反思。

一、屬靈追求配合成長特質：改教家們提倡不同的屬靈追求，頗大程度上反映他們個人成長背景中所關切的信仰焦點。例如路德自幼接受羅馬公教的偏差教導，加上家庭和學校的嚴厲威嚇，使他內心充滿對神的驚懼；因此，藉著主耶穌基督的稱義以逃避神的震怒，便成為他屬靈追求的中心。相對地，加爾文成長時並沒有這種恐懼，相反，他自幼對父親言聽計從，一直順服守紀；因此，他對神最強烈的體會是祂的主權，強調要事事順服。現代堂會普遍有一套標準的屬靈追求模式，惟常有個別信徒因不認同或不適應這種模式而變得「反叛」；遇有這類情況，不妨先認識這些信徒的成長背景，試試調節信仰追求的模式與方向，以配合其個性特質，有時會有很奇妙的效果。

二、屬靈追求要有清晰的神學理念：改教家否定公教傳統後，都先按個人對聖經的理解，重建自身信仰理念的神學立場；然後再在這根基上，思索信徒屬靈追求的方向。例如馬丁．路德在兩種公義論的基礎上，勉勵人持守信心、與主聯合，不斷更新改變，好在地上妥善回應神的召命。加爾文則在預定論的前提下，勉勵信徒放下自我，順服神的旨意和引導，以感恩的心過合乎基督徒身分的生活。現代教會的普遍問題，是在欠缺充分的神學反思下，跟隨一些看似成功的「模範」，如現代詩歌敬拜、小組牧養模式，卻沒有思索其背後信念是否切合堂會整體的神學思想；結果不倫不類，信徒的屬靈追求缺乏明確方向，不斷兜兜轉轉。

三、屬靈追求必須具體踐行：改教家提出屬靈追求，皆不止於言說教導，他們且身體力行地確切實踐。例如他們在高舉惟獨聖經之餘，都頻繁地宣講真理、教導聖經、編寫註釋。路德在祭司、婚姻和政府 3 方面職能裏，皆盡力忠心牧養教導、照顧家庭上下、指引社會建設。加爾文在高舉神主權的前提下，不斷放下個人意願，承擔自己最初不願意承擔的領導職事。教會要推動信眾在信仰路上有所追求，最佳方法是牧養領導層真實活出榜樣，以身教配合言教。要推動靈修，推動者必先恆常靈修；要推動禱告，推動者必須是個禱告的人。曾有信徒指斥言行不一的教會領袖虛偽，講一套、做一套，講得愈漂亮愈令人反感。這類評論值得每位教會領袖深思。

四、屬靈追求可有多元表達：同是高舉聖經，強調活出真道，惟因著對聖經重點和信仰踐行存在不同理解，改教家提出的屬靈追求方案皆不盡相同，各新教宗派的信仰表達也因此存在差異：有的鼓吹祈禱讀經，有的勉勵積極事奉，有的強調傳道宣教，有的積極服務社羣，有的尋求社會公義。然而回顧歷史，各主要宗派皆曾培育、造就不少愛主愛人的信徒，向世人見證真神，作出貢獻。今日，有些堂會牧者推動信眾追求敬虔，會以某種信仰表達作為是否屬靈的衡量標準；然而，這有時會窒礙擁有不同氣質或領受之信徒的追求。不可忘記，同樣獲公認為屬靈偉人的教會歷史人物，如法蘭西斯、克里威廉、馬丁·路德·金、德蘭修女，他們各自均有很不同的信仰表達。

溫習及思考問題

1. 在 2000 年的教會歷史裏，各宗派的信仰追求可大略分為哪幾個屬靈傳統？在宗教改革時期，東正教、羅馬公教和基督新教分別較注重哪些傳統？

   歷代的屬靈傳統：__________、__________、__________
   __________、__________、__________、__________

   比較注重的傳統：東正教：__________
   羅馬公教：__________
   基督新教：__________

2. 本章提出了哪 4 項羅馬公教注重的屬靈追求模式？

   a. __________
   b. __________
   c. __________
   d. __________

3. 試填寫下表，列出改教家對下列傳統公教屬靈追求的基本立場和主要見解。

	基本立場	主要見解
追求善功	□否定　□轉化	
修道操練	□否定　□轉化	
彌撒聖禮	□否定　□轉化	
恆守聚會	□否定　□轉化	

4. 試根據本章內容，比較路德與加爾文所重建的新教信仰。

	路德	加爾文
關注焦點	□稱義與信心　□預定與主權	□稱義與信心　□預定與主權
問題因由	□受肉體引誘　□信心不徹底	□受肉體引誘　□信心不徹底
所受攻擊	□魔鬼與試探　□疑惑與焦慮	□魔鬼與試探　□疑惑與焦慮
追求目標	□否定自我、順服主旨 □持守信心、與主聯合	□否定自我、順服主旨 □持守信心、與主聯合

5. 試在下表列出宗教改革時期，新教羣體最早發行之各語言的整全聖經譯本。

	譯本名稱	出版年份
德文		
法文		
英文		

6. 試根據本章內容，比較路德與加爾文推動社會改革的努力。

	路德	加爾文
主要途徑	□藉信仰教導　□設教會法庭	□藉信仰教導　□設教會法庭
實踐原因	□要順服神過聖潔感恩的生活 □社會也是回應神召命的場所	□要順服神過聖潔感恩的生活 □社會也是回應神召命的場所
改革動力	□政權和市民一同盡責和努力 □政權和教會負責服務和監察	□政權和市民一同盡責和努力 □政權和教會負責服務和監察

7. 試根據本章內容，於下表填寫各新教羣體的信仰特色與屬靈追求。

	信仰特色	屬靈追求
信義宗		
改革宗		
長老宗		

清教徒		
聖公宗		
信洗派		
浸信宗		
敬虔主義		
亞米紐斯主義		

8. 羅馬公教和東方正教的屬靈觀念，有沒有因改教運動而變更？

羅馬公教：　□有　　　□沒有

東方正教：　□有　　　□沒有

9. 試填寫下表，比較迦爾默羅修會和耶穌會。

	迦爾默羅修會	耶穌會
著名領袖		
靈修名著		
屬靈追求	□注重內在操練　□強調委身事奉	□注重內在操練　□強調委身事奉
操練方法	□系統地操練獨處、禱告和自省 □藉默想禱告親近神、提升靈命	□系統地操練獨處、禱告和自省 □藉默想禱告親近神、提升靈命

10. 同是追求活出真道，基督新教不同領袖、不同羣體卻有不同領受和表現；這多元而豐富的屬靈追求，對你有何提醒？

____

____

11. 你對所屬教會或宗派的屬靈神學有何認識？你本人有沒有清晰的屬靈追求觀念？這觀念有何信仰基礎？

____

____

進深閱讀書目

吳國傑：《活出真道——馬丁路德與加爾文的屬靈追求》。香港：浸神，2013。

彭順強：《二千年靈修神學歷史》。香港：天道，2005。

McGrath, Alister E. *Spirituality in an Age of Change: Rediscovering the Spirit of the Reformers*. Grand Rapids: Zondervan, 1994.

Raitt, Jill, ed. *Christian Spirituality: High Middle Ages and Reformation*. London: SCM, 1988.

第七章 神學教義

宗教改革影響的範圍相當廣泛，涉及信仰羣體的宗派分佈、屬靈追求、教會體制、政教關係、信仰生活等等各方面；無可否認，當中最核心的革新改變，是被指偏離聖經真道的神學教義。羅馬公教與基督新教的爭議焦點，很大程度上在於救贖論和教會論；而基督新教內部，則在預定揀選和聖禮神學上，出現較大分歧。除此以外，別的差異當然還有不少，例如羅馬公教對次經、馬利亞、煉獄、贖罪券的取態，以及新教各宗派對保留傳統和改革幅度的立場。由於部分主題屬隨後 3 章的講述範圍；為免重複，有關討論將留待後續相關部分處理。

改教運動的影響雖集中於西方拉丁教會，但在人口自由流動的環境下，其對東方正教也曾帶來一定衝擊。其中較重要的人物，是曾先後擔任亞歷山太和君士坦丁堡主教長的路迦爾；他早年曾於西歐各國遊歷，並於瑞士接觸改革宗信仰，力圖推動東西方教會對話。他於 1629 年寫成《基督信仰認信文》(*Confession of Christian Faith*)，並於 1633 年以希臘文和拉丁文雙語形式於日內瓦出版，目的就是要促成東正教會與基督新教的聯合，可惜事與願違。路迦爾的認信文於 1643 年的雅西會議(Synod of Jassy)和 1672 年的耶路撒冷會議(Synod of Jerusalem)上被判為異端，他本人亦遭革職懲處。結果，東正教會維持往昔的神學傳統，不受改教思潮影響。由於東正教的神學教義在宗教改革期間變化不大，加上其傳統已在前書《築樓蓋頂——中世紀教會縱橫談》有所論述，故本章只集中處理公教和新教的神學爭議。

7.1. 救贖觀念的爭議

根據中世紀羅馬教廷的教導，神是公義的審判者，信眾必須倚靠教會的幫助來逃避祂的震怒。自幼受這種思想熏陶的路德，也因之不斷被焦慮和恐懼所困。自從透過研讀聖經和教父著作，領悟因信稱義的教理後，路德長久以來的捆鎖隨即得著釋放，他體會到傳統的救贖觀念並不能救助人脫離困境。自此，他不斷抨擊公教的偏差錯謬；羅馬教廷也不甘示弱，指斥新教思想為不虔虛幻的異端表述；公教和新教的爭議持續至今。

7.1.1. 蒙恩得救的基礎

承襲奧朗日會議（Council of Orange）就奧古斯丁與伯拉糾主義（Pelagianism）有關墮落人類是否有能力行善自救的爭議所訂的協調議決，羅馬公教一方面肯定原罪的嚴重性，堅持人類無法自救，需要神的恩典；另一方面，羅馬公教亦強調人有與神合作的責任，需要盡己所能努力行善。在奧朗日會議的基礎上，中世紀的神學巨擘阿奎那（Thomas Aquinas，約 1225 ～ 1274）進一步提倡恩典與善功相輔相成的漸進式成聖稱義觀。他指出在拯救的過程中，神首先賜下恩典，藉著聖靈，人得以重生，罪得赦免，從此得著倚靠神、過得勝人生的能力。人若以善功回應，神就會賜下更多恩典；若人以加倍善功配合恩典，就可獲賜更豐盛的恩典，如此延續不斷，直到漸漸成聖，最終完全稱義，得永生的獎賞。

在十六世紀，羅馬公教為回應宗教改革而召開的天特會議，確認了阿奎那神人合作的成聖稱義觀。會議強調，稱義不僅指罪得赦免，也涉及內心確切更新成聖，藉著神的恩典使不義的人變為義人。對於因信稱義，會議解釋這是指「信心是人類得救的開始，是稱義的基礎和本源」；所謂白白稱義，是因為「稱義之前，任何信心或行為都不能使人賺得稱義的恩典」。故此，因信稱義是得救的必要條件，卻非充分條件；人決志歸信、領洗重生後，還需持續不斷地「藉著信心與善功的合作，增添自己藉著基督的恩典所領受的義」。

雖然各改教家對基督徒的品格行為有不同要求，但一如上一章所論述，他們都不認同善功為得救所必需。他們呼籲信徒效法基督、愛神愛人、追求聖潔，但這些行為只為表明擁有信心、蒙神揀選，又或表明當人在救恩之中，就會回應神的愛，為主作美好的見證。基督新教認為，人藉恩典和信心得稱為義後，就能確切地得著救恩；這稱義是一種法庭式宣告，神因著耶穌基督的代贖，宣告信徒為義；這種稱義得救是一次過的，並非如阿奎那所提倡的漸進過程。基督徒因此可擁有確實得救的憑據，無須像公教徒一般，活在被神審判懲罰的恐懼之中。

在羅馬公教環境下成長的馬丁．路德，其救贖觀亦主張在法庭式一次過稱義以外，還包括人本質上更新成義的追求；前者是外來的義，後者是內在的義。然而，路德的兩種公義論與羅馬公教的立場有3處不同。第一，公教視因信稱義是得救的必要條件，歸信者尚未得救；路德視因信稱義是得救的充分條件，歸信者已經得救。第二，公教認為信徒內在確切更新成義，是最終得救所必需；路德則認為基督徒追求內在的義，只是蒙恩得救後的合宜回應。第三，公教要求基督徒必須在恩典與善功的互動下，達至若干標準；路德則強調在世的基督徒無法真正成義，只能不斷努力學效基督，當中沒有任何必須達成的標準。

羅馬公教與基督新教救贖觀念的對比		
救贖觀念	羅馬公教	基督新教
救恩源頭	神藉基督成就的恩典	神藉基督成就的恩典
救恩需求	恩典＋信心＋善功	恩典＋信心

因信稱義	得救的必要條件	得救的充分條件
信徒現況	尚未得救、無得救確據	已經得救、有得救確據
內在成義	最終得救所必需	並非得救所必需
在世品行	有若干要達成的標準	沒有必要達成的標準

7.1.2. 最終得救的途徑

根據中世紀羅馬公教的救贖神學，信徒的善功必須達到若干標準才能得救。那麼，倘若信徒在積賺善功時中途離世，其靈魂將要如何？已死信徒餘下未達至的善功，可怎樣補足？由此衍生出 3 個相關的教義：煉獄、善功寶庫和贖罪券。

羅馬公教將離世信徒分為 3 類。第一類是善功充裕、罪債盡償者，他們可以直上天堂；第二類是犯下大罪、死不悔改者，他們會失去救恩、逕下地獄；第三類是善功不足，只能補償部分罪債的人，他們要在煉獄中以種種磨煉清除罪債。也就是說，煉獄是離世信徒暫時停留的居間地方或狀態；信徒生前剩餘的罪污惡習，都會在這裏被火煉淨，淨化後就可升上天堂。根據羅馬公教的描述，煉獄相當令人驚懼，那裏最小的刑罰，都比地上最重的刑罰更叫人痛苦；而人在煉獄受苦的時間，與剩餘罪污的多寡成正比。改教家雖認同信徒死亡和復活升天之間存在居間狀態，卻一致否定煉獄的存在；他們強調在聖經中找不到任何證據支持這教義，而且這教義大大貶低了基督救贖的成效。加爾文更批評煉獄觀念代表聖子的寶血不足以贖罪，是「對基督的嚴重褻瀆」。

在煉獄以外，中世紀羅馬公教又聲稱，教廷擁有免除離世信徒全部或部分煉獄刑罰的權力；其背後的解釋理據，就是善功寶庫。羅馬教廷將基督代贖的教義延伸，相信信眾之間可以憑「愛人」互相補償；功德豐裕的聖徒，可將自己賺得的善功，以愛心轉歸他人。基督的無盡功德，以及馬利亞和眾聖徒所留下的剩餘善功，都保存在教會的善功寶庫之內；而主管這寶庫的，就是獲授天國鑰匙的彼得，以及承繼其職權的歷代羅馬主教。教會可撥用寶庫裏的善功，給那些曾為教會作出顯著貢獻的在生信徒或已死靈魂，以助他們更易達到升上天堂的標準。在改教運動開展之初，改教家已對這寶庫有所保留；路德的《九十五條論綱》就明確指出：「教宗宣稱他所賜予的赦罪恩惠是取自教會的寶庫，基督徒對此寶庫既未充分討論，也不了解」。隨後他嘗試糾正說：「教會真正的寶庫，應是充滿神榮耀和恩典的至聖福音」。

配得教廷撥用善功寶庫，以免除煉獄刑責的其中一項主要條件，是巨額捐款給教會；如此就衍生了素來為人詬病、促成宗教改革的贖罪券。到宗教改革時期的十六世紀，贖罪券已演化成聖職人員濫權斂財的主要工具；他們大肆宣傳贖罪券的功效，聲稱就是姦淫了聖母，也能藉此獲得赦罪。路德發表《九十五條論綱》的主要目的，就是要遏止這種扭曲救恩真理的販賣贖罪券行為；他明言「相信贖罪券的拯救功能是徒勞無益的」，那些因購買贖罪券而以為自己得救的人，「將與他們的教唆者一起受到永遠的懲罰」；相反，真誠悔過的基督徒，「就是不購買贖罪券也能獲得全面免除罪罰的權利」。在改教家眼中，贖罪券一點救贖功效也沒有，反是誤導信眾的騙財工具。

羅馬公教與基督新教救贖相關觀念的對比		
救贖相關觀念	羅馬公教	基督新教
煉獄	是離世信徒暫時停留的地方	根本沒有聖經支持煉獄觀念
善功寶庫	羅馬主教有權撥用當中善功	教會寶庫應是神的福音
贖罪券	是具確切赦罪效能的賜恩工具	是沒有救贖功效的騙財工具

雖然改教家的批評和挑戰乃建基於聖經，論點鏗鏘有力，惟羅馬公教仍堅持本身的傳統立場。教廷為回應改教運動而召開的天特會議，繼

續堅持上述這些與救贖相關的教義；教廷又聲明煉獄確實存在，並呼籲眾主教「都要竭力將聖教父和教會會議關於煉獄所傳下的純正教理教導人，使人信守，並由基督徒宣認」；同時又諭令贖罪券「要在教會中予以保留」，並要求將「凡說贖罪券無用或否認教會有權頒發贖罪券的人定罪」。

7.2. 教會本質的爭議

在宗教改革中，羅馬公教與基督新教的另一個主要爭議，是關乎教會的本質與角色。在中世紀，縱然羅馬教廷腐敗濫權、貪財奢華，惟因著「教會以外無救恩」的教義，世俗的君王權貴為保個人靈魂的得救，對教廷的問題都敢怒不敢言。改教運動提倡基督徒可以直接到達主耶穌的施恩座前，否定必須透過公教教會才能得救的教義，羅馬教廷的地位和重要性於是大大下降。這些主張無疑誘發信眾放膽支持改教，但也使羅馬教廷對改教運動更加抗拒。

7.2.1. 教會的中保角色

早期教會一直強調，信徒是透過與基督的人性聯合而得以分享祂的神性救贖；惟隨著羅馬教廷的地位上升，教會及聖品在救恩路上的中保角色，漸漸成為公教的主導思想。他們強調羅馬教宗承接著使徒彼得的權威，執掌天國的鑰匙，是耶穌基督的代理人（Vicar of Jesus Christ）、普世教會的牧首（Supreme Pontiff of the Universal Church）；所有信徒必須藉由他所領導和授權的聖品階級，才能進到三一神那裏蒙授恩惠。故此，他們反對普羅信眾直接向神祈禱，反對直接研讀聖經，也反對將聖經翻譯成各地語言；不論是向神認罪禱求，還是認識屬靈真理，都必須透過聖品人員這中介。

中世紀羅馬公教堅持「教會以外無救恩」，其主要基礎，正是這中保觀念。自教父奧古斯丁開始，西方拉丁教會就倡議，教會是基督的身體，其聖禮將信徒聯合，進入基督的恩典之中。他們又強調，只有以羅馬教宗為首、擁有使徒統緒的正統教會，其代表所施行的聖禮才有效。按此，任何人若脫離公教體系，不論是主動離開，或是被逐出教會，皆不能再透過教會與基督聯合，從此失落救恩。

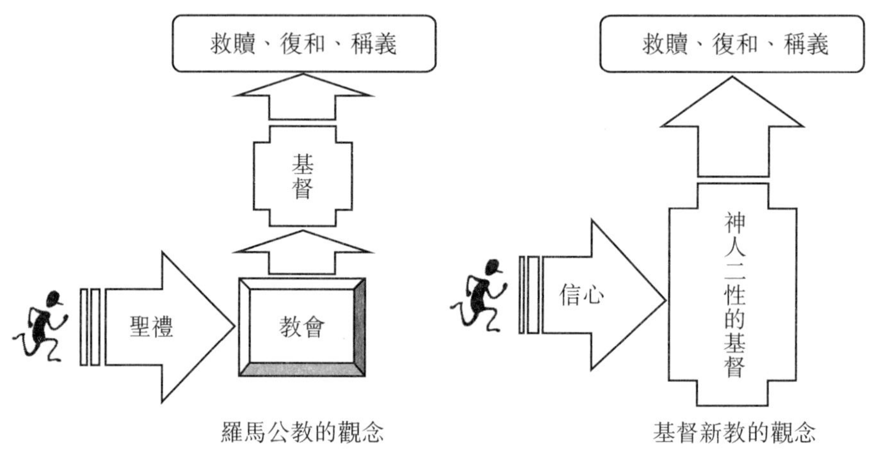

不同於羅馬公教，改教家認為信徒皆祭司，任何人皆可藉著真誠的信心，透過耶穌基督，來到父神的施恩座前蒙憐恤、求恩惠。當中神和人之間惟一的中保，就是耶穌基督。而地方教會的角色，是在世上見證基督，培育信徒靈命成長，但加入地方教會卻非得救所必需。具有真實信心卻未有機會加入地方教會的人，仍可憑著主耶穌無條件的恩惠得著救恩。

羅馬公教與基督新教教會觀念的對比		
教會觀念	羅馬公教	基督新教
救贖中保	必須透過教會	惟獨耶穌基督
聯合途徑	正統教會的聖禮	信徒真誠的信心
祭司職分	惟聖品擁有	信徒皆祭司
教會職能	是得救所必需	非得救所必需

7.2.2. 相關的教會觀念

為配合中保的教義，中世紀羅馬公教有多個相關的傳統習俗，具體將教會中保的角色實踐出來。其中較直接相關、較具代表性的，是幫助信徒與教會聯合的聖禮。例如水禮能使人藉教會歸入基督，產生屬靈的生命，得以開始靠恩典積賺善功；聖餐禮實質上是一種獻祭，作為司祭的聖職人員，重複獻上基督的身體和寶血為祭，藉此滋養參與彌撒之各信眾的靈命；告解補贖禮是透過聖職人員作為中保橋梁，向神認罪和尋求宣赦的過程，在不允許一般信徒直接向神禱告的中世紀，這是人與神溝通的重要途徑；在授聖職禮中，施禮者透過按手禱告等儀式，將從神而來的權柄傳給受禮者，使其擁有聖職所需的屬靈能力。這一切皆顯示，代表教會的聖職人員以中保的身分施行聖禮，將神的恩膏賜下；若沒有這些中介，信眾就難以與神親近。

除在教會任職的聖品外，公教信仰裏的中保還有一眾古今聖人；當中包括早期蒙主差派的使徒、確立正統的教父、虔敬操練的修士、德高望重的主教等。在中世紀，聖人往往成為普羅信眾尋求代禱的對象，信眾渴望他們能將自己的個人需要向神轉達，同時也帶來從神而來的恩惠與賜福。為回報承擔中保職責者的恩情，記念各聖人的節日和活動與日俱增。在眾多聖人中，最廣為信眾喜愛的中保是耶穌的母親馬利亞；有關她的傳說與節期也特別多，包括終身童貞、無瑕疵受孕和蒙召升天等。由於羅馬公教不重視真理教導，經常會有基層信眾將中保聖人奉為崇敬偶像，迷信其保佑和能力。

基督新教既倡議信徒皆祭司，否定中保的需要，於是聖禮的救贖功能也相應被削減。如本書第六章所述，對改教家來說，聖禮雖對信徒有益，具滋養信心、見證福音等功效，卻非信徒得救所必需。而聖禮的數目，也從公教的 7 個縮減為 2 個，就是水禮和聖餐；其餘在聖經中找不到支持，或不含聖禮標記或應許的，皆不算為聖禮。基督徒既可透過基督直接來到父神座前，就無須倚靠任何人為中保；不論聖職人員或古今聖人，地位均相應下降。自改教運動爆發之初，基督新教就停止慶祝聖人的節期，關於馬利亞的傳說和節期，凡不屬聖經的皆不獲接納。

羅馬公教與基督新教教會相關觀念的對比		
教會相關觀念	羅馬公教	基督新教
聖禮功能	聯結教會、是得救所必需	滋養信心、非得救所必需
聖禮數目	7 個：如告解和授聖職等	2 個：只有水禮和聖餐禮
古今聖人	是為信徒代禱的中保	在救恩路上非中保角色
馬利亞	有許多相關傳說和節期	不屬聖經的皆不接納

7.3. 預定揀選的爭議

對早期基督新教來說，預定論的爭議可謂影響最為廣泛；許多宗派羣體，包括改革宗、浸信宗和循道宗等，均曾因此而出現分裂。然而深入思考爭議雙方的論點，不難發現其背後分歧，是對神的主權與人的自由這兩個看似矛盾之衝突的不同關注。這方面的矛盾，早見於初期教會奧古斯丁與伯拉糾主義的爭議；因著加爾文在其名著《基督教要義》中，對預定論的教義作出堅定的表述，其追隨者很快就與異議者產生衝突；強調神的主權者為加爾文主義，強調人的自由意志者為亞米紐斯主義。

7.3.1. 爭議雙方的論點

持守加爾文主義者注重的，是神在揀選和救贖上，擁有絕對的主權。他們認為救恩完全是三一神所成就的作為，當中包括父神揀選、聖子拯救、聖靈呼召保守；因此，誰可得救全然在乎神本身的預定，人在其中只能被動地接受。持守加爾文主義者相信，神的揀選是無條件的，只有蒙揀選的人才會獲賜信心；其主要立場可歸納為以下 5 點。

a. 墮落的人類已完全無能和敗壞，不會愛神。
b. 神在創世以前憑其心意揀選一些人得救恩。
c. 基督救贖只為拯救選民且確保他們得救恩。
d. 聖靈對選民的內在呼召是人類無法抗拒的。
e. 所有蒙神揀選而被基督救贖的人必能堅守。

相對地，持守亞米紐斯主義者所關注的，是人在蒙恩得救的過程中，其出於自由意志的抉擇。他們相信救恩雖是神的工作，但亦需要人意志的決定；也就是說，救恩是神主動提供救贖，加上人有正確的回應，兩者共同努力而得以成就的。持守亞米紐斯主義者認為，神的揀選是有條件的，祂預知哪些人願意歸信，只有願意歸信的人才會獲賜救恩；其核心信念有以下 5 點。

a. 人類仍有自由意志和擇善能力。
b. 神在創世以前揀選一些人得救是基於預知。
c. 基督救贖使全人類有機會（但不保證）得救。
d. 人可抗拒聖靈呼召，聖靈無法拯救不信者。
e. 真正得救的人可因沒有持守信仰而失救恩。

兩者相比，各有優點與缺點，也各具聖經支持。加爾文主義的優點，是維護了神的權能，祂所揀選的必然得救；基督的救恩不會因為人的意向而失效，信徒可以有得救的確據；惟其缺點是否定了人的責任，難以完全去除無法得救者批評神不公平的責難。亞米紐斯主義的優點，是肯定了人的責任；誰可以得救，在乎人本身意志的抉擇和信心的持守，維護了神的公平；而其缺點是貶抑了神的權能，祂的拯救會因人的軟弱而失效，得救沒有保障。

加爾文主義與亞米紐斯主義的對比		
神學信念	加爾文主義	亞米紐斯主義
原罪影響	因墮落變得全然敗壞	墮落只使人變得軟弱
自由意志	意志完全被罪所捆綁	意志仍有擇善的自由
神的揀選	基於神無條件的預定	基於神有條件的預知
救恩範圍	只給予蒙神揀選的人	所有人均可憑信得恩
重生緣由	全然是神獨自的作為	是神和人合作的成果
得救過程	蒙重生後才產生信心	相信基督後獲得重生
堅忍持守	蒙揀選的人不會失落	信徒可從救恩中失落
關注焦點	神有絕對權能施拯救	人的自由意志作回應

7.3.2. 爭議的歷史發展

有關改教時期的預定論爭議，早在宗教改革爆發後不久，路德已與著名人文主義者伊拉斯姆在相關問題上彼此激辯。對於路德提倡的因信稱義教理，伊拉斯姆認為過於貶抑人的角色，他於 1524 年發表《論意志的自由》(*On the Freedom of the Will*)，以學術討論形式，表示人類意志理應仍有擇善的能力。路德雖然素來敬重伊拉斯姆，但在這問題上卻毫不退讓；因為認同意志擁有自由，就等於宣告基督的拯救並非必需，這難免嚴重損害福音的重要性。故此，他迅速發表《論意志的束縛》，從信仰教義角度，用確切的經文，毫不客氣地逐一反駁對方的論點；無懼一眾認同伊拉斯姆之人文主義者的不滿。

加爾文在日內瓦領導改教期間，他明確的預定論思想亦惹來不少爭議。當中較具代表性的，是 1551 年與白勒色(Jérôme-Hermès Bolsec，約卒於 1584)的激辯。白勒色原為迦爾密羅修會修士，接受新教思想後輾轉逃到日內瓦，在那裏以行醫為生；他對加爾文提倡的預定論早有異議。在日內瓦舉行的一次恆常聚會中，白勒色以為加爾文離城未返，就在講員宣講中途突然站起來，公開狠批預定論的錯謬之處；豈料加爾文已經回城，並坐在聚會場地後排。白勒色表達其對預定論的抨擊後，赫然察覺加爾文站起來，並就他的論點逐一反駁。結果，白勒色被逐出日內瓦。他後來返回羅馬公教，並編造謠言攻擊及詆毀加爾文。

支持和反對預定論雙方的大規模爭拗，是在加爾文離世後才正式爆發的；爭議雙方分別是加爾文神學的追隨者，以及亞米紐斯和他的支持者。亞米紐斯比加爾文年輕逾 50 歲，後者離世時他才不足 5 歲，故兩人從未碰頭辯論。事實上，亞米紐斯曾受教於日內瓦第二代改教領袖伯撒門下，可以說是加爾文的徒孫。亞米紐斯對預定論感到懷疑始於 1589 年，當時他被委任於教會法庭檢視墮落前論和墮落後論的爭議。結果在個人研究和反思後，他決定兩派都不支持，強調人有自由意志，且開始批判加爾文主義的預定論。1603 年，亞米紐斯獲聘擔任荷蘭來丁大學的神學教授。他很快便在當地與加爾文主義者激烈爭辯；敵對者嘗試藉議會公開審理亞米紐斯主義的偏差，惟會議尚未成功召開，亞米紐斯已於 1609 年因病離世；此時，他的支持者被稱為「抗辯派」（Remonstrants）。

亞米紐斯離世後，其於抗辯派的領導角色改由門生依皮斯科皮烏（Simon Episcopius，1583～1643）接替。在 1618 至 1619 年召開的多特會議（Synod of Dort）上，有 13 位抗辯派代表出席；在加爾文主義者佔絕大多數的情況下，持守亞米紐斯主義者被判罪，13 位代表遭革職懲處。此後，荷蘭的抗辯派大遭壓迫，惟有暗中活動。雖然於荷蘭受挫，但因著循道宗創始人約翰．衛斯理的推動，亞米紐斯主義不久於英、美兩地發揚光大，成為現今支持者眾多的神學體系。

加爾文主義的《比利時信條》	亞米紐斯主義的《抗辯派信條》
第十六條 我們相信……神是慈悲的，因祂用永恆不變的旨意，在我們的主基督耶穌裏，不計我們的行為，從滅亡中拯救並保存我們；祂是公義的，因祂遺留其他人在其自取的墮落和滅亡中。 第二十二條 ……那麼凡因信而有耶穌基督的人，便在祂裏面有完全的拯救。所以，凡主張有了基督還不夠，必須另有所求的人，便是大大褻瀆了神；因為這就是把基督看為只是半個救主了。……	第一條 神用那在祂兒子耶穌基督裏永恆不變的旨意，在創世前已在基督裏為基督的緣故，並藉著基督，從墮落和有罪的人中，決定拯救那些因聖靈恩賜而相信祂兒子耶穌，並在這信和順服中恆忍到底的人。…… 第二條 耶穌基督，世界的救主，為萬人和每個人死了，所以祂藉十字架上的死，使他們都得救贖和赦罪；但除信徒以外，無人能罪得赦免。……

7.4. 聖禮神學的爭議

在基督新教中，另一個爭議較大、分歧較多的，是有關聖禮的施行和神學。雖然在反對羅馬公教的傳統方面，眾改教家有頗為一致的立場；例如他們皆承認聖禮只包括水禮和聖餐，反對羅馬公教的七聖禮觀念；同時，他們也否定公教持守的聖餐化質說，就是餅和酒在司祭祝謝後，真實變成基督的身體和寶血，餅和酒已不復存在。然而，對於兩大聖禮的施行形式和確實意義，新教各宗派羣體卻存在至今仍未疏解的矛盾衝突；有關聖禮神學的爭議，一直是阻礙新教羣體合一的重要難題。

7.4.1. 水禮施行的異見

羅馬公教以水禮為進入恩典的媒介，將信徒連結到教會之中，從而獲取從基督而來的救贖，這聖禮是得救的必要條件。為免初生嬰兒因早夭而失去救恩，羅馬公教自奧古斯丁時期已廣泛接納嬰兒水禮，相信只要按教會的傳統正確施禮，就可為受洗嬰孩洗脫因原罪帶來的咒詛，引向神藉基督成就的恩典。路德和慈運理雖強調信心在聖禮中的必要性，但仍接納嬰兒水禮；信義宗的《奧斯堡信條》聲明：「小孩也須受洗，因為他們在洗禮中被獻給神，得蒙悅納」。改革宗的《第二瑞士信條》更聲明水禮是信徒被立為兒女的永遠印記，「因為小孩屬於神的國，並且是在神的約中」，所以教會理應將水禮這立約的記號給他們。

為水禮爭議揭開序幕的，是後來被敵對者稱為「重洗派」的信洗派羣體。早於 1522 年，早期信洗派領袖格列伯和滿慈已成為慈運理在蘇黎世的改教助手；惟很快，他們便察覺慈運理為成功推動改革，經常要與擁有實權、立場保守的市議會妥協。他們認為這種順從人的妥協有違改教精神，其不滿情緒日漸累積。1523 年底，格列伯和滿慈開始就水禮問題進行研經，得出的結論是水禮和信心是不能分割的。受禮者要立志兑現「活出新生命」的承諾，因此教會只應向成人施禮；向無法踐行承諾的嬰兒施行水禮，有違聖經的教導。他們於翌年與慈運理領導的改革宗羣體展開激烈辯論，雙方對嬰兒水禮的合法性無法達成共識。

為解決紛爭，蘇黎世市議會於 1525 年 1 月 17 日進行公開辯論。由於裁決者早已偏向接納嬰兒水禮，格列伯和滿慈被判落敗；市議會決定保留和執行嬰兒水禮，並頒令禁止一切未經授權的查經聚會。惟禁令並未阻嚇格列伯和滿慈等人，1 月 21 日晚，他們互相施洗，正式成立延續至今的信洗派羣體。雖然信洗派同時受到羅馬公教和部分新教宗派壓迫，蘇黎世政府甚至下令要以淹死方式處決信洗派人士，但反對嬰兒水禮的「信而受洗」見解卻四處傳開，且為今日許多福音派教會所認同採納。

除有關嬰兒水禮的分歧外，基督新教各宗派也有不同的施行水禮方式；有在受禮者額上劃十字的點水禮，有些簡單澆灑或澆灌在頭上，也有些堅持全身浸入水中；宗教改革以後，新教中甚至有如救世軍般，不再為人施行水禮。同時，正如下表所示，各宗派對水禮的意義之理解也存在若干差異，可謂各具論點，各施其法。

各大宗派羣體水禮觀的對比				
宗派羣體	羅馬公教	信義宗	改革宗	浸信宗
受禮對象	嬰兒及成人	成人及嬰兒	成人及嬰兒	成人
功效關鍵	正確的施禮	受禮者信心	受禮者信心	沒特殊功效
水禮意義	神施恩的媒介	神施恩的方法	神恩約的印記	人公開的見證
意義解釋	神在人身上的作為，使罪得赦免，產生可蒙受恩典的重生生命；	帶來永恆救恩，惟必須先有對聖道的信心；嬰孩的信來自父母；	信徒進入恩約的信心行動，是內在實體的外在標記和印證；	受禮者公開見證已與基督同死、同葬、同活，立志活出新生命；

7.4.2. 聖餐觀念的分歧

雖然各新教羣體施行聖餐的方式大致相近，也一致否定羅馬公教的化質説，但對聖餐之實質和意義的理解卻存在嚴重分歧。宗教改革爆發初期，為應對羅馬公教勢力的攻擊和壓迫，一眾信義宗和改革宗的改教家曾經聚集，於 1529 年進行馬爾堡對談。雖然共同擬訂的 15 則信條中，14 條均取得共識，惟會議最後由於路德和慈運理在基督身體是否臨在聖餐中各持己見，結果導致兩個新教陣營長久分裂。在宗派合一這議題上，聖餐觀的差異絕非無足輕重的次要矛盾。

要準確表達各基督宗派羣體的聖餐觀，最佳方法無疑是直接引述各自的權威認信。羅馬公教為回應宗教改革而召開的天特會議，就清楚指出聖餐是「靈魂的糧食」，是「將來榮耀和永恆喜樂的印記」；同時又重申化質説的立場：「餅和酒經祝謝後，餅的本質全部變成我們主基督身體的本質，而酒的本質也全部變成祂的血的本質」。在與羅馬公教的爭議中，路德深刻體會到靈意解經的危險，故堅持按字面理解主耶穌有關「這是我的身體」的聲明。信義宗的《奧斯堡信條》明確表明同質説的見解：

「論到聖餐，我們的教會教導：基督的身體和血真真實實地臨在聖餐中的餅和酒裏面，分給領受聖餐的人」。改革宗的《第二瑞士信條》則認為「聖餐是基督給信徒所設立的靈宴」，又是「我們對救贖的感恩記念」；然而與化質說或同質說不同，信條聲明信徒在聖餐中領受基督的身體和寶血，並不是屬肉體地用口腹吃，而是屬靈地用信心來吃。相對地，深深影響早期浸信會思想的信洗派的《瓦特蘭信條》(*Waterland Confession*)，則表明聖餐是一種外在可見的福音行動，當基督徒分領餅和酒，是在宣告基督的死亡和苦難，這一切都為「記念祂」。

各大宗派羣體聖餐觀的對比				
宗派羣體	羅馬公教	信義宗	改革宗	浸信宗
觀點名稱	化質說	同質說	屬靈恩典說	記念說
「這是我的身體」	字面解釋	字面解釋	象徵意義	象徵意義
基督臨在	祝謝後餅和酒消失，變成基督的身體和寶血；	祝謝後基督的身體和寶血臨在於餅和酒當中；	沒有真實臨在，領餐者憑信得屬靈的恩典；	真實和屬靈均沒有臨在，領餐者單純記念主；
聖餐意義	靈魂藉此屬靈天糧得著滋養；	領餐者信心得以堅固，罪得赦免；	感謝基督恩典，靈命得著滋養；	記念基督救贖，領餐者被激勵；

「一次得救永遠得救」的迷思

華人教會其中一個較常為廣大信眾「宣認」的神學立場，是「一次得救永遠得救」；惟這宣告很多時被膚淺地解讀為「一次決志永遠得救」。結果，不少信徒以為曾經決志信主，就可以安心等上天堂。他們相信即使在靈命信仰上不思進取，隨從個人私慾或世俗文化，甚或偶然為罪惡過犯所勝，也只不過是少一點屬天獎賞；不求得獎就不用努力。這種扭曲的觀念不單為平信徒持守，就連牧者傳道、執事領袖也常持此謬誤。

早年曾聽聞一個真實事例：有一青年曾經決志信主，在教會積極參與聚會，後來卻因一些誤會憤然離去；不久更轉投另一宗教，且大力公開抨擊基督教。如此經過 10 多年，卻因一次意外突然離世。死者的信主親人非常難過，為其靈魂是否得救而擔憂；這時，牧師安慰他們說：「放心！我們相信一次得救永遠得救，你們這親人曾經決志信主，已確定得救，等著將來在天家與他相會吧！」這種信息無疑可帶來安慰，但是否合乎聖經教導、合乎基督信仰？會否像中世紀羅馬教廷的贖罪券一樣，只是虛假的保證？

細看聖經，不難發現有許多給屬神子民的嚴厲警告，提醒後者不要自恃得蒙揀選，就任意而行，要小心神的震怒、懲罰與拔出。主耶穌出來傳道以前，施洗約翰就警告前來受洗的猶太領袖，要結出與悔改的心相稱的果子，並提醒他們不要自恃有亞伯拉罕為祖宗；神能從石頭中興起亞伯拉罕的子孫來（太三 7 ～ 9）。主耶穌用麥子和稗子的比喻，正是提醒眾人：不是所有信徒都必然進入天國；到末日，一切叫人跌倒和作惡的，都要被挑出來，丟在火裏哀哭切齒（太十三 41 ～ 42），就是奉主的名傳道、趕鬼、行異能的領袖，也要被棄絕（太七 22 ～ 23）。

事實上，從神學角度而言，不論是加爾文主義還是亞米紐斯主義，均沒有「一次決志永遠得救」的觀點；只有將這兩派信念胡亂混合的「半桶水」神學生，才會得出如此結論，茲分述如下。

一、加爾文主義：相信一次得救永遠得救，當中的得救是指神的揀選。也就是說，蒙神揀選、與主聯合的靈魂，必會因神大能的保守而堅忍到底，不會失落。對於前述那個曾經決志返教會，後來卻叛道離去的人，加爾文主義認為這人根本不是蒙揀撰的靈魂，當初的決志歸信是虛假的，他從來沒有得救過。

二、亞米紐斯主義：不接受一次得救永遠得救，相信人有機會失去救贖恩典。也就是說，信徒歸信得救後，可因離經叛道、多行不義而惹神憤怒，從救恩中失落。對於前述那個叛道者，亞米紐斯主義相信這人曾經得著救恩，惟在離開教會、轉投其他宗教時，已失掉救恩；因此，在天家能否與他相會十分可疑。

溫習及思考問題

1. 宗教改革時期，最核心的爭議焦點是哪方面的神學教義？
   a. 公教與新教的爭議焦點：________________
   b. 基督新教內的爭議焦點：________________
2. 改教運動曾對東方正教帶來衝擊，但結果怎樣？

____

____

3. 羅馬公教與基督新教對因信稱義的理解有何不同？

羅馬公教：________________________________

____

基督新教：________________________________

____

4. 路德的兩種公義論與羅馬公教的立場有哪 3 處不同？
   a. ________________________________
   b. ________________________________
   c. ________________________________
5. 試總結歸納羅馬公教有關煉獄和贖罪券的立場、改教家的批判，以及教廷最後的回應。
   a. 煉獄

      公教的立場：________________________________

改教家的批判：______

教廷的回應：______

b. 贖罪券

公教的立場：______

改教家的批判：______

教廷的回應：______

6. 因著對教會中保角色的不同理解，羅馬公教和基督新教在以下問題上的選擇為何？

	羅馬公教	基督新教
蒙授神的恩惠	□透過基督　□透過教會	□透過基督　□透過教會
直接向神祈禱	□支持鼓勵　□嚴格禁止	□支持鼓勵　□嚴格禁止
直接研讀聖經	□支持鼓勵　□嚴格禁止	□支持鼓勵　□嚴格禁止
進行聖經翻譯	□支持鼓勵　□嚴格禁止	□支持鼓勵　□嚴格禁止

7. 羅馬公教信仰裏，擁有中保角色的古今聖人包括甚麼人？當中最廣為信眾喜愛的是誰？基督新教對這些信念有何立場？

古今聖人：______

最獲喜愛者：______

新教立場：______

8. 加爾文主義和亞米紐斯主義，各有何優點與缺點？

a. 加爾文主義

優點：______

缺點：______

b. 亞米紐斯主義

優點：______

缺點：______

9. 本章記述了宗教改革期間，有關預定論的 3 輪爭議；當中爭議雙方分別是誰？

	支持預定論	反對預定論
第一輪爭議		
第二輪爭議		
第三輪爭議		

10. 改革宗和信洗派分別以甚麼理由支持和反對嬰兒水禮？你較認同哪方？為甚麼？

改革宗支持的理由：______

______

信洗派反對的理由：______

______

你認同哪方？原因是甚麼？______

______

11. 本章提及的各種聖餐觀，你較認同哪一種？為甚麼？

______

______

12. 基督新教因預定論和聖禮神學的分歧而展開爭辯，無法協調合一，甚至出現彼此控訴迫害的情況；你認為這種爭辯有必要嗎？這對你有何啟迪？

______

______

進深閱讀書目

林榮洪：《基督教神學發展史 3：改教運動前後》。香港：宣道，2009。

麥格夫：《宗教改革運動思潮》。增訂版。蔡錦圖、陳佐人譯。香港：基道，2006。

Barrett, Matthew, ed. *Reformation Theology: A Systematic Summary*. Wheaton: Crossway, 2017.

Whitford, David M., ed. *T&T Clark Companion to Reformation Theology*. London/New York: T & T Clark, 2012.

第八章
正統權威

中世紀羅馬教廷建立了一套牢不可破的正統權威，這權威除聖經以外，還以往昔公教傳統為依據；在教宗首席論的基礎上，羅馬教廷強調羅馬教宗在教會運作與真理詮釋上的權威地位；同時，藉著「教會以外無救恩」的聖禮神學，以及宗教裁判所的監控壓制，滅絕一切異見聲音。如此，縱然教廷上下攬權腐敗、扭曲真理，普羅信眾也只得無奈接受，不敢有半點違抗。然而，宗教改革將這銅牆鐵壁打破，以3個惟獨的口號，幫助信眾從羅馬公教的牢籠中得著釋放，不再受其迷惑。這風起雲湧的改教運動，不單影響教會羣體的神學思維和屬靈追求，更重要的是破除了正統信仰的權威，扭轉教廷獨大專權的局面。

8.1. 對羅馬教權的否定

雖然基督新教內存在頗具差異的不同宗派，但他們否定羅馬教權的立場卻相當一致。宗教改革爆發初期，羅馬教廷嘗試軟硬兼施，努力誘使新教羣體重回公教體制之下，期望藉此扭轉當時教會分裂的局面。1541年召開的累根斯堡對談（Colloquy of Regensburg），是雙方和平協商的重要嘗試。在是次會議上，領導公教的是思想開明的樞機主教孔塔利尼（Gasparo Contarini，1483～1542），而領導新教的則是立場溫和的墨蘭頓。會議初段出乎意料地順利，雙方很快就創造墮落、自由意志、罪惡因由等問題達成共識；稱義的問題雖甚具爭議，惟公教代表最終也願意妥協讓步，接受類近新教因信稱義的立場；此後數個條文雖也有點爭拗，但雙方均在歧見下努力求同存異，達成協調方案。直到論及教會權威時，公教代表宣稱神的道不只包括聖經，也包括教會的信仰遺傳；由於這宣稱同時代表要接受以教宗為首的舊有傳統，墨蘭頓堅持惟獨聖經這立場；雙方在這議題上僵持，結果談判破裂，復合的努力以失敗告終。由此可見，拒絕羅馬教宗所聲稱的至高權威，不盲從教廷偏離真道的指示，是宗教改革不能動搖的立場，也是公教和新教最難協調之處。

8.1.1. 對教宗權威的貶抑

雖然改教前夕的羅馬教廷問題重重——扭曲真理、貪財攬權、淫亂腐敗，但從《九十五條論綱》的內容可見，路德初時並沒有推翻教宗權威的意圖。對於濫售贖罪券的問題，他當時只將之描繪為下層兜售者瞞上欺下的劣行；路德且肯定教宗的角色說：「教宗的赦免和祝福是不可蔑視的」，他估計「教宗在頒發贖罪券時，要求和渴望信眾虔誠祈禱，過於得著他們的金錢」，並指出教宗若得知那些贖罪券叫賣者的敲詐勒索行徑，他會寧願將聖彼得教堂化為灰燼，也不願用他羊羣的皮、肉和體來建造它。路德於 1545 年發表的拉丁文集序言中，清楚指出他在 1517 年發表論綱時，並不知羅馬教宗有份瓜分售賣贖罪券所得的利潤。

路德首次明確表示不接受羅馬教廷的傳統權威，是在 1519 年與公教代表艾克進行的萊比錫辯論（Leipzig Disputation）中。當時艾克逃避贖罪券問題，卻不斷向路德就是否接納羅馬教宗的權柄作出質詢，路德被迫宣告惟獨聖經。在 1521 年舉行的沃木斯議會，路德在君王和教廷代表面前，冒著被判為異端的危險，勇敢地公開明確宣告：「我不能信任教宗和議會的權威，因為眾所周知，他們經常犯錯並自相矛盾」。

隨著羅馬教廷持續對改教羣體施加壓迫，新教各宗派均拒絕承認教宗的權威。他們不單不視教宗為神的代表，且認為教宗是敵基督的化身。信義宗發表於 1537 年的《施馬加登信條》聲明：「我們不容許教宗派自視為教會，因為按真理說，他們不是教會；尤其我們不重視他們冒教會的名義所命令或禁止的」。同年，施馬加登同盟合編了《論教宗權柄與首席》，更明確指斥：「即使羅馬教宗經由神權獲得首席權柄，由於他衛護邪惡的崇拜儀式，及散佈與福音互相衝突的道理言論，所以我們不應順從他，相反必須制止他，以他為敵基督者」。這兩份著作，如今皆收錄在信義宗的權威典籍《協同書》內。

改革宗的《第二瑞士信條》也聲明「基督是教會惟一的牧長」，惟有祂是父神面前的大祭司；除祂以外，沒有任何人包括眾使徒及其繼承者，擁有管轄教會的首席權柄。加爾文的《基督教要義》更用了大量篇幅詳論公教的教廷體制。他反駁以彼得為首任教宗之說，強調基督是教會惟一的君王。他又從歷史發展軌迹，指出羅馬教會在古時，地位並非超然，只是透過偽造文書和扭曲事實，地位才得到提升，而羅馬教廷更藉此做出種種背道行為；按此，加爾文批評：「羅馬教會在古時候的確是眾教會之母，然而當她變成敵基督的教區之後，就完全變質」。因著諸般褻瀆上帝、污辱基督的表現，即使羅馬主教「曾經是眾教會的頭，但他如今遠不配坐在教會的腳上，哪怕只是最小的腳趾」。

同樣，聖公宗的《三十九條信綱》聲明「羅馬主教在英格蘭無管轄權」。由清教徒和長老宗共同推動擬訂的《威斯敏斯特信條》更明言基督是教會惟一的頭，羅馬教宗在教會中自我高舉，實是敵基督。類似的反教宗表達，也散見於其他新教宗派如信洸派、浸信宗的認信條文或權威典籍之中。否定羅馬教宗所聲稱擁有的首席地位和至高權威，可說是多元的基督新教相當一致的立場。

浸信宗於 1677 年擬訂的《第二倫敦認信文》第二十六章四條

按著天父的旨意，主耶穌基督是教會的頭，祂在教會的選召、成立、組織或管治上，皆具至高主權。羅馬教宗絕非教會的頭，他在教會中高抬自己，超過基督和一切稱為神的，實是那敵基督、那大罪人和沉淪之子；主要用祂降臨的榮光毀滅他。

8.1.2. 對教會傳統的重新檢視

中世紀羅馬公教強調教宗、傳統和聖經同屬信仰權威；1414 至 1418 年召開的君士坦茨會議聲明：所有獲選教宗都必須「一點不漏地確認、維護和宣講」過去各大公會議的議決，並「跟從和遵守」大公教會傳留下來的教會聖禮。改教家雖一致否定羅馬教宗的權威，但對教會傳統卻存在不同立場，反映著各自不同的改革理想。

路德在沃木斯議會後匿藏於瓦特堡期間，威登堡在激進改教者白登斯坦等人的帶動下，出現暴動混亂局面。教堂聖像被強行毀壞、公教資產遭搶掠焚燒、各地修院遭暴力解散，使一眾支持改教的德意志諸侯感到擔憂。結果，路德冒險重返威登堡，並以連串宣講糾正謬誤。為平定亂局，他指出「凡不違反聖經的都可以保留」。為此，信義宗保留了許多公教的傳統，如教堂的圖像裝飾、教牧的施禮裝束、崇拜的經訓禱文；就連對聖餐的理解，信義宗的同質說也與公教的化質說相近；信義宗採納的監督制度，也跟舊教的主教制度類近，有強調個人從上而下之領導的權力架構。

相對地，慈運理領導的改革經歷相當不同。瑞士蘇黎世改教的起點，是反對教廷強迫信眾在大齋期禁食，同時也反對聖職人員不准結婚的禁令。慈運理採取比較徹底的改革原則，就是「只有聖經明確命令的才需遵守」。按此，慈運理去除絕大部分公教傳統，教堂的裝飾、圖像和風琴一律去掉，崇拜程序被大幅簡化，單單保留聖餐和宣講等環節，聖餐也只強調記念主的功能。慈運理英年早逝，今日的改革宗傳統主要源自加爾文。這位第二代改教領袖同受路德和慈運理兩位先輩所影響，嘗試在二人中間採納中間路線；因此改革宗和長老宗的崇拜仍保留小部分公教的禮儀模式，詩歌獲繼續採用卻受到規限，聖餐觀也變成介乎「同質說」和「記念說」中間的「屬靈恩典說」。

聖公宗方面，由於當年亨利八世接納改教思潮、脫離羅馬教廷，主要只為成功休妻另娶，故在信仰和禮儀上的改革相當有限。到伊利沙伯時期，因著當時英格蘭國內公教和新教勢力皆強，為保政權穩定，她採納中間溫和路線，盡量避免不必要的教義爭拗。結果聖公宗信仰立場雖較接近新教，教會體制和禮儀則大量保留公教特色，包括仍舊採用個人從上而下的主教制度；教堂的裝飾和圖像、教牧的禮服和階級、崇拜的禱文和儀節，皆經稍微轉化後獲得保留。就連羅馬公教一直強調的，透過一代代主教按立而傳遞的使徒統緒，聖公宗教會也在按立馬太．帕駕一事上，努力展示其跟從傳統的延續性。可以說，在新教眾多宗派中，聖公宗是保留最多公教傳統的羣體。

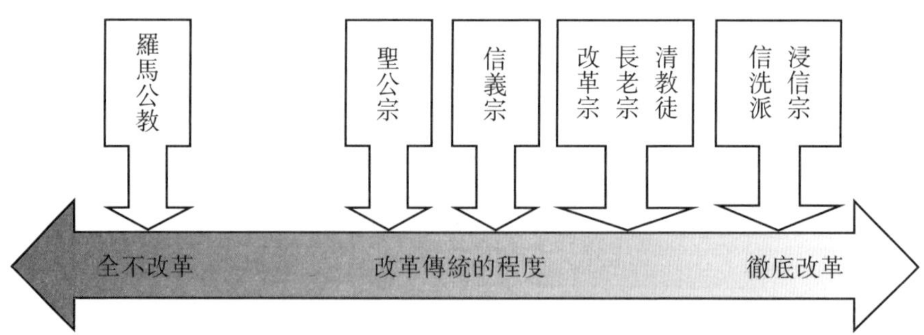

除此以外，其他新教宗派也對公教傳統有不同程度的改革。信洗派的產生，是源於不滿慈運理未有確切廢除傳統的嬰兒水禮，故其革新程度可說比改革宗更徹底。清教徒主要來自從歐洲大陸重返英格蘭的新教領袖，他們曾親身體驗蘇黎世或日內瓦的改革，對伊利沙伯那種半公教、半新教的體制甚為不滿，故其改革比聖公宗全面，與改革宗相近。

而浸信宗乃來自信洗派和清教徒的結合，亦是改教運動中最徹底改革的其中一個信仰羣體。

8.2. 對聖經權威的高舉

改教家否定教廷權威、批判偏差傳統後，最終只剩下聖經獲肯定為教會權威，因為改教家視聖經為神的話語。然而，在高舉「惟獨聖經」的同時，各新教羣體對聖經由哪些書卷組成、聖經的詮釋原則也存在差異，以致出現大小不同的信仰爭拗。路德和慈運理在馬爾堡對談中，因對聖餐觀的分歧而導致談判破裂，箇中原因也是對聖經中，主耶穌稱聖餐為「我的身體」的不同理解所致。

8.2.1. 對聖經權威的肯定

自宗教改革爆發初期，聖經已成為眾新教羣體公認的權威。信義宗的《協和信條》聲明新舊約聖經中先知和使徒的著作，是「一切教理和教師的鑑別與判決的惟一法規和準則」。改革宗的《比利時信條》宣認新舊約聖經是神聖的正典，是信仰的準則、基礎和印證；《第二瑞士信條》進一步解釋，聖經是真實神的話語，其本身就具有權威。英格蘭聖公宗的《三十九條信綱》亦肯定聖經包含得救的要道，凡未載於聖經或非聖經所印證的，皆不必視為信仰條文或得救所需。蘇格蘭長老宗和清教徒皆認許的《威斯敏斯特信條》強調聖經是神所默示的，是信仰和生活的準則；它是神的話語，其權威全賴於神，而非任何個人或教會。浸信宗的《倫敦認信文》(*London Confession*)也確認聖經正典中神的話語，是教會認知、信仰和順服的準則；《新罕布什爾信仰宣言》(*New Hampshire Confession of Faith*)更稱聖經為屬天教誨的完美寶藏，是判辨一切行為、信經和意見的最高標準。

雖然各新教宗派均高舉聖經為權威，但所指涉的新舊約經卷卻不盡相同。受著人文主義追尋古典的精神所影響，眾改教家放棄羅馬公教視為權威的拉丁文《武加大譯本》（*Vulgata*），轉為直接依據希伯來文舊約和希臘文新約。然而，書卷的次序編排卻仍舊參照公教的傳統，沒有跟從猶太人律法、先知和聖卷的劃分。當中特別具爭議的，是各次經書卷的地位：是否當將之剔除於聖經之外？許多現代基督徒都不知道，原來馬丁．路德編譯首本德文《路德聖經》時，並沒有去除次經，而是將這些書卷匯集在舊約正典之後，以附錄形式出版，賦予它們較正典經卷略低的位置，此聖經譯本廣獲信義宗羣體採納。瑞士改革宗對次經的立場存在內部分歧；慈運理羣體使用的德文《蘇黎世聖經》並沒有次經；而流行於加爾文羣體的法文《奧利維坦聖經》，則仍保留次經作附錄，編排與路德的聖經類同。

《路德聖經》的新約部分由路德本人主力翻譯，於1522年出版；至於舊約部分，路德則與威登堡大學的同事組成團隊合譯，到1534年才出版。此聖經不單將次經以附錄形式保留，還將新約書卷分為兩類：前23卷有序號，與舊約正典編排一致；此外卻將希伯來書、雅各書、猶大書和啟示錄放在最末，以空行分隔，且沒有序號，編排方式與舊約次經類同。

早期出版的新教英文聖經譯本，包括《科威得勒聖經》、《馬太聖經》、《塔弗那聖經》、《大聖經》、《日內瓦聖經》（*Geneva Bible*）、《主教聖經》及著名的《英王欽定本》，均有附載次經。聖公宗的《三十九條信綱》標明，次經「可用作生活的借鏡和道德的指引」，故將次經書卷以附錄形式置於舊約正典之後。因著清教徒的激烈爭取，不含次經的《英王欽定本》於1626年才開始發行；此後，次經的地位逐漸遭到否定。《威斯敏斯特信條》更聲明，次經「既非出於神的啟示，就不屬於聖經正典；因此在神的教會中不具權威地位，除了將之當作其他人為著作外，不能獲得別的肯定或採用」。

8.2.2. 詮釋聖經的原則

受著早期教父如俄利根、安波羅修(Ambrose，約339～397)、耶柔米(Jerome，約347～419)、奧古斯丁和大貴格利(Gregory the Great，約540～604)的啟發和影響，中世紀西方拉丁教會採用四重釋經。這四重釋經在不同時代略有差異，大致上可分為歷史性、寓意性、類比性和預表性，也有以道德性取代預表性的。隨著羅馬教權高升，教廷逐漸成為判斷正統教義的權威機關，聖經的「正確」解釋也要由之裁決。任何人若擅解聖經，提出與教廷官方理解相悖的意見，皆有機會被判為異端。聖經的解釋權落在羅馬教廷手中，而四重釋經中的寓意和類比方法，又提供便捷的工具，讓教廷可隨心所欲地扭曲經文原意。如此，羅馬公教的教義不論如何荒謬變質、偏離真道，也能辯稱是聖經所教導或要求的。

路德深深體會到公教傳統的問題，故努力嘗試將謬誤糾正。他認為全本聖經都是指向基督，當中的救贖應許是福音的核心，也是一切教義的基礎。由於聖經本身是信仰的最高權威，因此必須是自證自明的，沒有任何外在組織或羣體——包括羅馬教廷——擁有特權證實或詮釋聖經。既然如此，解釋聖經就必須嚴謹地盡量按字面直解，不能參雜任何人為的寓意詮釋，因為「聖經的文字非常強而有力地存在，不容許人用冗長的言詞將之與原來的意思分割」。在信徒皆祭司的信念下，路德強調聖經信息清晰而明確，是每位基督徒都能自行研習領悟的。他解釋信徒能夠清晰明白聖經有兩個原因：外在原因是神的恩惠，祂用世人能夠明白的語言彰顯自己；內在原因是聖靈在人心裏啟發引導，除去黑暗無知。對於難解的經文，路德建議借用意思明確的聖經段落，進行以經解經。

跟路德類同，加爾文也認為聖經從起初就教導，選民應當仰望基督並全然信靠祂，在基督以外沒有關於神使人得救的知識。加爾文跟隨路德的榜樣，採用字面解經，喜歡以精簡原則，逐節經文分析。關於加爾文的釋經方法，學者歸納出四點特徵：1）釋經的目的是要藉掌握當時歷史處境和原文字義，準確明白作者的思想與意圖；2）盡量將聖經教導應用於福音和教會之中；3）高度重視古代教父的釋經工作，常予以參照；4）釋經時努力與神學論點協調，彼此互補。類似基督徒按個人理性良知，藉歷史文法以經解經的原則，也見於其他改教家的著作及各新教宗派的信條之中。

《第二瑞士信條》2.1	《威斯敏斯特信條》1.7, 9
我們否認羅馬公教所提供的意義，不以之作為對聖經真確和自然的解釋，而羅馬公教的維護者卻力圖強迫信眾單單接受這些。我們只承認一種正確的解經方法，就是以經解經；即從聖經原文精神，依照經文背景和上文下理，並參照其他更明確的經節去解釋；這顯然符合信仰和愛心的標準，能榮耀上帝、拯救世人。	聖經所記各事並非同等易懂，對各人也非同樣清晰；然而為得救所必須知道、相信及遵行的，在聖經各處已詳細說明，以致不僅有學識的，就是沒有學識的，只要正常理解，就能充分明白。……以經解經是不會錯謬的釋經法，聖經是一致而不亂的，當一處經文的真確意思存在問題時，當用其他較清晰的經文輔助解釋。

8.3. 對信經信條的選取

雖然各新教宗派均高舉惟獨聖經，但因著釋經原則和羣體領受有所不同，所持守的神學教義也存在若干差異。為簡潔而清晰地表述自身的信仰立場，各新教宗派均跟隨往昔教會的傳統習慣，以精簡明確的認信條文，作為羣體信仰的權威表達；這些認信有承襲自早期教會的大公信經，也有宗派自訂的信條或信仰宣言。

8.3.1. 對大公信經的篩選

羅馬公教在宗教改革前，已舉行許多大大小小不同的會議，通過不少信經信條。雖然改教家拒絕以傳統為權威，強調惟獨聖經，但他們並沒有全然否定往昔的大公信經，特別是早期教會訂立的，只要獲視為與聖經信息一致，新教羣體都在不同程度上樂意予以接納認同；當中尤其獲接納的包括《使徒信經》、《尼西亞信經》和《亞他拿修信經》。

《使徒信經》	《尼西亞信經》	《亞他拿修信經》
原為古羅馬教會的水禮認信，四世紀末開始出現種種傳說，聲稱此信經乃出自十二使徒之手；惟現代版本實於八世紀初才最終定型，由查理曼大帝下詔採用；	325 年，尼西亞會議以古該撒利亞信經為藍本，加入反亞流主義字句編成；今日新教普遍採用的實為 381 年君士坦丁堡會議通過的版本，當中有多達 10 多處修訂；	原為高盧一帶教會的認信，九世紀開始被冠上亞他拿修的名字，十一世紀安瑟倫將之列為公教三大信經之一，改教家也跟隨之；到十七世紀才被學者證實為偽著；

始自馬丁．路德發動宗教改革初期，改教家已接納上述三份大公信經。信義宗的《協和信條》聲明，這三大信經是「公認的、大公的、正統的和真實教會的基督信仰」，信條且進一步「以此三大信經宣誓，棄絕一切引入教會內與其相違的異端和教訓」。改革宗的《比利時信條》論到三位一體的教義，也確認「我們甘心樂意接納三大信經，就是《使徒信經》、《尼西亞信經》和《亞他拿修信經》，以及凡為古教父所認同與之相符合的」。聖公宗的《三十九條信綱》論到這三大信經，也肯定應當全然地信守，原因是這些信經「都確切地得聖經所印證」。

值得留意的是，基督新教雖普遍認同三大信經的內容，卻非每一宗派羣體均視其一字一句為權威。為反對羅馬公教，馬丁．路德在接納《使徒信經》時，刻意將「聖潔大公教會」（或常譯作「聖而公之教會」），修改成「聖潔基督教會」。當《亞他拿修信經》於十七世紀被證實為偽著後，部分宗派曾掙扎是否繼續尊奉此信經；美國聖公會於 1801 年通過的《三十九條信綱》，就曾將此信經剔除於權威信經之外。美國浸信會的《新罕布什爾信仰宣言》明確表示，聖經是判辨一切行為、信經和意見的最高判準；換言之，聖經才是信仰的惟一權威，若發現傳統信經（包括三大信經）與聖經教導相違，就當捨棄。

8.3.2. 對宗派信經的訂定

除大公信經外，基督新教各宗派還各自制訂信綱信條，一方面藉此與羅馬公教劃清界線，另一方面也表明羣體本身的獨特體會，與信仰理念相異的其他新教宗派區別開來。這些宗派的權威認信，皆能清晰反映各宗派羣體的教義立場，是認識各宗派特色的重要參考。

信義宗的信仰權威，是《奧斯堡信條》和《協和信條》。對於羅馬公教要求的善功，《奧斯堡信條》明確表達因信稱義的教理：「人在神面前不能憑自己的能力、功勞或善行得稱為義，然而人因基督的緣故，藉著信就白白地得稱為義」。就著較具爭議的聖餐觀，《協和信條》也聲明：在主餐中，基督的身體和血是「真實地臨在，且真正同著餅和酒被分遞而領受」。

各地改革宗和長老宗有多個教義權威，其中較廣獲認許的是《比利時信條》和《第二瑞士信條》。就著與信義宗發生爭議衝突的聖餐觀，《比利時信條》聲明，人並不是用口領受聖餐，而是用心靈以信心來領受，如此就能滋養、堅固屬靈生命。此外，就著加爾文神學中的預定論，《第二瑞士信條》亦表明，神從起初便由於白白的恩典，不計世人的行為，自由地揀選聖徒，要在基督裏拯救他們。

聖公宗以《三十九條信綱》為宗派權威，當中明確將教會的領導權柄，從羅馬教宗轉歸英格蘭君王。伊利沙伯女王時期的信綱列明「女王在英格蘭及她的領土內有超然的權柄，凡這國度裏的產業，無論屬教會或國家，其主要管轄權皆屬於她，此權不是也不該受制於任何國外權勢」。對於不服從者，信綱進一步譴責任何按個人判斷，故意違反英格蘭國教傳統和禮儀的人。

當然，其他新教宗派也各自有本身的宗派認信。由清教徒組成的公理宗，普遍採納《威斯敏斯特信條》；從改革宗分離出來的信洗派，則以《施萊特海姆信條》來表述本身信仰立場；在荷蘭深受改革宗攻擊壓迫的亞米紐斯派，就擬訂《抗議信條》以作回應；至於浸信宗，《倫敦認信文》可說是最早期的信仰告白。

各大宗派羣體的信仰權威		
宗派	訂立年份	認信條文
羅馬公教	1545～1563	天特會議教條
	1564	天特信條（庇護四世信條）
信義宗	1530	奧斯堡信條
	1537	施馬加登信條
	1577	協和信條
改革宗	1563	海德堡要理問答
	1566	第二瑞士信條
	1566	比利時信條
聖公宗	1563	三十九條信綱
長老宗	1646	威斯敏斯特信條（西敏寺信條）
公理宗（清教徒）	1646	威斯敏斯特信條（西敏寺信條）
信洗派	1527	施萊特海姆信條
亞米紐斯派	1610	抗議信條
浸信宗	1644	倫敦認信文

8.4. 公教正教的回應

雖然宗教改革重構的信仰權威，包括惟獨聖經、惟獨信心、惟獨恩典等觀念，只為基督新教各宗派所信守。然而，面臨宗教改革這場席捲歐洲、富時代意義的重大運動，羅馬公教和東方正教難免遭受衝擊，要就本身信仰立場作出檢討，以回應這運動思潮所帶來的挑戰。

8.4.1. 羅馬公教的更新

為回應改教浪潮，羅馬公教於 1545 至 1563 年間召開了天特會議；這次會議歷 5 任教宗，嘗試澄清及釐定信仰教義，並指引和規範教會禮儀，可以説是教廷對抗新教羣體改教運動的巔峯行動。

大會開始之際，眾主教即再次肯定羅馬公教的傳統三一認信，就是西方拉丁文版的《尼西亞信經》。接著，大會通過一份包括次經的聖經經目，詛咒一切不接納這「整體書卷」為神聖正典的人；同時，拉丁文《武加大譯本》亦獲認許為公教羣體公開誦讀和宣講的真確文本，強調任何人均不得否定。對於聖經的解釋，大會堅持以教廷的詮釋為準，反對任何信徒按個人判斷解經；就連印刷和傳播聖經，也遭嚴格限制。在往後長達 10 多年的會議中，天特會議先後商討和訂定許多信仰教義，當中包括原罪、稱義、聖禮、彌撒、煉獄、贖罪券等不同範疇。這些教義絕大部分均維持傳統的公教立場，只將遭改教家大肆抨擊的扭曲信念和腐敗惡習糾正。

除此以外，大會結束前還通過由當時的教宗庇護四世擬訂的一份精要信條——《天特信條》（又名《庇護四世信條》），以作為各地公教聖職人員宣誓信守的權威認信。由於此時與改教家的復和談判已完全破裂，羅馬教廷遂對新教羣體採取強硬敵視態度。此外，改教思想與信條內容格格不入，故公教明確將基督新教定為異端派，力加排拒。

天特會議二十五次：論煉獄	天特會議二十五次：論贖罪券
煉獄確實存在；囚禁於煉獄中的靈魂可受信徒的補贖，尤其受聖壇上蒙悅納的獻祭救助，所以聖會議規定眾主教要竭力將聖教父和教會會議有關煉獄的純正教理教導人，使人信守，並由基督徒宣認。但那較難解和微妙的問題，就是那些不能造就人，並且大都不能增加虔敬的問題，不許在無學識的羣眾面前公開討論。同樣，凡不確定、有錯誤迹象的，既不得公佈，也不可加以討論。凡足以引起好奇、迷信或貪財的事，他們當以之為信徒的恥辱和絆腳石，應加以禁止。……	聖會議教導人並吩咐人，對那最有益於基督徒，並為聖教會會議所批准的贖罪券，要在教會中保留；凡説贖罪券無用，或否認教會有權頒發它的人，要被詛咒和定罪。然而，聖會議認為頒發贖罪券時，應照教會古老的成規，要有節制，惟恐因濫發而廢弛教會的法規。聖會議甚願補救並矯正那已滲入教會，並因此使贖罪券的尊名被異端派褻瀆的弊端，所以聖會議藉此教令規定：既然藉售賣贖罪券以謀不義之財，乃是基督徒中最易產生諸般弊端的原因，因此這種惡行應予禁絕。……

《天特信條》

2. 我非常堅決地承認及持守使徒和教會的遺傳，並這教會一切的禮儀和規章。
4. 我又宣認在新的律法中有 7 個真正的聖禮，是我們的主耶穌基督所設立，也是人類得救所必需（但不是每個人都必需）；當中包括水禮、堅振禮、聖餐禮、告解禮、臨終膏油禮、授聖職禮和婚禮，都有賜下恩典的功效；其中水禮、堅振禮、授聖職禮，均不得重複施行。我又接納並承認公教舉行上述各聖禮所定規的儀式。
6. 我又宣認在彌撒中有真確、適切和挽回的祭，為活人和死人獻給上主；在最神聖的聖餐中，確實存在我們的主耶穌基督的身體和寶血，心靈和神性；而且餅的全部本質轉化成祂的身體，酒的全部本質轉化成祂的寶血，公教稱這轉化為化質説。
8. 我堅持有煉獄，其中所拘留的靈魂，可得在世信徒的補助；照樣，我確認那些與基督一同掌權的聖徒，當得尊敬和呼求，而他們也替我們向神代求，並且他們的遺物也當受尊敬。
10. 我承認神聖、使徒、大公的羅馬教會是眾教會之母，我宣誓承諾真誠服從羅馬的主教，他是使徒之首彼得的承繼者，且是耶穌基督的代表。

8.4.2. 東方正教的持守

雖然宗教改革發生於西方，但在信眾自由遊走各地的情況下，信仰的挑戰也在一定程度上延伸至東方。驅使東正教會正視改教運動的，是曾先後擔任亞歷山太和君士坦丁堡主教長的路迦爾。他早年曾於西歐各地廣泛遊歷，於瑞士接觸及接受改革宗信仰，回到東方後力圖推動東正教會與基督新教對話，甚至欲促成兩者的聯合。1629 年，他以拉丁文寫成《基督信仰認信文》，兩年後譯成希臘文，雙語合訂本於 1633 年在日內瓦出版。路迦爾期望此認信文能獲得東方眾主教認同，最終成為東正教會的共同認信，可惜事與願違。在西方公教和東方異議者的聯手敵擋下，路迦爾的認信文一再於 1643 年的雅西會議和 1672 年的耶路撒冷會議被判為異端，他本人亦遭革職懲處。耶路撒冷會議且明確聲明：「路迦爾的認信文並非東方教會的認信」。

為防範羅馬公教和基督新教，東正教會迅速修訂和通過由基輔省主教摩吉拉（Peter Mogila，在位於 1633 ～ 1646）於 1640 年草擬的《正教信條》（*Orthodox Confession of the Catholic and Apostolic Eastern Church*）。此信條以教理問答形式，教導信眾俄羅斯正教的傳統信仰，內容分信、望和愛三大部分，分別有 126、63 和 72 條問答。此信條先於雅西會議經修訂後獲通過接納，其後再呈交東方四位主教長簽署確認。在耶路撒冷會議上，此信條獲肯定為「已獲及正獲全體東方教會徹底接納」，充分反映其認受性和權威性。此信條至今仍為東正教會的權威認信，地位僅次於早期教會的大公信經如《尼西亞信經》等。

《正教信條》

1.1 甚麼是大公和正統基督徒獲取永生所需要持守的？

答：正確的信仰和良好的善功；因為任何人若擁有這兩樣，就是真基督徒，有確切永恆得救的盼望。……

1.2 基督徒首先要持守甚麼信念，然後才去做善功？

答：人非有信，就不能得神喜悅。……故此，基督徒首先要對神有信心，其次要以這信心作為個人生活的導引。

1.3 這兩者包含甚麼？

答：就是 3 個神學上的品德：信心、盼望和愛心。這信條正按此分為 3 部分：第一部分處理信心；第二部分探討盼望、主禱文和福音寶訓；最後第三部分涉及神的律法，就是愛神和愛鄰舍。

1.4 甚麼是信心？

答：……每一正教基督徒堅定不移地相信大公和正統教會所持守的一切信仰條文；這些條文是我們的主耶穌基督藉著使徒傳留給教會的，並在大公會議上解釋和確認。……教會的律例有 2 種：一種是成文的，包含在聖經書卷當中；另一種是使徒口傳的，就是大公會議和聖教父們後期所宣認的。這兩者皆是我們信心的基礎，我們不單有責任停止私下議論，且要堅信不移地以口公開宣講和認信。……

1.5 甚麼是大公和正統的認信條文？

答：按照在尼西亞舉行的第一次大公會議，和在君士坦丁堡舉行的第二次大公會議，正統和大公的認信條文有 12 條；在這大公會議裏，每一項關於我們信仰的事情均準確而詳盡地記下，我們不應信多、也不應信少，不應在教父以外建構別的解釋。

改革教會流弊之進程的再思

基督新教在宗教改革期間出現許多不同宗派，其中一個主要分歧是對改革公教傳統陋習的程度存在不同見解。有像聖公宗般採取溫和中庸路線，避免不必要的爭拗；有的依照信義宗的樣式盡量保留傳統，只改革明顯違反聖經之部分；有像改革宗那樣在顧及當權者接受程度的現實下，盡可能按聖經原則革新傳統；也有的以信洗派、清教徒和浸信宗的立場為正確，何時發現教會傳統有任何部分與聖經真理相違，就立即無懼地改革，即使遭受迫害依然堅持，強調順從神、不順從人是應當的。

隨著時間過去，現今各新教宗派或教會羣體，均在不知不覺之間逐漸形成本身的傳統。這些傳統有些合乎聖經、配合現實需要，值得保留；但也有不少已經扭曲變質，變成抱殘守缺，需要認真改革。細看聖經，不難發現當中記述許多更新改革的例子；探究緣由，神的子民需要革新，主要有以下幾方面原因。

一、輕視聖道、偏行己路：明知神的要求，卻按私意選擇漠視不理，隨從世俗名利或人意判斷；舊約以色列人離棄耶和華去事奉諸巴力，尼希米記十三章回歸的猶太人背離誓約，便是其中的典型例子。

二、誤解聖道、執迷堅守：重視神的要求，卻錯誤理解當中精義，且頑固堅持自身偏見為正確；例如耶穌時代的猶太宗教領袖死守律法條文，輕忽其真義，還在安息日治病等問題上處處挑戰耶穌。

三、持守聖道、領悟不足：對神要求的認知基本上正確，卻未有進深領悟更深層意義；例如彼得持守飲食的規條，但當神叫他「起來，宰了吃！」（徒十 13），就當選擇順從頒下律法的主，而非堅守律法。

四、時代轉變、啟示漸進：就如保羅所說，神在耶穌基督裏所成就的，原是祂旨意的「奧祕」（弗一 9）；這些奧祕包括外邦人的得救，是從前世人不能明白的，因此信徒須保持開放，隨時領受上主新的啟示。

因著偏離的原因不同，所要採取的糾正流弊、更新信仰的行動也有差別。對於擁有實權的領袖，當然可以學效希西家和約西亞，以王權領導南國猶大，更新他們對耶和華的敬拜。然而，就如昔日的改教家，今日絕大部分革新教會的提倡者，皆屬位處邊緣的羣眾；在推動改革的時候，當如何進退有度？以下是幾方面值得考慮的因素。

一、不斷反省、檢視傳統：許多時候教會傳統逐漸變質，主因是欠缺反省，容讓有問題的意識形態不斷發酵，影響擴大，信仰羣體也因之愈來愈偏離正道。因此，更新教會的最先步驟，是警覺地以聖經真理檢視現有傳統。就如筆者所事奉的浸信會，常有前輩稱本宗是講求民主的；但按照聖經，教會應是神主還是民主？若當年改教家沒有透過查考聖經認知公教神學的偏差，就不會有今日的基督新教。

二、重申真道、正視錯謬：確知現有傳統存在偏差後，就要努力傳達正確信念，讓教會羣體更多人領悟。神差派先知在以色列家發出警告，主耶穌傳講天主的福音；改教家積極翻譯和教導聖經，指斥公教偏差錯謬；這些皆有喚起更多人醒覺，提升改革力量的作用。今日不少信徒喜歡私下評論教會，卻不願意起來指出問題，結果教會偏差久久不能糾正；挺身而出，宣揚正確真道，是更新改革不可少的一步。

三、謙卑對話、切勿自大：信仰羣體出現問題，除了信仰低落偏離神外，還如上所述，會由領導團隊對信仰真理獨特的理解所致。當年改教家對公教傳統提出改革，惟路德的聖餐同質說、慈運理堅持施行嬰兒水禮、加爾文的預定論立場，卻遭其他改革者批評。由於涉及對真理的不同詮釋，改革者就當以謙卑的心提出本身見解。要明白現今傳統持守者可能存在偏差，提出異見者自身同樣也可能存在偏見，要學習謙卑對話。

四、順服上帝、無懼壓力：若是非真理明確，掌權者卻不聽忠言，反以強硬壓迫手段應對；那麼，使徒面對猶太宗教領袖的回應「順從神、不順從人是應當的」，就該成為信徒羣體持守的原則。歷世歷代，許多堅守信仰的基督徒都因信仰的緣故受盡壓迫；改教羣體受著羅馬教廷的迫害，信洗派、清教徒和浸信宗受著立場相異的當權宗派所壓制；然而歷史現實證明，前人先輩的信仰堅持和犧牲付出是有價值的。

溫習及思考問題

1. 中世紀羅馬教廷所建立的正統權威是甚麼？為何這套權威牢不可破？

   正統權威：________________

   牢固因由：1. ________________

   2. ________________

   3. ________________

2. 對於羅馬公教下列 3 項信仰權威，基督新教有何立場？

   教宗權威：□接納　□有保留　□不接納

   教會傳統：□接納　□有保留　□不接納

   兩約聖經：□接納　□有保留　□不接納

3. 試依據本章內容，比較公教和新教所採用聖經之內容的異同。

	公教聖經內容	新教聖經內容
舊約內容依據	□拉丁文本　□希伯來文本	□拉丁文本　□希伯來文本
新約內容依據	□拉丁文本　□希臘文本	□拉丁文本　□希臘文本
舊約書卷編排	□猶太聖經　□公教傳統	□猶太聖經　□公教傳統
是否包括次經	□包括　□不包括　□有分歧	□包括　□不包括　□有分歧
次經價值地位	□接納　□不接納　□有分歧	□接納　□不接納　□有分歧

4. 試依據本章內容，比較公教和新教對聖經之詮釋的異同。

	公教對聖經的解釋	新教對聖經的解釋
解釋聖經的方式	□按字面　□四重釋經	□按字面　□四重釋經
對寓意解經的立場	□接受　□不接受	□接受　□不接受
負責解經機關	□羅馬教廷　□所有信眾	□羅馬教廷　□所有信眾
解釋聖經的依據	□官方理解　□以經解釋	□官方理解　□以經解釋
聖經對比教義	□解經決定教義 □教義決定解經	□解經決定教義 □教義決定解經

5. 試依據本章內容，比較公教和新教對下列信經的接受程度。

	公教接受程度	新教接受程度
使徒信經	□全部　□有些　□全不	□全部　□有些　□全不
尼西亞信經	□全部　□有些　□全不	□全部　□有些　□全不
亞他拿修信經	□全部　□有些　□全不	□全部　□有些　□全不
奧斯堡信條	□全部　□有些　□全不	□全部　□有些　□全不
第二瑞士信條	□全部　□有些　□全不	□全部　□有些　□全不
三十九條信綱	□全部　□有些　□全不	□全部　□有些　□全不
倫敦認信文	□全部　□有些　□全不	□全部　□有些　□全不
天特信條	□全部　□有些　□全不	□全部　□有些　□全不

6. 試根據宗派神學立場，推斷以下條文出自哪份認信。

認信條文	認信來源
基督為向我們表明屬靈和屬天的糧食，就設立了一種以屬世和有形的麵包，作為祂身體的聖禮，又以酒作為祂血的聖禮。……藉此我們的生命得著滋養。	□協和信條 □比利時信條 □天特信條
我們教會教導人：洗禮為得救所必需；神的恩典藉洗禮賜給人。小孩也須受洗，因為他們在洗禮中被獻給神，得蒙悅納。	□奧斯堡信條 □施萊特海姆信條 □倫敦認信文
凡因私見故意公然破壞本教會所有不違反聖經，而又為共同權威所制定、所批准的傳承和禮儀者，當被公開譴責為違犯教會公共秩序。	□威斯敏斯特信條 □三十九條信綱 □天特信條
神的恩典是眾善的起始、延續和成全。……人所能想到的一切善行，都屬神在基督裏的恩典；然而這種恩典並非不能抗拒的。……	□協和信條 □第二瑞士信條 □抗議信條
水禮乃新約定規的禮儀，由基督所設立，只有能親自認信的、願作門徒的，或認信後獲教會提名受浸的，才配接受此禮。	□施馬加登信條 □海德堡要理問答 □倫敦認信文

我照我們神聖的母會歷來所持守的意義去領受聖經，那判斷並解釋聖經真諦之權，乃屬此教會；並且我決不違反教父們一致的意見去領受及解釋聖經。	□施萊特海姆信條 □西敏寺信條 □天特信條

7. 對於羅馬公教下列 3 項信仰權威，東方正教又有何立場？

   教宗權威：　□接納　□有保留　□不接納

   教會傳統：　□接納　□有保留　□不接納

   兩約聖經：　□接納　□有保留　□不接納

8. 你認為基督新教高舉惟獨聖經，強調要按個人良知以經解經，排拒教會傳統的指引，這見解有何優點與缺點？

   優點：____________________

   缺點：____________________

9. 基督新教高舉的正統權威，卻造成宗派林立，改教家們意見紛紜。若有慕道者詢問為何基督新教四分五裂，你會如何解釋？

   ____

   ____

進深閱讀書目

吳國傑：《正邪難辨：再思基督宗教判斷正統與異端的權威標準》。香港：浸信會，2014。

湯清編譯：《歷代基督教信條》。香港：基督教文藝，2000。

Marmion, Declan, Salvador Ryan, and Gesa E. Thiessen, eds., *Remembering the Reformation: Martin Luther and Catholic Theology*. Minneapolis: Fortress, 2017.

Pelikan, Jaroslav. *Credo: Historical and Theological Guide to Creeds and Confession of Faith in the Christian Tradition*. Vol. 2: *Creeds and Confessions of the Reformation Era*. New Haven & London: Yale University Press, 2003.

第九章
教會體制

宗教改革運動對基督教會其中一個最大的影響，是否定羅馬教宗的單一領導地位，拒絕接受教廷聖職人員的特權，大幅改變教會的領導和行政架構。基督新教各宗派有頗具分歧的教會體制，實際運作時更是百花齊放，惟當中絕大部分可歸為監督制、長老制和會眾制 3 類，且都與羅馬公教以教宗為首的教階制度保持一定距離。在改教神學中，「信徒皆祭司」觀念可謂影響新教羣體建立自身教會體制最關鍵的指導性原則；這觀念既拒絕羅馬教廷再以特權階級身分曲解真理、擾亂教務，也防止任何新教組織步其後塵，避免重蹈中世紀羅馬教廷專橫霸權、無法糾正的覆轍。

9.1. 改教序幕的實況

在宗教改革前夕，基督宗教的體制相對分明：西方拉丁教會由一位羅馬教宗獨大，所有主教和聖職人員皆要聽命其下；東方希臘教會則有君士坦丁堡、亞歷山太、安提阿和耶路撒冷 4 位主教長並列，各自管理轄區內所有教會事務。要準確認知改教運動對傳統教會體制所帶來的衝擊，就得先了解此前的實況。

9.1.1. 羅馬公教的體制

在十一世紀中葉開始的克呂尼運動之改革下，羅馬教宗獨攬大權的情況逐漸形成；1215 年的第四次拉特蘭會議，標誌著公教教權達至高峯。此時，教宗被視為西方教會地上的最高領袖，他們不單不受政權轄制，相反常能以高於君王權貴的姿態頒佈諭令。在羅馬教宗之下，是負責選舉教宗事宜的樞機主教團；當中包含世界各地具能力才幹、代表性高的資深主教，是公教最核心的決策及行政組織。

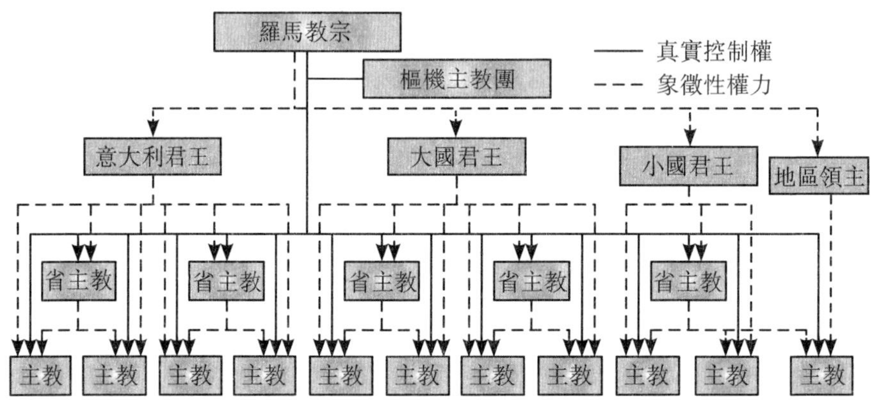

至於各地的省主教、主教，原則上全都直屬於羅馬教宗，教宗有全權委任、調遷或廢除各級任何聖職人員，按需要將教區分拆或合併，以教諭形式就教會問題作出批示，並差派特使到偏遠地區代為處理特殊事務。雖説各地的聖職人員也要顧及所處地域國王或領主的政令，名義上也受其管轄，但在教會實際掌有最高權力的，始終是羅馬教宗。

至於地區教會內部，當區主教名義上是最核心的領導者。教區內的神父、執事和其他次級聖職，皆要向他問責；教區內的宗教活動、聖堂教務，皆由他管轄；就連偏遠的修道羣體，除部分直接歸屬於教宗的修會外，皆要聽命其下。然而，由於羅馬公教的教宗首席論聲明，教宗有權干涉任何教區事務，推翻或修正任何主教領袖的教令，將高於地區主教的權柄授予其特使；故此，最終決策權實質上是在羅馬教宗手裏。

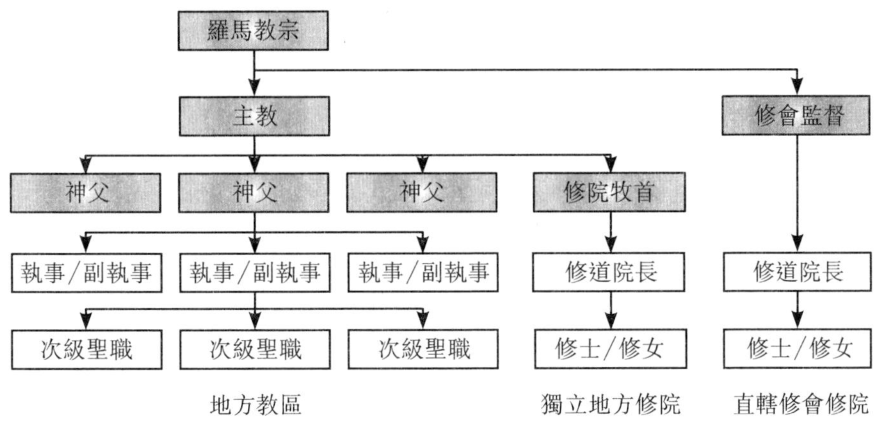

十二至十三世紀期間，羅馬教宗曾一度確切擁有這超然權威，例如十二世紀末，教宗英諾森三世(Innocent III，在位於 1198～1216)先後成功壓制德意志、英格蘭和法蘭西君王。然而，長久的強權壓迫同時也令君王不滿的情緒颷升，驅使反抗力量積聚；結果不足 100 年，政教關係出現大逆轉。十四世紀初開始的「教宗被擄巴比倫」事件，使教宗長久受制於法國君王，教權因此大幅下滑。此後，兩個分別於羅馬和亞威農同時在位的教宗造成的「西方基督宗教大分裂」，更突顯教宗獨大的潛在危機。然而，這分裂於 1414 至 1418 年舉行的君士坦茨會議獲得解決後，教權又因敵對者分裂而再次高升，教宗獨攬大權的情況又再出現。

在馬丁·路德發起宗教改革之時，羅馬教廷的教階制度依然穩固；羅馬主教的權力地位雖不及教宗被擄巴比倫之前，但仍相當崇高堅固，足可與任何一國君王匹敵，也有能力對歐洲各處的異己，包括後來出現的改教羣體大肆壓迫。

9.1.2. 東方正教的體制

與西方羅馬公教相比，東方正教在教會體制上的改變較少；他們一直沿用初期教會前 4 次大公會議所議決的架構模式，由君士坦丁堡、亞歷山太、安提阿、耶路撒冷 4 位主教長，分區治理東方各地教會。就連後三者的教會相繼淪陷於伊斯蘭勢力手中，在異教統治政權的壓迫下逐漸萎縮，其主教仍一直保有東方主教長的地位，與君士坦丁堡主教長並列領導。

在教會與政權的關係方面，在拜占庭帝國政權的管治下，皇帝是真正擁有大權的領袖，在教會中地位特殊。基本上，在東羅馬政權的管治架構裏，主教長可說是國家專責處理教會事務的官員，在很大程度上要聽命於王權；然而大多數時候，皇帝傾向尊重聖職人員對教會事務的決定，盡量避免直接干預。在拜占庭帝國以外、受伊斯蘭政權管轄的地區，教會雖時刻面對不平等的待遇，但由於異教的統治者普遍對基督宗教內部事務不感興趣，教會遭政權干預的情況較少，行政相對獨立。

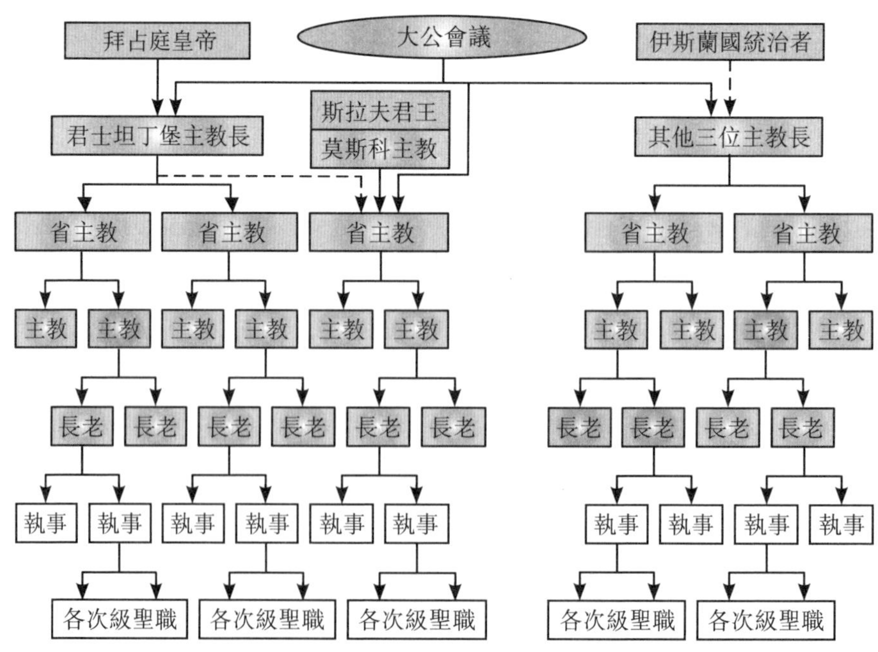

在宗教改革爆發之時，東方教會這種以四大主教長為首的局面一直持續，惟隨著斯拉夫教會的興起與冒升，也開始出現革新的聲音。十五世紀初，當拜占庭帝國遭鄂圖曼帝國大軍圍困之時，東方皇帝嘗試向西方求助，羅馬教廷趁機嘗試吞併東方教會。在1439年的佛羅倫斯會議上，東方教會由數百人組成的代表團出席；為得西方的軍事援助，東方代表勉強放下兩者於神學和教制上的分歧，接納聖靈從父「和子」而出，又承認羅馬教宗高於一切的首席權。惟妥協消息傳到東方，隨即惹來各地政治和宗教領袖的抗議。當時未受伊斯蘭勢力困擾的俄羅斯正教，批評佛羅倫斯會議上的讓步是賣教行為，遂於1448年宣告獨立。拜占庭帝國於1453年遭鄂圖曼帝國殲滅後，俄羅斯正教迅速成為最強盛的東方教會羣體；在現實環境的驅使下，君士坦丁堡主教長終在1589年確認俄羅斯正教的獨立地位，並宣告莫斯科主教擁有主教長職銜，與傳統的四大主教長並列，成為東方正教第五位公認的主教長。

9.2. 政教關係的發展

羅馬教宗聲稱其地位超然於各國君王諸侯，惟現實中兩者卻經常互相角力、彼此爭權，教權也隨歷史環境演變而時起時落；然而，政教關係密切是不爭的事實。東方正教的君士坦丁堡主教長，以及後來獲得承認的莫斯科主教長，都是附從基督徒君王的管治伙伴。而在伊斯蘭勢力下的亞歷山太、安提阿和耶路撒冷主教長，則要時刻面對異教徒政權的壓迫，絕大部分時間政教關係疏離。

改教運動促成了基督新教內不同宗派興起。這些宗派有得到政權保護和支持的，如德意志、瑞典和丹麥的信義宗、瑞士的改革宗、英格蘭的聖公宗、蘇格蘭的長老宗等；也有無權無勢、常遭壓迫的，如信洗派、清教徒、浸信宗，還有抱持亞米紐斯主義的抗議派等。政教關係許多時候影響著教會體制的建構，故在此先稍加論述。

9.2.1. 政教聯合的模式

自羅馬皇帝君士坦丁歸信基督宗教開始，教會即常與政權保持密切的關係。不論是西方基督教世界的羅馬公教，還是拜占庭帝國和後期俄羅斯沙皇國治下的東方正教，政權均是支援、保護、配合教會的合作伙伴；在宗教改革前的 1500 年教會歷史裏，政教聯合是主流的關係模式。受這種國教信仰的意識形態影響，早期的改教家均力圖爭取所在地域的君王或政權支持，期望新教能一舉成為當地的國教或地區宗教，以使全民轉投新教。按教會與政權的互動角色，改教時期採取政教聯合的新教羣體，其政教關係可概括分為以下 3 類模式。

a. 政權掌控教會：以君王為教會最高領袖，所有聖職人員皆要聽命其下，典型例子是英格蘭的聖公宗。聖公宗的《三十九條信綱》聲明，英格蘭君王在所統治的領土內有「超然的權柄」，當中不論是國家還是教會，一切神所託付的產業和職位，皆由英王管轄。國家和教會相信王權本身是神所任命的；英王在教會中惟一不能做的，就是講道和施行聖禮。

b. 政教相互支持：強調教會在信仰上教導和支持基督徒執政者，幫助執政者建立良好的公民制度，典型例子是德意志的信義宗。正如該會的《奧斯堡信條辯護論》解釋：「合法的公民制度，是神的美好創造和神聖制度，基督徒可以安心參與」。政治國度雖不是基督國度，但卻是神為在世基督徒設立的社會秩序，基督徒當支持和順從政府。

c. 政教合作事奉：認為教會和政權各自在建立基督國度上發揮不同功能，典型例子是改革宗和相近的長老宗。《比利時信條》聲明，君王和官長都是神指派給墮落的人類的，好使社會受法律和政策約束，凡事有條不紊。然而，政權的職務不僅促進屬世國度的幸福，且在於維護教會，防止一切偶像敬拜，藉此促進基督國度。反過來，基督徒當順從和尊敬君王和長官，為他們代求，使他們在神面前敬虔端正。

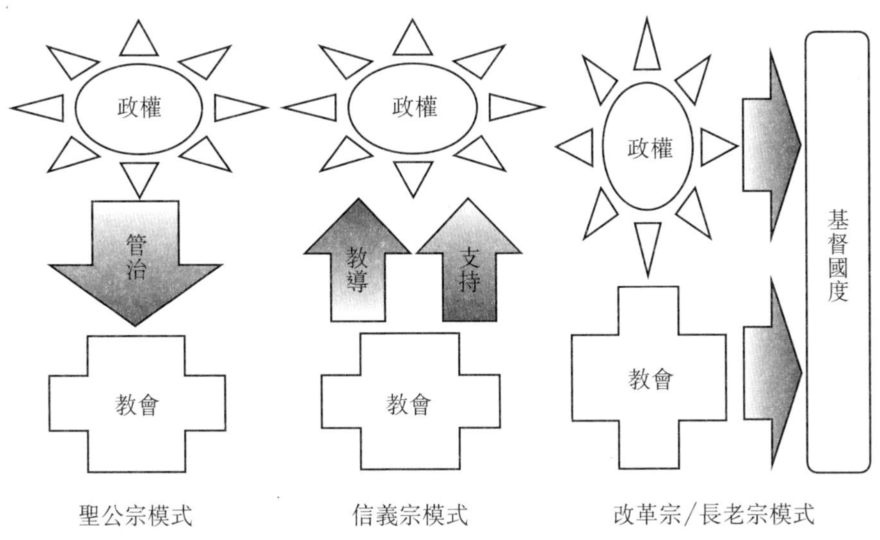

9.2.2. 政教分離的模式

隨著改教運動發展，各地逐漸出現一些不獲政權支持，或拒絕政權支持的宗派羣體。他們強調忠於從神而來的領受，拒絕服從不合乎聖經的政令；後世多統稱他們為「不順從派」(Nonconformity)或「自由教會」(Free Church)。由於這些宗派羣體多在改教時期受不同政權壓迫，故與支持政教聯合的宗派相比，普遍對現世政權抱持負面態度。他們倡議政教分離：政權不應干預宗教事務，教會也不應過度參與政治體制，屬靈和屬世國度當保持應有距離。他們強調「凱撒的物當歸給凱撒，神的物當歸給神」。就著對政權本質的理解，這些宗派羣體對政治的看法可分為以下兩大類。

a. 政權扭曲、需要糾正：認為公民制度是神所允許，惟現世政權存在雜質與錯謬，故信仰純正的基督徒當以真理宣講和生命見證，幫助政權正視問題，重回正軌；典型例子是主張留守英格蘭聖公宗國教的清教徒，及立場相對溫和的特定救恩浸信會。特定救恩浸信會早期的《倫敦認信文》聲明，公民制度是「神所設立的秩序，為要賞善罰惡」；基督徒要順服其下，並要為之禱告，好使轄下人民能安居樂業。對於正在施行迫害的英格蘭暴政，認信文一方面祈求神施恩憐憫，使執政者能迷途知返，另一方面強調即使遭受逼迫痛苦，也要堅守信仰，絕不妥協。

b. 政權敗壞、需要遠離：認為屬世政府與屬靈國度完全無干，甚至視政權為撒但操控世界的腐敗工具，故基督徒應盡量避免參政，與政權保持距離；典型例子是受蘇黎世改革宗政權迫害的信洗派、主張離開聖公宗國教的分離派清教徒，以及備受英格蘭政權打壓的普及救恩浸信會。信洗派的《瓦特蘭信條》明確指出，主耶穌並沒有在祂的屬靈國度設立屬世的政府，也沒有將教會的職分與之聯合，反倒處處呼召門徒遠離這些毫無價值的政權；同時，有不少與政權相連的行為，如戰爭、殺人等，更與基督徒生活不相符，故此應盡量避免擔任此類公職。

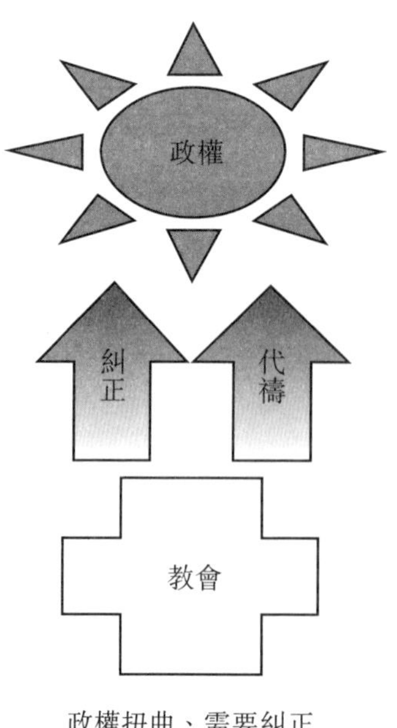

政權扭曲、需要糾正

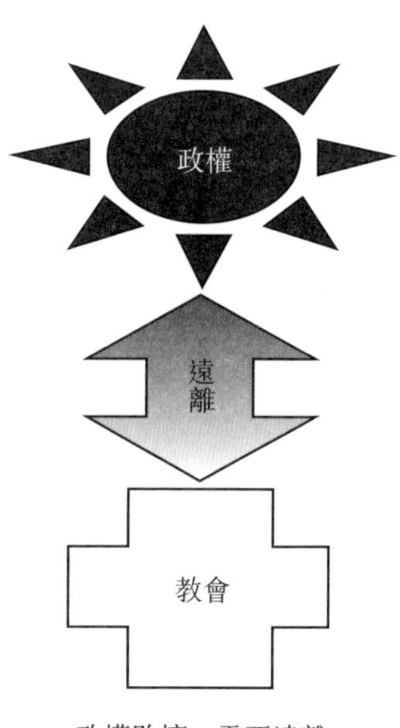

政權敗壞、需要遠離

9.3. 新教相互的關係

除與政權有不同的關係外，各新教宗派之間、宗派內各堂會之間，也存在頗為多元而複雜的關係，這些關係且隨時間而改變。與公教和正教比較，基督新教的體制確是相對混亂、欠缺統一，然而各宗派卻在神的引領下，在歷史裏為教會發展作出貢獻，吸引不同地區、不同種族、不同階級、不同類別的信眾認識基督，也難說當中沒有神的心意。

9.3.1. 宗派之間的關係

現代基督新教時常為人詬病的，是山頭主義、宗派林立。對這種指摘常見的回應，是新教羣體追求的是信仰、團契或事工上的合一；主內合一並不一定要求架構體制上的聯合。然而回顧歷史，特別在宗教改革時期，基督新教確實曾經存在無可辯駁的不合一狀態，部分甚至是彼此敵對、互相攻擊；究其原因，是各自對正統與異端的判斷相異。

現代各宗派願意彼此合作，皆因經歷數百年歷史後，體會到要妥善區分主要教義和次要教義。主要教義出錯，如全能神教會等異端，自然絕對不能合作；惟次要教義分歧，如關於聖餐觀的差異，則可求同存異、追求合一。然而，宗教改革時期並不是這樣。在改教家堅持以本身所認識、體會的聖經真理批判公教偏差的同時，他們亦以相當嚴格而狹窄的標準來衡量其他新教羣體；結果任何與其本身立場相異的，都很容易被判斷為異端而加以排拒。一般而言，改教時期各新教宗派的關係可歸納為以下幾類。

a. 信仰立場相同的親密伙伴：就如受加爾文影響的改革宗、長老宗和清教徒，彼此的見解包括預定論、政教關係、聖餐觀均相當類近。典型事例是十七世紀初，面對意圖強硬劃一聖公宗國教的英格蘭王查理一世，蘇格蘭的長老會和英格蘭的清教徒聯手對抗，結果成功擊敗王軍，查理於 1649 年遭公開處決。在長達 10 載的威斯敏斯特會議上，他們共同擬訂著名的《威斯敏斯特信條》，成為加爾文派系羣體最重要、最廣獲認許的認信條文。

b. 信仰立場相異的合作伙伴：正如清教徒和浸信宗原本在嬰兒水禮上立場相異，但面對英格蘭聖公宗國教的壓迫，兩者共同建立不順從派，聯合力量應對危難。又如對抗羅馬公教勢力的三十年宗教戰爭，雖然各新教宗派在某些神學見解上一直存在分歧，部分更曾經歷嚴重衝突，但在強大的共同敵人面前，卻願意放下矛盾，聯合所有軍事和民眾力量，並肩作戰；結果成功迫使公教勢力簽訂威斯特伐利亞和約，取得宗教自由。

c. 信仰立場相異而各自為政：例如因聖餐觀分歧而無法達成聯合共識的信義宗和改革宗，結果雙方在馬爾堡對談後，遂各自面對公教的壓迫。慈運理最終於卡卑勒戰役中陣亡，支持路德的施馬加登同盟亦在查理五世的軍事介入下陷於苦戰。同樣，分別採納亞米紐斯主義和加爾文主義的普及救恩浸信會和特定救恩浸信會，亦在神學分歧中各自組織聯會，並分別制訂認信文：前者制定了《標準認信文》（*Standard Confession*），後者制定了《倫敦認信文》。

d. 信仰立場相異而對立衝突：這類例子有許多。如在蘇黎世改革宗政權下的信洗派，他們遭到對立派系迫害，多人被捕入獄。早期的信洗派領袖滿慈就在這逆境下，被捆綁手腳推進水中殉道而死。同時，不順從派亦在英格蘭政權下大遭壓迫；創立首間普及救恩浸信會的赫爾維，就是因拒絕接納聖公宗國教而死在獄中。照樣，荷蘭的亞米紐斯主義者在多特會議受挫後，亦曾受加爾文主義者壓迫，多人遭革職懲處，被迫暗中活動。

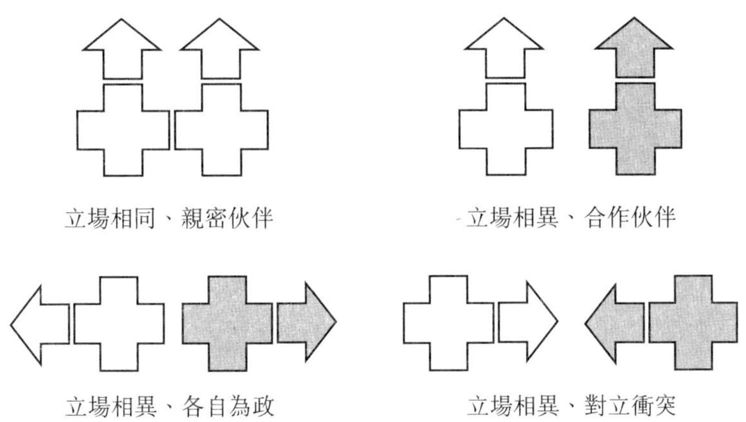

9.3.2. 宗派內部的體制

各新教宗派進行宗教改革的緣由、過程、理念和處境不同，因此各自有著頗具差異的內部體制。這些體制不單決定宗派領導層與地方堂會的關係，也影響堂會與堂會間的往來，以及宗派轄下各機構組織的角色與地位。按人事架構的主要特色，基督新教內各宗派體制可分為以下 3 大類。

a. 監督制：延續羅馬公教的傳統，以主教或監督為地方教會的最高領袖；改教時期新教中的聖公宗和信義宗，皆採用此體制。然而，兩者又有相當明確的分別。聖公宗採用的主教制，強調承襲使徒統緒，主教權柄源自職權的授任，教會權力層級式地從上而下。而在路德所倡議的信徒皆祭司的信念下，信義宗的監督制堅持教會領袖只是施行聖職的代表，必須由全體會眾授權，教會領袖沒有特權，也不能專權。原本路德只在各地方教會設立牧者，惟因現實牧養和督導上的需要，才篩選資深牧者擔任區域性監督。

b. 長老制：在宗教改革時期，長老制主要由改革宗和長老宗採用。根據加爾文的《教會憲章》，宗派的治理當按照堂會人數派出代表，組成教會法庭；小議會選出 2 人，60 人議會選出 4 人，200 人議會選出 6 人；其後逐漸發展成四級制管治：堂議會（Session）以上有地區性的區會（Presbystery），再上一級是中議會，而最高權力機關是總議會。深受加爾文影響的長老宗，架構也非常近似；他們同樣分四級制治理，從下而上順序為堂委會（Consistory）、上委會（Classis）、中議會和總議會。

c. 會眾制：本著信徒皆祭司的觀念，以信徒大會為最高權力機構，強調要由全體信眾共同辨識神的心意。宗教改革時期的不順從派自由教會多採用此模式，其中最具代表性的是浸信會。浸信宗強調堂會自治，每一堂會均有從基督而來的權柄，決定堂內各種事務。為集結力量以推動福音和社會事工發展，各地的浸信宗堂會逐漸組成聯會；惟這些聯會只屬自願性組織，對堂會沒有實質權力，更不能將任何原則或習慣，強加於堂會。聯會的領袖不單非高高在上，許多時候更被視為服事眾堂會的僕人。

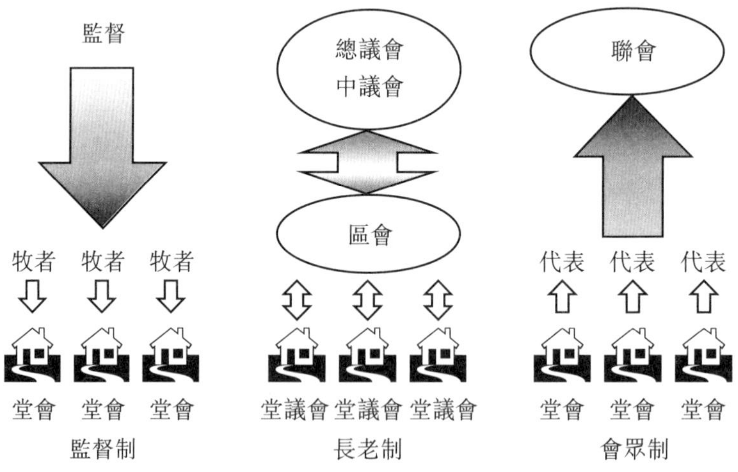

9.4. 堂會內部的架構

宗派體制的架構與觀念，同時也影響著轄下各堂會的內部架構，以及各級聖職人員的角色與功能。這些宗教改革時期建立的體制，絕大部分為相關創會領袖如路德、加爾文等人所提倡，或由具代表性的會議所通過，且有權威認信或著作解釋其神學基礎與背後理念，故一直為相關宗派羣體持守。這些架構體制有許多甚至延續至今，為不少現代華人教會採用與持守。

9.4.1. 堂會的組織架構

中世紀羅馬公教的權力架構是從上而下的，在羅馬教宗之下是各地的主教，主教之下有駐守各教堂的神父，然後是該堂的執事、副執事及各次級聖職。在地方教堂中，獲教區派駐的神父屬聖品階級，擁有特別崇高的地位，是教堂內一切人事、教務的主要決策者。基督新教各宗派的體制，多少反映其對公教傳統的排拒程度；當中程度較輕微的是監督制，其次是長老制，最徹底的是會眾制。為配合宗派本身的體制，各轄下堂會也有相應的組織架構，這些架構同樣反映著對公教從上而下權力架構的反動程度。

a. 監督制：在組織架構上較延續羅馬公教的傳統，仍具相當明顯的從上而下的權力關係，特別是聖公會，主教和牧師擁有特殊地位，是堂會大小事務的最終決策者，其權柄非任何平信徒可以挑戰。信義宗雖仍堅持信徒皆祭司，牧者必須先得到全體會眾授權，惟上任就職後，隨即成為堂會的核心領袖，全權負責帶領堂會的運作和發展。路德強調，每個牧者或屬靈領袖都應該是監督，是教會羣體的守望者；神的國之所以能在世界建立，全在乎牧者的言論和行動，因此其身分與角色在教會羣體中異常重要。

b. 長老制：部分修正羅馬公教的體制，將權力從個人分散到議會，主張由眾長老組成堂議會或堂委會聯合領導；當中長老可由委任或選舉產生，教牧同工和信徒領袖皆可成為長老。此架構強調集體領導，故能在一定程度上互相監察，避免一人攬權獨大。然而，由於長老升任一般必須經現有堂議會或堂委會通過接納，若長老團隊封閉固執，下層會眾更新改革的異議聲音未必能得到適切回應。此外，若長老團隊彼此不和、意見不合，又很容易妨礙堂會發展，耗費資源在不必要的人事衝突上。

c. 會眾制：是對羅馬公教傳統最強烈反動的一種體制，完全放棄從上而下的模式，改以會友大會為教會最高權力機關，變成從下而上的格局，特別強調信徒皆祭司。由於重要事務都要由全體會眾決定，故通常會定期召開大會；休會期間由會眾選出的執事負責領導和治理職務。跟監督制相反，會眾制教會的牧者普遍沒有多少實權，他們雖為屬靈領袖，卻擔當眾人的僕人。基於對現實權力分佈的考慮，這種體制很容易迫使牧者以討人喜悅的方式牧養，特別要遷就執事的喜好，偏離專注於神的原則。

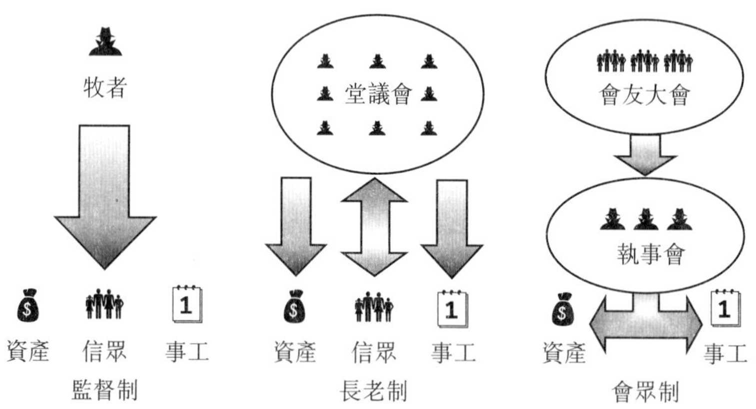

9.4.2. 堂會的主要聖職

雖然基督新教一致認同信徒皆祭司，然而為使教會有效運作，各宗派教會均設有專責事奉的各類聖職。路德解釋：「按照教會多年以來的傳統，如今亦應如此；每一個基督徒教區內所有信眾都是屬靈的祭司，應該從他們中間選出年資高、有學問、最虔誠的人，在福音和聖禮的事上作他們的僕人、執事、牧者、監督，如同一個城市的市長一樣，從全體市民中選舉出來」。這些聖職是宗派及教會正常運作所必需。路德的《小教理問答》且詳細列出聖經中有關監督、牧者和傳道資格的經文，並信眾當如何對待牧者。這類聖職在新教羣體眼中，是具有充分聖經基礎的。然而，究竟地方堂會當有甚麼職分？各職分的名稱為何？新教羣體並沒有劃一標準，各宗派也存在若干差異，現概括如下。

a. 聖公會：聖公宗的《三十九條信綱》明確訂明有大主教（Archbishops）、主教（Bishops）、牧者（Priests）和執事（Deacons）等職分，他們都要經君王批准，按照定規的儀文禮節封立或按立，其主要職責是負責或協助教會中的講壇宣講，以及施行各種聖禮；信綱強調，任何未經合法選召派遣的人，均不得在教會講道或施禮。

b. 信義宗：初期只注重教牧職分，他們是特別設立的祭司，被揀選出來代表信眾傳道和施禮；路德明言：所有信徒都是祭司，但非人人都是牧師；必須獲授職分，擁有召命與委任，才可作牧師（Pastors）和教師（Preachers）。為給眾教牧指導和評核，路德後來引入監督（Superintendents）；此外，堂會內通常還有執事，協助教牧推展聖工。

c. 改革宗、長老宗：早在加爾文於 1541 年草擬的《教會憲章》，已清楚提出教會當設立四個主要職分：牧師專責宣講神的話語，施行聖禮，維持教會紀律；傳道（Ministers）負責教導正統教義，以確保福音純正；長老（Elders）監督信眾的日常生活，對行為不檢者執行教會紀律；最後，執事要關懷接待，照顧教會羣體中的貧病老弱。

d. 信洗派、浸信宗：採用會眾制架構，堂會獨立自治，故不容許地位超然的主教或監督存在。雖然會友大會是地方堂會的最高權力機關，但日常運作則由獲選任的執事團隊負責。執事不單決定資源的分配、運用，且掌有人事任命大權。相對地，教會牧師或傳道多屬外聘，名義上負責堂會的屬靈領導和事工推展，但很多時會受信徒領袖掣肘。

新教宗派	常見聖職
聖公會	大主教、主教、牧者、執事
信義宗	監督、牧師、教師、執事
改革宗、長老宗	牧師、傳道、長老、執事
信洗派、浸信宗	牧師、傳道、執事

統一與多元——宗派體制的利弊

修訂自拙作〈統一與多元——宗派體制的利與弊〉，
《今日華人教會》總 271 期（2009 年 4 月），頁 12～13。

若與天主教和東正教相比，基督新教很容易給人宗派林立的感覺。現時華人教會的宗派有來自昔日西方宗派的延伸，有由西教士在華宣教設立的，也有由華人牧者獨力創建的。基於種種原因，宗派教會佔華人堂會數目的比例甚高。以香港為例，根據 2014 年的香港教會普查，全香港共有 1,287 家堂會，當中 82.7%具宗派背景，分佈在 71 個大小不同的宗派。究竟宗派體制對堂會發展有何利弊？

論到宗派，首先基督新教有許多不同類型的宗派體制，傳統監督制、長老制和會眾制這種區分只是很粗略的分類。實際上，各宗派教會廣泛地散佈在統一與多元的光譜上，有些相當中央集權，也有的強調堂會自治，情況不一。其中權力較散的如浸信會等，各堂會的自主程度，實與許多無宗派的獨立堂會相若。因著體制不同，宗派組織對個別堂會的影響也差異甚大，有的以權威角色統轄管理，也有的只具輔助支援功能。原則上，愈強調統一、中央集權，宗派身分對個別堂會的影響就愈大；因此，探討宗派的利弊時，當考慮的不是有沒有宗派組織，而是有何宗派體制，即統一領導的程度有多大。

一、統一優於多元之處：團結就是力量，現實證明統一集權的宗派確實較能有效調動人手資源，以承擔重大的事工發展。以辦學為例，按照 2007 年的統計數字，全港擁有最多中、小學的，是權力高度集中的香港聖公會教省，該宗派崇拜人數雖只有約 13,000 人，屬下卻有中學 34 間、小學 65 間，遠超其他許多宗派。宗派總議會同樣具領導地位的香港基督教循道衛理聯合教會，平均崇拜人數雖然只有 6,754 人，卻仍有中學 8 間、小學 10 間。相反，堂會擁有高度自治權的基督教宣道會香港區聯會，雖有崇拜人數達 29,264 人，卻只有中學 1 間和小學 2 間。同樣，平均有 19,616 人聚會的中國基督教播道會總會，也只有 1 間一條龍式中小學。此外，獨立小堂會有能力自行承辦中、小學的，寥寥可數，百中無一。

二、多元優於統一之處：有利必有弊，統一集權所放棄的是各堂會的自主性，地方堂會在一定程度上由中央領導，例如牧者須由總會調配，重要事工須經中央通過，堂會奉獻亦有若干比例需要上繳。此體制常見的弊病是缺乏彈性，牧養未能適切配合個別堂會的需要，使教會增長放緩，甚或萎縮。現時香港規模最大、增長最快的宗派，包括香港浸信會聯會、基督教宣道會香港區聯會和中國基督教播道會總會等，均給予各堂會很大自主權，聯會或總會組織皆以輔助堂會發展為本，甚少以權威姿態干涉堂會內政。當然，自主性大的地方堂會，不論有沒有宗派背景，均有不少發展停滯。畢竟，獨立自治難免會產生優劣參差的多元現象，自主性大並不一定保證有理想發展，兩者不能混為一談。

溫習及思考問題

1. 在教會體制上，基督新教大略可分為哪 3 類？這些體制有何共通原則？

   3 個類別：__________、__________、__________

   共通原則：__________

2. 試填寫下表，比較改教序幕時期，東西方教會體制的異同。

	羅馬公教		東方正教	
早期大公會議	□依從議決	□擅自修訂	□依從議決	□擅自修訂
教會屬靈領導	□一人獨大	□多人並立	□一人獨大	□多人並立
教會最終掌權	□宗教領袖	□政治領袖	□宗教領袖	□政治領袖
改教期間轉變	□制度穩固	□略有變更	□制度穩固	□略有變更

3. 試填寫下表，綜合基督新教內的政教關係。

關係模式		教會與政權的關係	具代表性宗派羣體
政教聯合	政權掌控教會	□從屬 □支持 □合作 □督責 □放棄	
	政教相互支持	□從屬 □支持 □合作 □督責 □放棄	
	政教合作事奉	□從屬 □支持 □合作 □督責 □放棄	
政教分離	糾正扭曲政權	□從屬 □支持 □合作 □督責 □放棄	
	遠離敗壞政權	□從屬 □支持 □合作 □督責 □放棄	

4. 宗教改革時期，為何各宗派羣體容易彼此排拒？現代宗派可如何改善？

   改教時期彼此排拒的原因：

   ____

   ____

現代宗派維持合作的原因：

____

____

5. 試填寫下表，以顯示下列事件中相關宗派羣體的互動關係。

歷史事件	涉及宗派羣體	信仰立場	相互關係
組織不順從派以應對英格蘭聖公宗的壓迫	清教徒 浸信宗	□相同 □相異	□親密伙伴 □合作伙伴 □各自為政 □對立衝突
因立場分歧而多人被捕入獄、遭迫害殘殺	改革宗 信洗派	□相同 □相異	□親密伙伴 □合作伙伴 □各自為政 □對立衝突
對抗英格蘭王查理一世意圖強硬劃一宗教	蘇格蘭長老會 英格蘭清教徒	□相同 □相異	□親密伙伴 □合作伙伴 □各自為政 □對立衝突
對談失敗後要各自面對羅馬公教軍事壓迫	信義宗 改革宗	□相同 □相異	□親密伙伴 □合作伙伴 □各自為政 □對立衝突
三十年宗教戰爭中對抗羅馬公教巨大勢力	各新教宗派	□相同 □相異	□親密伙伴 □合作伙伴 □各自為政 □對立衝突

6. 試填寫下表，以綜合基督新教各類體制的宗派特色。

體制	最高權力	權力架構	宗派例子
監督制		□從上而下 □從下而上	
長老制		□從上而下 □從下而上	
會眾制		□從上而下 □從下而上	

7. 試填寫下表，以綜合基督新教各類體制的堂會架構。

體制	與羅馬公教架構關係	堂會主要領導	宗派例子
監督制	□延續 □修正 □反動		
長老制	□延續 □修正 □反動		
會眾制	□延續 □修正 □反動		

8. 除本章所列出的內容以外，就你所知，新教宗派還有哪些常用的聖職名稱？

____

____

9. 你認為正確的政教關係應當如何？為甚麼？

____

____

10. 基督新教的 3 類架構體制，你認為哪類較好？為甚麼？

____

____

進深閱讀書目

吳國傑：《10 大香港宗派巡禮：透視主要基督教宗派》。香港：基稻田，2008。

吳國傑編：《宗教改革精神與傳統》。《山道期刊》卷二十第一期。香港：浸神，2017。

Collins, Paul, and Barry Ensign-George. *Denomination: Assessing an Ecclesiological Category*. London / New York: Bloomsbury T&T Clark, 2013.

Rogers, Glenn. *The Church Through the Ages: Observations and Questions about the Church, Unity, and the Need for Continuing Reformation*. Estherville: Simpson & Brook, 2016.

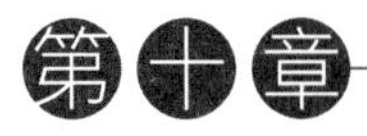

信仰生活

作為一個翻天覆地的更新運動，宗教改革不單影響教會的神學教義和架構體制，也同時重塑廣大信眾的信仰生活。雖然基督新教內有多元的宗派，信眾的屬靈追求也不盡相同，但就擺脱羅馬公教的偏差錯謬，以及活出聖經真道的精神而言，卻是相當一致。由於改教運動期間，羅馬公教和東方正教在信仰生活上的變化不大，讀者可參閱筆者早前的著作稍加認識。為免重複，本章只集中論述基督新教所帶來的主要轉變，這些轉變不少延續至今。

10.1. 教會恆常的聚會

中世紀羅馬公教的彌撒（Mass）是一種為信眾獻祭求恩的活動——藉著在聖餐中重演基督的死亡和復活，領受祂所成就的恩典與功德。隨著教廷將聖禮奧祕化、神聖化，公教的彌撒早已變成長期受訓之聖職人員的專利，一般信眾根本無法跟隨。教廷規限彌撒聚會必須採用拉丁文，這是普羅大眾所不懂的；即使唱詩也僅限於詩班，會眾只能隨聲和應。在這種設計安排下，信眾絕大多數不能投入參與，迷信祈福的心態，往往多於真誠的敬拜。

10.1.1. 每週定期的崇拜

宗教改革對公共崇拜聚會最早帶來的影響，是改用信眾能明白的地方語言；這轉變早在改教先鋒如胡司等人主領的聚會中已開始，改教家則將之正規化、普及化。路德於 1523 年初發表的《論公共崇拜程序》中，劈頭就指斥當時羅馬教會公共彌撒的弊病：1）崇拜只用拉丁文讀經和唱詩，使神的道啞然無聲；2）聚會各環節包括聖詩和宣講，皆參雜不合真理的寓言和謊言；3）聚會變成賺取善功的途徑，動搖得救的信心。按此，路德提倡採用地方語言崇拜，強調信眾若不能從中聽取神的道，就不當唱詩或讀經，甚至不該聚會。

同年年終，路德為威登堡教會出版了《威登堡教會彌撒和聖餐崇拜秩序》，詳細建議崇拜禮儀當如何改革。為回應匿藏瓦特堡期間所出現的混亂，路德強調不應完全捨棄沿用多年的公教傳統，只要將有違聖經的教導，如獻祭觀念妥加修訂即可。路德所建議的崇拜程序，有不少傳統禮儀成分，包括宣召、認罪、憐憫頌、榮頌、當日禱文、讀書信、哈利路亞頌、福音經題、信經、講道等；此後還有聖餐，守餐程序有序文、聖哉頌、祝禱文、主禱文、祝平安、羔羊頌、施餐和祝福。然而，路德同時強調不同羣體原則上可採用不同的崇拜儀式，無須強求統一；主禮袍的使用、唱哈利路亞頌的次數、儀文的表達方式，各堂均可按信眾的實況自決，無須強求統一。

與路德同期的慈運理，則反對公教強迫信眾遵守如大齋期等傳統禮儀習俗，強調只有聖經明確規定的才須遵守；按此原則，他將公教傳統的彌撒禮儀大幅簡化，變成只剩講道和守餐，就連樂器也一概棄用。同受路德和慈運理影響的加爾文，則在兩人之間採取中庸路線；早在1537年首次在日內瓦協助改教時，他已與法惹勒共同制訂《日內瓦教會與崇拜組織條文》（*Articles on the Organization of the Church and Its Worship at Geneva*）；內容涉及守餐的頻率、公禱形式的詩篇頌唱、青少年人的信仰教導及婚姻問題的律法施行。被逐離日內瓦後，加爾文於1538年到斯特拉斯堡牧養當地新近成立的法語教會；期間他推動每月皆同守聖餐，並參照當地德語教會的傳統，重新制訂法語的崇拜儀式。

1541年返回日內瓦事奉後，加爾文除藉《教會憲章》就教會體制提出改革建議外，還於翌年出版《教會祈禱與詩歌的形式》，對公共崇拜提出意見。當中指出，崇拜應有 3 個主要元素，就是講道、禱告和守餐。跟路德相同，他認為不應像羅馬公教那樣使用拉丁文，而應採用地方通用的語言。與慈運理不同，加爾文認為音樂是神的恩賜，適宜在崇拜中恰當地使用。至於崇拜程序，改革宗比信義宗精簡，加爾文的建議有宣召、認罪、三循環的唱詩和祈禱、讀經、講道、代禱、解釋主禱文、唱詩，最後是祝福；而在聖餐主日，守餐禮儀應放在講道之後，領餐前一同唱頌使徒信經，守餐後以主禱文作結。

相對於信義宗和改革宗，英格蘭的聖公宗對禮儀有較嚴格的規定。1549 年通過的《禮儀統一法》規定全英格蘭統一採用以英語寫成的《公禱書》，內容涵蓋日常崇拜、早晚禱告、特殊節期、水禮聖餐、紅白二事等聚會的禮儀程序，就連選用經文、頌唱詩歌和禱告禮文也予以提供。崇拜禮儀方面，順序有聖詩、宣召、勸眾文、認罪文、赦罪文、主禱文、啟應文，然後是三循環的聖頌和經課，中間加插榮耀頌，然後是使徒信經、啟應文、聖詩和祈禱，講道以後再唱詩和獻禮頌，最末是祝福。此《公禱書》後來略經修訂再版，以更清晰的表述反映聖公宗的新教信仰立場。1559 年伊利沙伯一世登基為王後，此書很快即成為英格蘭教會的標準崇拜禮儀，全國統一使用。

至於改教期間出現的自由教會，包括信洗派和浸信宗等，由於強調堂會自治，隨聖經和聖靈引導，因此不單沒有統一的崇拜禮序，且傾向反對預先訂定的元素和任何形式的規限。他們的崇拜強調簡單，開始時先有按感動而作的禱告，然後牧者按所讀的經文宣講信息；接著有 3 至 4 位平信徒在所限時間內，就同一段經文分享或勸勉；牧者帶領祈禱後，就為有需要的教友收取慈惠捐獻，最末以祝福結束。雖然各地普及救恩浸信會和特定救恩浸信會的崇拜儀式各異，但對聖經真理和聖靈感動的強調，精神卻是一致的。

	聖公宗	信義宗	改革宗	浸信宗
崇拜指引	公禱書	路德的著作	加爾文的著作	沒有指引
崇拜規範	統一採用	存在彈性	純屬參考	沒有規範
崇拜程序	禮儀複雜	相對複雜	相對簡化	最為精簡
崇拜禱文	固定禱文	預先訂定	預先訂定	自由感動
崇拜講員	牧者	牧者	牧者	牧者及信徒

10.1.2. 週年慶祝的節期

隨著歷史發展，羅馬公教的宗教節期不斷增加。除記念主耶穌基督降生、死亡和復活的節慶外，還有記念耶穌的母親馬利亞和眾使徒的聖日；此外，各區還有特別對當地著名聖徒的記念活動。到中世紀，教會由歲首到年終，幾乎天天都有大小不同的節慶，以記念不同人物或事迹；惟這些節期有不少來自無稽傳説，有導人迷信之嫌。宗教改革爆發以後，改教家竭力將這些沒有聖經根據的節期去掉；惟主要的禮儀宗派，包括聖公宗、信義宗、改革宗等，皆繼續保留教會年曆，周而復始地教導基督的生平要事，以作為深化廣大信眾信仰認知的牧養途徑。改革宗《第二瑞士信條》的聲明反映了這些禮儀宗派的共通信念：「若會眾要記念主的降生、受禮、釘死、復活和升天，以及聖靈降臨，我們大加讚賞；雖然我們也記念聖徒並勸勉人效法他們的德行，但我們棄絕那為尊榮他們所定規的節期」。

在傳統教會年曆中，12 月 25 日是聖誕節，記念主耶穌基督為救贖世人，放下天上榮耀，降生為人；此後 10 數日，教會宣講多以童年耶穌為焦點。接著是 1 月 6 日的主顯日，記念主耶穌受洗、顯現為彌賽亞。隨後有多個非節期性的平常週，信息圍繞耶穌基督的傳道事迹。教會年曆的重要高潮是復活節，日期為 3 月 21 日後第一次月圓後的首個主日。

此前有持續 40 天的大齋期，期間要默想基督的受難，禁食禱告；特別在受難日（Good Friday），更應好好思念主在十架上的犧牲大愛。然而到復活節當日，氣氛全然改變，要因主的復活而充滿喜樂，此後信息亦轉為傳講主復活後的顯現和升天事迹。復活節後 50 天的五旬節，是教會年曆中的另一高潮，基督徒在這一天慶祝聖靈降臨及教會誕生；此後有長達 20 多週非節期性的平常週，信息以聖靈降臨後的教會使命為主。這平常週臨近尾聲時，有持續 40 天的將臨期，期間基督徒一方面要為基督將來再臨時的審判警醒自守，另一方面要預備重新慶祝主耶穌首次降臨，就是將臨期結束時的聖誕節；如是者周而復始，年年重複。

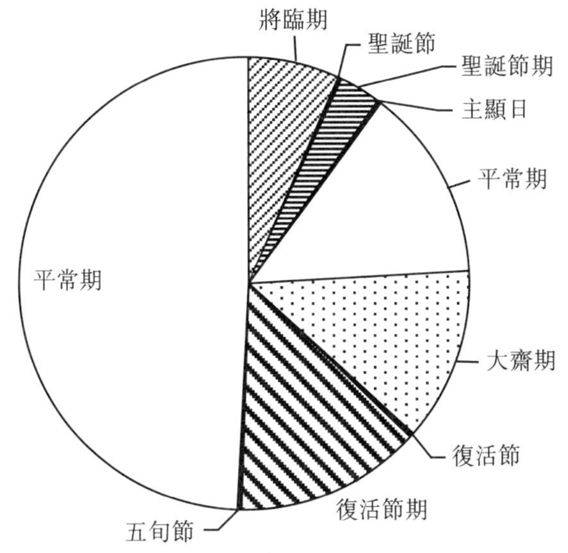

當然，多元的新教羣體並不是每個宗派均保留教會年曆，特別是強調隨時按聖靈感動的自由教會如浸信宗等，更認為這種固定形式的記念會窒礙聖靈的工作。他們當中某些羣體或會保留如聖誕節、復活節等關鍵節期，以作為教會福音聚會或施行水禮的契機，但大齋期或將臨期等非核心節期，則鮮有確切遵守的。

10.2. 真理教導的努力

宗教改革倡議的是惟獨聖經，改教家對羅馬公教最大的抨擊也是後者違反了聖經。故此，新教教會不論屬何宗派，均相當重視聖經真理的教導。對新教領袖來說，幫助信眾明白真理，不單有助建立信仰、培養靈命，且對推動改教甚為重要。因此，中世紀羅馬公教頻繁的禮儀活動，在新教羣體裏就轉化成系統化的真理教導。這些教導不單以宣講、課程等聚會形式出現，也以學習材料的形式，供不同程度的信徒背記和研習。

10.2.1. 每週持續的教導

路德在 1526 年編訂的《德意志彌撒和崇拜秩序》中聲明，崇拜中最重要的是神話語的宣講和教導；按此，他作出這樣的安排：每主日講道 3 次，早上五時、六時宣講使徒書信，八時、九時宣講福音書，下午晚禱時逐章講解舊約聖經。此外，逢週一和週二早上有深入的要理教導，詳盡解說十誡、信經、主禱文和聖禮的意義；週三早上研讀馬太福音，週四和週五早上教導使徒書信和其他新約經卷，週六傍晚專論約翰福音。這都是給教會內普羅信眾的公開宣講和教導，以幫助他們認識聖經真理。當然，路德本人也積極投入宣講的職事，他一生宣講過逾 3,000 篇道，強調從原文嚴謹詮釋聖經。這種年終無休的宣講教導，雖非每處的信義宗教會均絲毫不變地持守，但其對培育信眾認識真理的重視，卻代代相傳、延續後世。

一直敬重路德的加爾文當然也同樣重視對信眾羣體進行聖經教導。根據他於 1541 年為日內瓦教會草擬，並得當地議會通過執行的《教會憲章》，牧者每主日要作 3 次宣講，時間分別在清晨、上午和下午，而正午時段還要給幼童講授教理。此外，逢週一、週三、週五清晨，也有平日的聽道聚會。作為領導日內瓦改教的領袖，加爾文本人也積極投入真理教導的事奉，他平均每兩週宣講 8 至 9 場，講解幾近全本聖經。他的現存講章數目逾千，其中講章數目較多的書卷如下：以賽亞書 343 篇，耶利米書 271 篇，申命記 200 篇，此外使徒行傳、以西結書、約伯記、創世記、哥林多前書和撒母耳記上均有逾百篇。除要求牧者勤於宣講，他還要求教會設立 4 個主要職分：牧者、教師、長老和執事，其中教師專責教導正統教義，以確保福音純正。

除路德和加爾文，其他改教家也同樣注重宣講教導。不論是慈運理、布塞珥或諾克斯，均有大量講章留下。此外，來自這時期信洗派、浸信宗或敬虔主義牧者領袖的講章，也多不勝數。基督新教眾宗派的其中一個共同領受，是教會必須宣講純正的真道，這是真教會的重要標記；就如信義宗的《奧斯堡信條》聲明：在教會中福音被純正地宣講。究竟個別信徒會否全數參與這些頻繁的宣講和教導聚會？即使有也許只是少數；然而，改教時期信眾普遍渴慕認識真理，他們專心聽道和學習聖經的氣氛比現代教會濃厚，卻是無可否認的事實。

《奧斯堡信條》第七條

我們的教會又教導人：一聖基督教會必永遠長存。教會是一切聖徒的結合，在其中福音被純正地宣講，聖禮被正確地施行。教會真正的合一，只是純正地教導福音及施行聖禮就足夠。至於人所制訂的遺傳、禮儀，各地不必盡同。正如保羅在以弗所書說：「一信、一洗、一神，就是眾人的父」。

10.2.2. 學習真理的材料

除頻密的宣講和教導外，改教家也努力編撰學習聖經和信仰的材料，供不同程度的信眾使用。在宗教改革時期，最普及的平信徒基礎信仰參考是要理問答，就是以一問一答形式，讓信徒透過牢記改教領袖所提供的標準答案，準確掌握基本的福音信仰與神學教義。路德建立信義宗教會不久，即在 1529 年編訂出版《大教理問答》和《小教理問答》，分別給教牧領袖和廣大信眾採用，內容涵蓋十誡、信經、主禱文、水禮和聖餐禮。在序言中，路德清楚向教牧領袖講解這套要理問答的三步驟使用方法：1）牧者當以固定詞句、一字不改地教授十誡、主禱文、信經和聖禮，讓年幼的信徒跟著朗讀和背誦；2）當信徒熟記小問答的文句後，就要解釋其中的意義，使他們能了解文中所說所指的內容；3）教妥精簡的小問答後，就轉用大問答來幫助信眾獲得更廣泛豐富的了解，逐處解釋不同的字句、用法、利害和警誡等。

同樣，加爾文在日內瓦事奉不久，即擬訂給青少年的要理問答，幫助年輕一代在信仰上扎根成長，內容於1545年以《日內瓦教會要理問答》之名修訂再版。而1563年問世的著名的《海德堡要理問答》，則是加爾文要理問答的改進版，是改革宗羣體最通用、最權威的信仰教導；當中有129個問答，內容可謂集先前出版眾教理問答之大成。導言是2個關乎生死得救的問答，然後分3大部分講述基督教的核心教義：第一部分論人的禍患，第二部分論救贖（兼論使徒信經和聖禮），第三部分論感恩與祈禱（兼論十誡和主禱文）。

除基本的要理問答外，正如本書第六章所列，路德和加爾文均在忙碌的改教和牧養事奉裏，盡量抽出時間培訓牧者領袖，且出版解經著作或註釋，供有志進深研經的信眾參考。他們的解經著作涉及新舊約許多書卷，平均1至2年就出版1本。事實上，按照第五版《基督教要義》的導言，加爾文這本一再修訂的神學巨著，實質上只為幫助準神學生更有教義基礎地研讀聖經，能更正確地理解經文的意義。也就是說，要義的預設功用，是作為整個系列的聖經註釋的導論，幫助讀者明白加爾文對各章節經文的詮釋。

除文字著述外，部分改教家如路德等，也注重以藝術方式幫助信徒認識神的話語，例如使用圖像壁畫來表達信仰，唱頌詩歌來深化領受。無疑，有較激進的改教者曾發動羣眾拆毀圖像、棄用音樂，但路德卻抱持相反立場。他強調只要確知圖像只是象徵，本身並非神聖，就可在教堂中陳列，以引發信眾的宗教熱情。他同時也推動合乎新教信仰的樂曲之創作，其親自創作或改編的詩歌多達40餘首，其中《堅固保障》(*A Mighty Fortress*)至今仍是家喻戶曉的基督教聖詩。

《海德堡要理問答》第一、二條

問一：你不論生存或死亡，惟一的安慰在哪裏？

答一：我不論生存或死亡，身體和靈魂皆非自己擁有，而是屬於信實的救主耶穌基督，祂用寶血全然補償我的罪債，並且救我脫離魔鬼的一切權勢；祂保守我，若天父不許，我的頭髮一根也不能掉落；祂又叫萬事互相效力，使我得救。祂藉聖靈使我確知有永生，並且我從此以後誠心為祂而活。

問二：為叫你在這種安慰中快樂地生存或死亡，那麼有多少事是你必須知道的？

答二：有3件事：第一、我的罪惡和禍患是何等的大；第二、我是怎樣從一切罪惡和禍患中得著救贖；第三、我當怎樣為這樣的救恩感謝神。

10.3. 普及教育的提升

在中世紀，絕大部分人皆目不識丁；於是，教堂建築、雕塑壁畫和彩花玻璃，便很容易成為公教教導普羅信眾的主要媒體。然而，這類媒體信息模糊，且常導人迷信，故改教家多淡化這種教導方式。為幫助廣大信眾更深刻明白真理，他們改為積極推動教育改革：一方面提升信徒的學問水平，好能親自研讀神的話語，深化對真理的認識；另一方面修正中世紀羅馬公教主導的教育體制，提升學生獨立思考、判辨是非的能力，為基督新教培訓更多牧養和領導人才。

10.3.1. 公教時代的教育

原初，中世紀歐洲的學校是由修士為培訓同儕而設的。後來，當教廷和所屬教區的權力不斷上升，教堂學校(Cathedral School)逐漸成為施行教育的主要機關。這些教堂學校通常由公教的聖職人員任教，向地區主教問責；其教學內容一般配合公教信念和需要，為培訓事奉人才而設。一般來說，學生絕大部分是男性，他們要接受博雅教育：首先要通曉三道（*trivium*），就是文法、邏輯和修辭，學員要藉此學習如何以拉丁文來表述和論證個人的觀點，此為中世紀學問追求的核心靈魂。在三道的基礎上，學生要進一步學習四道（*quadrivium*），當中包括算術、幾何、音樂和天文。大部分中世紀人士的學業都會止步於此，只有相當少數有地位、財富或能力的，能進入大學接受更高等的教育。

中世紀的大學最早見於十一世紀末；因著羅馬教廷的權勢，大學的教育方式和體制，皆受羅馬公教的支援、影響和監控。雖然大學分散各地，但課程內容相當近似。亞里士多德式哲學是本科生的核心課程，進深的研究院學習則分別有神學、法律和醫學 3 個修讀取向。雖說 3 個研究院中，只有神學院專門培訓聖職人員，但大學既由羅馬公教資助成立，法律學院和醫學院的課程也無可避免地滲有很強的信仰元素。當中經院哲學、教義神學和教會法規，是每個大學畢業生必修的學科。雖然此時人文主義思維已開始興起，但影響只限個別教授的講學模式；講授內容依然以羅馬公教認許的經院哲學為藍本，絕大部分畢業生都無可避免地被灌輸這些知識，受公教模塑，接納當中的信仰前設、推演方法和教義結論。

馬丁．路德獲取神學博士的過程，反映當時神學追求的典型模式，當中包括 5 個階段的晉升。首先要透過研讀中世紀公認的教科書，特別是倫巴都（Peter Lombard，約 1100 ～ 1160）的《四部語錄》（*Four Books of the Sentences*），並從中掌握邏輯論證的技巧，以獲取聖經學位（Degree of Bible）。此後，學員要進深研讀及牢記語錄的內容，並學習對部分指定經文的理解，以考取語錄學位（Degree of Sentence）。獲取兩個學位後，大學會給予學員時間深化所習得的神學知識，期間學員會以類似助教的形式講授聖經和語錄；到時機成熟，教授會鼓勵學員進一步考取成模學位（Degree of Form），以示學員已具備教會所期望的神學思維模式，有資格進深研習。最後兩個最高等的學位，分別是執業學位（Degree of Licence）和博士學位（Degree of Doctor），這兩個學位都涉及在學者面前為信仰教義作公開辯論；一方面就他人的見解提出質詢，另一方面要回應他人的批判，當中信仰立場、論證能力和演説技巧都是重要的考核標準。從上述的課程安排可見，中世紀的神學訓練相當規範；畢業生全都要藉牢記經院哲學的論述和教廷定規的經文解釋來考取學位。他們所接受的實質上是職業訓練，不是專上教育；這種教育體制追求維護傳統，卻不支持探求真理。

因著中世紀教育的信仰理念和經濟支持，宗教改革爆發初期，改革運動曾對當時流行的教育體制帶來災難。如前所述，中世紀教育深受羅馬公教控制，以培訓人才協助維護拉丁教會傳統為目標，這傳統正是改教家致力鬆解的捆鎖。同時，在當時不少人眼中，神學教育是為裝備具特殊階級的公教聖職人員而設的，這也與宗教改革所強調的信徒皆祭司的信念格格不入。此外，原本中世紀學校多附於修院或教堂之內，由教區的收入資助；宗教改革爆發後，許多教會物業資產包括各地的學校，均遭支持新教的地方政權沒收，教會獻金收入也因煉獄觀念被破除而大減。在資源大遭削減的情況下，教育發展也出現大倒退。例如路德曾就讀的耳弗特大學，1501 年註冊的新生達 2,000，1529 年則鋭減至 20；萊比錫大學也從 1500 年約 2,000 新生，減至 1525 年不足 200，1529 年再減至 100 以下。著名大學在這時期尚且艱苦經營，較低等的學府更有不少在這歷史洪流中面對倒閉厄運。

中世紀的教育體制				
地點	主修	時間	學科	所得學位
成長家庭	常識	不定	打獵、耕種、煮食	/
拉丁學校	語文	不定	拉丁文（部分有希臘文）	/
大學	三道	約 3 年	文法、修辭、邏輯	文學學士學位
	四道	約 3 年	算術、幾何、天文、音樂	文學碩士學位
研究院	神學	6～12 年	聖經研究、語錄研究	專科學士、碩士學位 執業學位 博士學位
	法律		教會法規、民事法規	
	醫學		醫學知識、公會規條	

10.3.2. 新教羣體的教育

舊的中世紀教育逐漸遭受挑戰，面臨瓦解，建立新的體制刻不容緩。雖然在宗教改革爆發初期，不少新教人士均對學校教育抱持負面態度，但主要的改教家均肯定教育的價值。他們不單強烈呼籲世俗政權投放資源廣設學校，且努力為革新教育體制提出指引，使之更合乎聖經教導、更貫徹新教傳統。

馬丁．路德引發宗教改革僅一年餘，即在 1519 年初一篇有關婚姻的宣講中，提醒作父母的基督徒，他們為神、為天國、為世界、為自己所做最美好、最有價值的，莫過於「好好教養他們的孩童」。1520 年，在其推動改教的名著《致德意志基督徒貴族書》中，路德呼籲政權成立基金以資助孩童成長，使他們能「自由事奉神、讀書學習及成為有教養的人」。路德同時就大學的教育改革發表意見，明言「沒有事情比徹底改革大學更有價值」，強調羅馬教廷的體制只會增加罪惡和錯謬，因此必須妥加糾正。路德改革大學的原則很簡單，任何有助認識聖經真理的都得重視，任何妨礙的都得摒棄。按此，他鼓勵人認真研習聖經原文和教會歷史，卻呼籲勿再探究異教徒亞里士多德那些有違聖經的思想，以及羅馬公教那些混淆真理的教會法規。他肯定《四部語錄》中教父言論的價值，但目的是幫助信眾認識聖經，不能本末倒置。

路德有關初等教育改革的理念，首次於 1524 年初發表的《致德意志各城議會論設立及維持基督教學校》（*To the Councilmen of All Cities in Germany That They Establish and Maintain Christian Schools*）中表達。路德在當中批評德意志各地的學校已「變成廢墟」，強調教育後代乃神的命令，不單是孩童靈性發展所必需，且有益於培養良好公民。路德建議的學校課程，包括拉丁文、希臘文、希伯來文等語文訓練，並包括歷史、文學和基本的博雅教育。這種教育的目的，是要使更多人能研讀聖經、認識真理。路德倡議全民都得接受教育，故他呼籲各地議會投放資源開設公立學校和公眾圖書館，讓學子不論貧富，都能從中得著教育機會。

早在 1541 年的《教會憲章》裏，當論到教師的職分時，加爾文已提出「要設立院校以教導孩童成為教會牧者和政府官員」。當憲章為日內瓦議會接納後，加爾文便在 1558 年開始籌款興建院舍，翌年成功創立日內瓦學院。加爾文後來的接班人伯撒，就是該學院的首任校長。此學院的培訓分兩部分：私訓為初級教育，相當於今日的中學；公訓為進深教育，類似今日的大專培訓。雖然學院初期經費不足，但卻發展迅速，五年內學生已達 1,500 人。蘇格蘭改教領袖諾克斯形容：「這是從使徒時代以來，最優良的基督學校」。因著這學院，日內瓦逐漸成為當時的教育中心，吸引歐洲各地的新教徒羣體安排人才前來就讀。初時，日內瓦學院以裝備牧者為主，學科包括聖經、神學、希伯來文和希臘文等；後來，當不同課程加入，新的書院成立，就逐漸演變成今日的日內瓦大學。

除路德和加爾文外，其他改教家也接連發表關於教育的著述。例如慈運理為推動蘇黎世議會進行教育改革，於 1523 年發表《論青年的基督教教育》（*The Christian Education of Youth*），強調教育的目的是要培養學子成為具良好屬靈品格的基督徒；其對教育後代的重視、對教育必須配合信仰的要求，與路德的革新理念相近。路德的改教伙伴墨蘭頓於 1528 年草擬的《給牧區視察者的指引》（*Instructions for the Visitors of Parish Pastors in Electoral Saxony*），除簡要歸納教會應教導的基本新教信仰外，亦詳列改革學校的標準規範，當中包括三級制的初等教育，逐步幫助孩童從學習基本文法到理性論證，從背誦核心經文到正確詮釋聖經。

因著路德和墨蘭頓在宗教改革中的領導地位，威登堡的教育改革很快成為各新教地區的參照藍本。德意志南部黑森地區的教育改革，幾乎完全受這兩位信義宗改教家所影響。路德有關正確學術和宗教課程的觀念，以及墨蘭頓所提倡的分級教育制度，皆獲全數採納。此外，路德時代有多達 70 間著名的拉丁學校，因著他的教育提倡而徹底革新，經歷部分改革的更不計其數。同樣，慈運理和加爾文在蘇黎世和日內瓦的教育改革，也在改革宗地區扮演著類似的角色。

改教家教育改革的共通信念	
教育的價值	高度肯定教育的重要性，重建當時民眾對學校的重視；
教學的編排	主張按程度分級學習，從初等教育到大學訓練循序漸進；
學生或對象	期望人人都得到基本教育，有能力和心志者可升讀大學；
改革的判準	以是否合乎聖經及有助認識真理為篩選課程內容的判準；
課程的內容	包括各博雅教育學科，進深選修科目有神學、醫學和法律；
培訓的方向	提供整全的基督徒裝備，使眾人能研讀聖經、認識真理；
教育的目標	知識增長，建立基督徒生命，從而協助建設教會和社會；

10.4. 信徒生活的改進

在強烈聖俗二分的意識形態下，中世紀公教徒多以參與頻繁的禮儀活動，作為信仰生活的實踐。而修士們更會以禱告時刻，就是每日 7 次的定時唱詩、祈禱、誦經聚會，作為將信仰融入生活的途徑。改教家反對羅馬公教的聖俗二分教義，主張在日常生活裏，不論是學業工作、婚姻家庭還是社會參與，都可成為活出真道、見證基督的機會，是表達對信仰委身與敬虔的時刻。

10.4.1. 活出真道的教導

改教家對基督徒信仰生活的要求，並不是隱居修院、離羣獨處，而是聖俗融合的信仰實踐。他們雖都重視信徒與神的關係，但同時強調在現實社會中回應神的召命，活出順服神、服事人的生命。

如本書第六章所述，按照構成社會秩序的祭司職分、婚姻狀態和民事政府這 3 大職能，路德在這 3 方面均給信眾提供具體而實用的身教和言教。祭司職分方面，其中一個典型例子，是路德在瘟疫中堅守牧職崗位的表現。1527 年威登堡瘟疫肆虐，許多人瞬間病倒離世；為保全體教職員安全，威登堡大學也暫時遷到別城授課。然而，路德卻不為摯友所勸，堅持冒險留下照顧惶恐的病患信眾。他此時為回應當前處境而寫成的《人可否逃避致命瘟疫》(*Whether One May Flee from a Deadly Plague*)，正正反映他的牧養理念。他解釋，人對神的信心與人的理性，這兩者並行不悖。一般民眾為保全性命而逃離疫區合情合理；相反，無故留駐或進入疫區不僅並非信心的表達，且是對神的試探。然而，擁有公職者卻不應擅離職守；好牧人為羊捨命，傳道牧者理應在面對危難時堅決留守，以聖道和聖禮堅固瀕臨死亡的信眾，使他們繼續得著牧養與安慰，這是敬畏與信心的表現。路德冒死留在威登堡，正是這牧職信念的具體踐行。

至於婚姻狀態，羅馬公教視婚姻生活為次等，規限聖職人員和修道男女不准結婚。路德批評此立場有違神創造的原意。當初神命令始祖生養眾多，本身就牽涉到婚姻與性慾的男女關係；因此性慾絕非邪惡，婚姻也非次等。此外，路德高度肯定父母雙親在家庭中教導信仰的角色，認為他們是孩童的使徒、主教兼祭司；因此「地上的權柄中，沒有比父母對子女的更偉大、更尊貴，因為這權柄既屬靈又現世」。為回應路德的教導，大量修士修女、神父執事還俗結婚；而路德本人也以身作則，於1525年與一名前熙篤會修女凱塞琳（Katherine von Bora，1499～1552）締結婚盟。此後，夫妻倆同心同行，經歷憂患禍福，並生有六名子女；縱然改教路上挑戰不絕，家庭始終是路德的支援與安慰。許多現存著作均顯示，路德與凱塞琳關係時常保持親密；病重臥床時，路德立下遺囑將名下一切交妻子處理，原因之一是「作為一個敬虔忠誠的配偶，她時常愛護我、尊敬我、照顧我，在神的厚恩下為我生兒育女，撫養教導」，可見路德對家眷的關愛。

關於民事政府的職能，中世紀羅馬公教高舉教權在政權之上；路德反對這傳統，提出兩個獨立國度的觀念。他認為教權和政權皆為神所設立，都在祂的主權範圍裏；兩者既皆為神管理和賜福世人的途徑，故要互相依賴、彼此補足。除在上掌權的，路德也勉勵基督徒要在自己的崗位上，不分屬靈或屬世，過與主聯合的聖潔生活。路德視個人職業為神的召命，是服事神的場所；忠心完成世俗的事務，乃信仰品格的表現，彰顯了個人的德性與敬虔。由於工作職業的焦點在於事奉神，因此路德抱持的價值觀與現今世界截然不同。人工作不是為升職加薪，貿易也非以賺錢為首要目的，一切都要問心無愧，向主交帳。例如對貨物的定價，路德勉勵商人只過適度足夠的生活，在這基礎上計算成本、困難、勞力和風險，然後定出公平的價格。對於借貸，路德倡議信徒為助人而白白施予，不望償還，更不應要求收息獲利。透過壟斷市場和囤積居奇來謀取暴利，更是不法的貪婪行為，與基督教信仰相違。

同樣，加爾文也強調基督徒要活出真道。他指出，基督徒新生命的目標，就是要在他們的信仰與行為上表現出和諧一致；聖潔就是完全順服基督，這不是嘴上的順服，而是發自內心深處。在順服基督的前提下，基督徒不應被貪婪、野心和種種慾望所支配，不應為物質的引誘所迷惑，不應以短淺的眼光注視今世的金錢、權力和名譽。基督徒應當明白，今生是虛空和不幸的，應當以愉快的心情來思想將來的永生。對於今生，加爾文呼籲要按聖經教導適當地善加運用；因此，基督徒應持守中庸之道，凡事要用清潔的良心，避免走入極端：一方面不應在物質的享受上過度放蕩；另一方面不應過度苛刻，如有些人堅持人只應吃乾麵包和清水，這種要求比主在聖經中所規定的更嚴格，就是錯誤的。

類似的勸籲和指引基督徒在生活中活出真道的提醒，也見於其他改教家的著作。雖然各宗派羣體對如何確切踐行信仰存在差異，但強調不論是在教會事奉，還是在日常家庭和社會的參與，皆要融合信仰活出見證，則是基督新教的普遍共識。

馬丁・路德的遺囑

我馬丁・路德博士親筆宣佈，將下列各物送給我親愛和忠實的妻子凱塞琳，作她終身養生之需，由她自己處理，自由使用……我如此行：一、是因為作為一個敬虔忠誠的配偶，她時常愛護我、尊敬我、照顧我，在神的厚恩下為我生兒育女，撫養教導。二、藉此使她能夠承擔並償還我一切的債務，據我所知共約450銀幣，或者超過這數目。三、約束子女尊敬她，按照神的吩咐聽命於她；因為我確實看過且體驗過，魔鬼如何利用邪惡和嫉妒的口，引誘挑唆作兒女的，在結婚以後與母親、岳母或家姑作對，使婆媳、岳婿或母子之間失和，特別當母親是寡婦的時候；即使他們是敬虔的兒女，也難免如此。

10.4.2. 信眾生活的改進

除透過宣講和教導，鼓勵信眾活出真道外，改教家也積極推動所屬教會和地方政府建立合適的環境，以幫助、監察、引導信眾按照聖經原則而活。在這方面，路德作為第一代改教家，時刻面對羅馬公教的挑戰，加上改革後，教會體制和禮儀百廢待興，故放在提升信眾生命品格的時間和精力始終有限；培訓更多牧者領袖，做好宣講教導和牧養關顧，也許是他最主要的任務。相比之下，第二代改教家加爾文的治會理念和安排較為全面，值得稍加詳述。他認為人類的無知、懶惰和善變，使他們需要外在的幫助才能堅定信心，而承擔這堅立信徒使命的，就是教會。教會藉著牧者和教師的宣講傳揚神的真道，幫助信徒明白神的話語，教導選民作敬虔的信徒；又藉著施行聖禮見證神的恩典，造就和堅固羣眾的信心，再輔以教會紀律，挽回偏離正路的人。

早在 1537 年與法惹勒共同制訂《日內瓦教會與崇拜組織條文》時，加爾文已強調教會紀律與秩序的重要性，堅持領餐時需附以教會紀律的執行，拒絕一切行為不配的人參與，以確保屬神羣體的聖潔。在 1541 年的《教會憲章》裏，加爾文建議教會設立教會法庭來規管和監察信徒的日常生活，使日內瓦成為一個能活出基督徒應有表現的社羣。雖然過程中經歷不少攔阻和挑戰，但最終得著成功。此外，他又建議教會共設立 4 個主要職分，就是牧者、教師、長老和執事；當中牧者除宣講、教導和施行聖禮外，還要維持教會紀律；長老要監督信眾的日常生活，並對行為不檢者執行紀律。這些職分都有督導普羅信眾的功能，驅使他們更合宜地按照聖經教導，活出良好見證。

與此同時，加爾文亦努力推動社關服務，主動投入牧養，探問貧病老弱。按照《教會憲章》，執事有兩項主要職務，就是為窮人收集、保存和分發物資，以及關顧貧病老弱。按此，日內瓦教會定期派人探訪病人和囚犯，以提供適切的慰問。日內瓦的療養服務原本由聖嘉蘭女修院（Convent of Saint Clare）主理，日內瓦接納新教信仰後，日內瓦議會接管女修院，將之重建成為新的收容兼醫療中心。中心提供住院和家居療養服務，同時也收容孤兒、貧民、病人和傷殘人士。加爾文不單指導中心的體制發展，還鼓勵對中心內的貧民進行培訓，由此興起日內瓦的絲綢工業。隨著逃避羅馬公教逼迫的新教徒不斷湧進，需要收容的貧苦難民眾多，日內瓦這些中心很快不敷應對。對於難以應付的難民需要，當時不少城市皆採取驅趕政策，將缺乏經濟能力的難民逐出城外，但加爾文卻在各族裔中籌集資金，供窮苦難民在日內瓦食住之用，並安排人為他們找工作。這使日內瓦成為新教徒難民的天堂，同時也大大提升日內瓦在歐洲基督新教圈子的地位。

在加爾文到日內瓦事奉前，當地的道德相當敗壞，教宗利奧十世違反人民意願，任命一個主教與妓女所生的私生子為當地主教，聖職人員公然開辦妓院。即使不認同加爾文的公教史家，也承認當地教會腐敗邪惡。然而加爾文開展他的改革事業後，藉著講壇有力的宣講，以及堅毅不屈的努力，社會道德得著革新。淫亂者被拘捕罰款，賭博遊戲被禁絕，許多社會上的壞習慣得以糾正。因著美好的社會秩序，許多渴慕按照聖經教導生活的外地基督徒湧進日內瓦，以致城市人口急升，新移民比原來的居民更多。

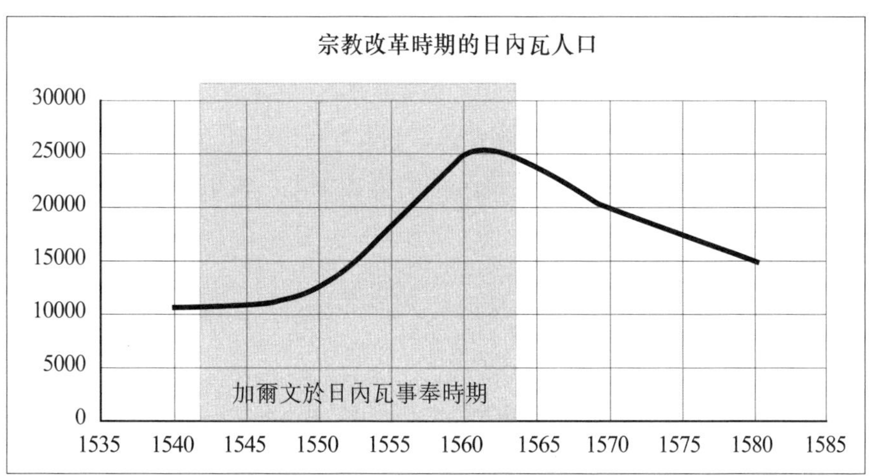

改教期間教育改革的啟迪

抽取自拙作〈宗教改革期間的教育改革〉，
《山道期刊》卷十九第二期（2016 年 12 月），頁 26～44。

回顧歷史，宗教改革對教育的影響相當巨大。這影響不單在大學培訓，也在給青少年的中小學教育；不單注重正規學校，也強調父母的家庭教育；不單指涉宗教層面，也廣泛涵蓋普羅學子的通識和專才教育。雖然當時政教關係相對合一，與現代華人教會的處境不盡相同，但他們推動教育改革的努力也有不少值得參考之處；歸納而言，改教家昔日作出的教育改革，最少可給現代教會以下 3 方面提醒。

一、強調信仰不能忽略教育：雖然在宗教改革爆發初期，中世紀羅馬公教主導的教育體制曾遭到災難性的衝擊，但改教家們對教育價值的高度肯定，使培育後輩在新教內重獲關注與重視。他們不單呼籲世俗政權投放資源廣設學校，且努力透過寫作著述和具體實踐，為革新教育體制提供指引。這提醒現代華人教會，辦學不要只期望藉此獲取廉價聚會用地，不要只顧藉學校關係向學生和家長傳福音；教育制度和課程內容的好壞，也是教會應當認真關注的社會議題。香港年前的校本條例、國教風波，西方宣揚性開放的綜合性教育（comprehensive sexuality education）日趨普及，華人基督徒團體對這些議題的討論和參與有多少？當年輕一代受到不良的教育思想所荼毒，莫想教會可以獨善其身。今日的教育，正是塑造未來教會所身處之社會環境的關鍵元素。

二、信仰理念指導教學內容：中世紀的學校教育，是為培訓教會的事奉人才而設，課程內容配合公教的信仰和需要；改教家的教育改革，是在因信稱義、信徒皆祭司和惟獨聖經等神學信念的基礎上，以提供整全的基督徒裝備，使更多人能研讀聖經、認識真理為目標。按此，改教家對中世紀的傳統課程內容進行大規模篩選與修訂；凡有助認識聖經真理的都得重視，凡有礙的都得摒棄。信仰理念以及隨之而生的教育目標，應是教學課程內容設計的指導性原則。如今社會的常見問題是消費主義，就連教育課程內容有時也要迎合學生的喜好；教會另一常見現象是明星主義，以風趣幽默的著名講員來吸引聽眾；這一切都很容易令教育逐漸失焦。神學院、教會主日學、基督教學校都當緊記自身的辦學理念，時刻檢討教學內容是否與之配合。

三、教育改革配合實踐經驗：改教家不單提出教育改革的理想信念，他們還細緻地參與教學、編寫教材、重訂制度，落實種種革新安排，在具體踐行中摸索反省，按現實環境和踐行經驗不斷調節。教育改革理念需要有真確的實踐經驗，才能變得具體實在、令人信服。歷史現實告訴我們，許多美好的改革理想，落實時有機會出現重大問題，使改革成效大減，甚或比原來更差。香港近年的教育改革，就出現家長追逐英文學校、教師壓力過大自殺身亡、學校憂慮殺校而爭奪學生等種種流弊。現今華人基督教圈子中，愈來愈多沒有堂會牧養事奉體驗的人隨意起來批判教會、要求改革，無疑，這些批判有些是教會領袖應當好好檢討反省的，然而當中也有不少是離地空談的理想，說起來容易，在現實環境中根本難於甚或無法落實，帶來的問題隨時比能解決的更多。

溫習及思考問題

1. 在信仰生活方面，多元的基督新教宗派有甚麼一致的立場？

2. 試根據本章明示或隱含的內容填寫下表，比較公教彌撒與新教崇拜的差別。

	公教彌撒	新教崇拜
採用語言	拉丁文/地方語言	拉丁文/地方語言
聚會重心	聆聽主道/獻祭求恩	聆聽主道/獻祭求恩
主要參與	聖職人員/全體會眾	聖職人員/全體會眾
聚會唱詩	會眾同唱/僅限詩班	會眾同唱/僅限詩班

3. 試根據本章內容填寫下表，比較路德、慈運理和加爾文崇拜觀的異同。

	路德	慈運理	加爾文
改革傳統	保守/中間/徹底	保守/中間/徹底	保守/中間/徹底
採用語言	拉丁文/德文/法文	拉丁文/德文/法文	拉丁文/德文/法文
樂器使用	鼓勵/節制/棄用	鼓勵/節制/棄用	鼓勵/節制/棄用

4. 試填寫下表，比較羅馬公教、禮儀宗派和自由教會慶祝節期的異同。

	羅馬公教	禮儀宗派	自由教會
將臨期	謹守/願守/不守	謹守/願守/不守	謹守/願守/不守
聖誕節	謹守/願守/不守	謹守/願守/不守	謹守/願守/不守
大齋期	謹守/願守/不守	謹守/願守/不守	謹守/願守/不守
復活節	謹守/願守/不守	謹守/願守/不守	謹守/願守/不守
五旬節	謹守/願守/不守	謹守/願守/不守	謹守/願守/不守
使徒聖日	謹守/願守/不守	謹守/願守/不守	謹守/願守/不守
記念聖徒	謹守/願守/不守	謹守/願守/不守	謹守/願守/不守

5. 試根據本章內容，圈上路德與加爾文倡議教會提供的信仰教導日程。

	路德：信義宗	加爾文：改革宗
週日	清晨 上午 中午 下午 傍晚	清晨 上午 中午 下午 傍晚
週一	清晨 上午 中午 下午 傍晚	清晨 上午 中午 下午 傍晚
週二	清晨 上午 中午 下午 傍晚	清晨 上午 中午 下午 傍晚
週三	清晨 上午 中午 下午 傍晚	清晨 上午 中午 下午 傍晚
週四	清晨 上午 中午 下午 傍晚	清晨 上午 中午 下午 傍晚
週五	清晨 上午 中午 下午 傍晚	清晨 上午 中午 下午 傍晚
週六	清晨 上午 中午 下午 傍晚	清晨 上午 中午 下午 傍晚

6. 路德建議教牧領袖講授他所編寫的要理問答，有哪 3 個主要步驟？

a. ____________________

____

b. ____________________

____

c. ____________________

____

7. 試根據本章內容填寫下表，比較羅馬公教與基督新教教育體制的異同。

	公教教育體制	新教教育體制
資金來源	教區收入／地方政府	教區收入／地方政府
任教講師	學者教授／聖職人員	學者教授／聖職人員
教學目的	培訓聖品／認識真理	培訓聖品／認識真理
學生對象	普羅大眾／少數貴族	普羅大眾／少數貴族
博雅教育	需要學習／無需學習	需要學習／無需學習
四部語錄	純屬參考／必讀權威	純屬參考／必讀權威

8. 加爾文認為人類是無知、懶惰和善變的，教會可透過哪 3 個途徑，以幫助基督徒堅定信心、活出真道？

a. ______________________________

____

b. ______________________________

____

c. ______________________________

____

9. 改教家對教會恆常聚會的改革，有多少延續至今？這對你參與教會聚會有何啟迪？

____

____

10. 改教家對基督徒活出真道的具體教導，對你個人有何提醒？

____

____

進深閱讀書目

吳國傑：〈宗教改革期間的教育改革〉。《山道期刊》卷 19 第 2 期（2016 年 12 月），頁 26～44。

韋柏（Robert E. Webber）：「哈利路亞崇拜系列」。孫寶玲譯。陳康主編。共 7 冊。香港：浸神，2003～2004。

Hsia, R. Po-Chia, ed. *Reform and Expansion, 1500～1660*. Cambridge/New York: Cambridge University Press, 2007.

Nichols, Bridget, ed. *The Collect in the Churches of the Reformation*. London: SCM, 2010.

中英對照索引

1. 人物

2. 主題、文獻、地方

聖經通識叢書

兼顧學術研究的精確和執著，
並教會信徒生活上的實踐。

聖經鳥瞰

為您精簡而全面地展現聖經的本體與其來龍去脈

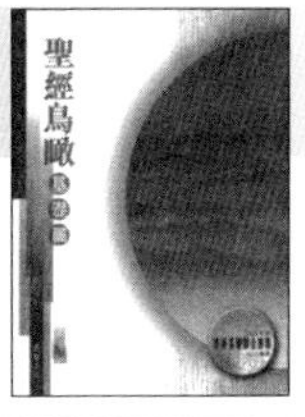
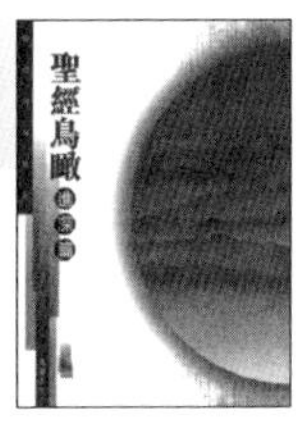

基礎篇 黃錫木 著／HK$93

進深篇 黃錫木 著／HK$68

聖經書卷要領

助您宏觀同類的聖經書卷

耶穌生平與福音書要領 孫寶玲、黃錫木 著／HK$98

使徒行傳與保羅書信要領 張達民、黃錫木 著／HK$88

希伯來書、大公書信與啟示錄要領 張略、黃錫木 著／HK$78

舊約先知書要領 黃嘉樑、梁國權、雷建華 著／HK$98

聖經書卷析讀

助您進深分析個別聖經書卷的內容和信息

在曠野中與上帝同行——民數記析讀 黃嘉樑 著／HK$158

剛強壯膽回應上帝的應許——約書亞記析讀 黃嘉樑 著／HK$163

背約沉淪的循環軌迹——士師記析讀 吳獻章 著／HK$128

愛的審判與生命的應許——耶利米書析讀 熊潤榮 著／HK$148

與人同在的彌賽亞君王——馬太福音析讀（上） 黃漢輝 著／HK$128

與人同在的彌賽亞君王——馬太福音析讀（下） 黃漢輝 著／HK$128

奔走風塵的僕人——馬可福音析讀 張略、黃錫木 著／HK$118

逆轉人生的上帝之子——路加福音析讀 孫寶玲 著／HK$118

道成為人的耶穌——約翰福音析讀 吳道宗 著／HK$118

風起雲湧的初代教會——使徒行傳析讀 張達民、黃錫木 著／HK$83

情理之間持信道——加拉太書、帖撒羅尼迦前後書析讀 張達民、郭漢成、黃錫木 著／HK$98

同歸於一得基業——以弗所書析讀 郭漢成、劉聰賜 著／HK$128

連於基督走窄路——歌羅西書析讀 曾思瀚 著／蘇慧中 等譯／HK$108

僕人領袖的教導與領導——提多書、提摩太前書析讀 曾思瀚 著／曾景恒 譯／HK$138

擁抱危機的事奉傳承——提摩太後書析讀 曾思瀚 著／曾景恒 譯／HK$98

其他出版

讓您多方、多向，更完整地研讀聖經

憑祢恩言——實用基督徒生活手冊 郭鴻標、黃錫木 主編／HK$108

聖經通識手冊 羅慶才、黃錫木 主編／HK$188

Re: 叢書

重構我們的思想，重新探索我們的行動，並重塑我們的教會生活。

Re: 教會倫理系列

和平的國度——基督教倫理學獻議
The Peaceable Kingdom: A Primer in Christian Ethics
侯活士 (Stanley Hauerwas) 著／紀榮智 譯／鄧紹光 學術校閱／ HK$128

是與非以外——基督教的倫理想像
龔立人 著／ HK$108

上帝的同伴——基督教倫理再想像
God's Companions: Reimagining Christian Ethics
韋爾斯 (Samuel Wells) 著／陳永財 譯／鄧紹光 學術校閱／ HK$128

國度倫理——在當世處境跟隨耶穌
Kingdom Ethics: Following Jesus in Contemporary Context
司道生 (Glen H. Stassen)、顧希 (David P. Gushee) 著／紀榮智、吳國雄、梁偉業 譯／ HK$368

現編倫理——從戲劇角度再思基督教倫理觀
Improvisation: The Drama of Christian Ethics
韋爾斯 (Samuel Wells) 著／鄧紹光、紀榮智 譯／ HK$138

Re: 牧養職事系列

靈巧好牧人——牧養神學導論
Skilful Shepherds: Explorations in Pastoral Theology
德里克·蒂德博爾 (Derek J. Tidball) 著／陳永財 譯／ HK$128

致新手牧者的信
Letters to New Pastor
金建時 (Michael Jinkins) 著／陳永財 譯／ HK$83

牧養，就是回到原點——再思牧養職事的召命（增訂版）
Pastor: The Theology and Practice of Ordained Ministry (Revised Edition)
韋利蒙 (William H. Willimon) 著／陳永財 譯／ HK$168

Re: 教會重塑系列

教會不在場——崇拜、宣講與牧養的再思

鄧紹光 著／HK$88

教會不成教會

鄧紹光 主編／HK$78

小堂會，大啟示——回歸聖道與聖禮
Preaching and Worship in the Small Church

韋利蒙（William H. Willimon）、韋爾遜（Robert L. Wilson）著／陳永財 譯／HK$73

全是教會——踐行中的福音與羣體
Total Church: A Radical Reshaping Around Gospel and Community

查斯特（Tim Chester）、添美斯（Steve Timmis）著／曾景恒、趙半農 譯／HK$88

Re: 神學與公共系列

政治中的教會

鄧紹光 著／HK$88

香港．教會．啟示錄

曾思瀚 著／曾景恒 譯／HK$68

公義創建未來——和平政治與造物倫理
Gerechtigkeit schafft Zukunft

莫特曼（Jürgen Moltmann）著／鄧肇明 譯／HK$78

緊扣時代 服事教會

以文字傳揚基督真道

讀者意見表

衷心多謝你購買本社書籍。本社一直致力以出版事工服事教會，幫助信徒扎根於神的話語，促進靈命增長。為使我們的出版更能滿足你的需要，請填寫下列各項資料，並寄回或傳真予本社。

所購書籍：________________

本書最吸引你的地方：
□作者　□適切性　□文筆　□設計　□實用性
□其他：________________

購買本書地點：
□基道書樓　□基督教書店　□非基督教書店

性別：□男　□女　職業：________________

信仰：□基督徒　□非基督徒

年齡：□16歲或以下　□17～25歲　□26～35歲
□36～55歲　□56歲或以上

學歷：□中三或以下　□中五　□預科
□大學　□研究院

□我欲更多了解基道出版社的事工及考慮支持，請寄給我下列資料：
□機構簡介　□新書資料　□基道會員通訊
□《基道文字事工通訊》

姓名：________________ 電話：________________

地址：________________

____

傳真：________________ 電子郵件：________________

其他意見：________________

____

多謝賜教！

基道出版社

意見表可以傳真（2687-0281）或直接郵寄以下地址：
香港沙田火炭坳背灣街26號富騰工業中心1011室
基道出版社編輯部收